U0898618

2023年企业合规师考试教材

考试执行T/CEEAS 004—2021《企业合规师职业技能评价标准》

中国企业评价协会企业合规专业委员会 组编

企业合规与财务思维(通用)

中国法制出版社
CHINA LEGAL PUBLISHING HOUSE

主　编

于久洪

副主编

张　蓓　周　璇　燕　宙　宋韶君

张　晶　徐　静　苗诗景　张　静

总　序

党的十八大以来，党和国家高度重视发挥法治在推进社会主义建设中的重要作用，党的十八届四中全会通过的《中共中央关于全面推进依法治国若干重大问题的决定》指出，依法加强和改善宏观调控、市场监管，反对垄断，促进合理竞争，维护公平竞争的市场秩序。随着中国特色社会主义进入新时代，企业合规有关法律制度改革蓬勃发展，全国检察机关全面推开涉案企业合规改革试点，国家发改委、外交部、商务部、人民银行等部门联合发布《企业境外经营合规管理指引》，国务院国资委发布《中央企业合规管理办法》，这些标志性事件推动我国企业合规建设程度不断提高。落实“十四五”规划，持续优化市场化、法治化、国际化的营商环境，需要高水平、高素养的合规人才队伍，加强企业合规师职业能力培训具有时代必要性。2021 年 3 月，中华人民共和国人力资源和社会保障部发布的《中华人民共和国职业分类大典》将企业合规师纳为我国的正式职业。在此背景下，有必要组织编写企业合规师相关职业技能教材，作为知识丰富的实务手册，引领和规范合规实践。

本套教材在撰写时力求反映和体现企业合规师职业能力（水平）考试的特点，以 T/CEEAS 004—2021《企业合规师职业技能评价标准》（以下简称《CEEAS 标准》）为指引，同时参照国际标准 ISO 37301：2021

《合规管理体系 要求及使用指南》和国家标准 GB/T 35770—2022《合规管理体系 要求及使用指南》编撰而成。本套教材包括企业合规事务管理、企业合规与审计思维、企业合规与财务思维三大门类。在体例编排和内容安排上，为方便应试人员复习考试，本套教材根据《CEEAS 标准》划分为：1.《2023 年企业合规师考试教材：企业合规与审计思维（通用）》；2.《2023 年企业合规师考试教材：企业合规与财务思维（通用）》；3.《2023 年企业合规师考试教材：企业合规事务管理（高级）》；4.《2023 年企业合规师考试教材：企业合规事务管理（中级）》；5.《2023 年企业合规师考试教材：企业合规事务管理（初级）》。其中《2023 年企业合规师考试教材：企业合规与审计思维（通用）》《2023 年企业合规师考试教材：企业合规与财务思维（通用）》是初级、中级、高级统一教材。

企业合规事务管理是企业合规工作的统称，涵盖企业合规师作为企业合规官、企业合规顾问、企业合规监管人等履职的所有必备专业技能。《2023 年企业合规师考试教材：企业合规事务管理》的初级、中级、高级教材主要从企业合规的基本内涵、企业合规师的岗位职能、企业合规师的职业素养、企业合规管理体系的基本要素、企业合规管理体系的搭建要点、我国检察机关开展的涉案企业合规改革、风险领域的专项合规实务等方面展开，实务内容丰富，尤其是对反不正当竞争合规、招投标合规、劳动用工合规、安全生产合规、数据合规、反垄断合规、反商业贿赂合规七大常见专项合规领域的阐述，深度分析和总结了专项合规领域的监管态势、风险识别、合规计划打造等问题。初级、中级、高级教材不仅在基础章节的内容细致程度方面有所区别，而且合规实务所涵盖的专项合规领域数量也有所不同；不仅可以作为企业合规师的考试教材，还可以作为企业合规师从业的操作手册和企业实施合规培训的参考资料。

审计思维和财务思维是企业合规师必须具备的专业技能。《2023 年企业合规师考试教材：企业合规与审计思维（通用）》从审计的知识体系中，选取了四大类思维，分别为企业合规师的审计规范思维、审计联系思维、审计逻辑思维、审计系统思维，并细分为十六个具体审计思维进行深入浅出的阐述，是编写组成员长期从事审计、会计专业教学、科研和审计实务工作的经验总结。《2023 年企业合规师考试教材：企业合规与财务思维（通用）》核心内容主要包含企业合规师的战略财务思维、流程财务思维、要素财务思维、战略成本思维、财务准则思维、财务结构思维、财务报表思维、财务分析思维八大思维。两本教材辅以练习题和参考答案，大大提高了教材的可读性、启发性和实用性。

本套教材由中国企业评价协会企业合规专业委员会组织编写，约请中国人民大学、北京经济管理职业学院数字财金学院、北京科技大学、广东外语外贸大学、中央民族大学等院校的知名学者，以及正义网、易华录、中兴通讯、汉坤律师事务所、植德律师事务所、泰和泰律师事务所、广盛律师事务所等单位对企业合规管理富有经验的实务专家担纲撰写，力求开放务实、简洁明快、深入浅出，努力凸显本套教材具备的实践品格。中兴通讯全球法律政策研究院邓园园、王晨、刘权、胡帅、祁子沐、范佳宜、刁扬等诸君对教材写作亦有所贡献。我们愿广泛汲取各方意见建议，不断拓宽深化合规管理工作的知识内容和研究领域，立足新职业实践，助推企业合规师行业的高质量发展。

目　录

第一章

企业合规师的战略财务思维

财务管理是企业管理的组成部分，财务思维是企业合规师职业技能必备的技能与战略，两者具有天然的深度交融性。可以说，公司战略目标与财务目标是分不开的，没有无财务的战略，也没有无战略的财务，因为战略脱离财务必将空洞；反之，财务脱离战略必将狭隘。这意味着无论是企业管理经营者还是财务人员，都需要具备战略财务思维。那么，究竟什么是战略财务思维；这种思维具体包含哪些基本原理、核心理念和价值主张；进一步说，战略财务思维在企业经营管理中发挥什么作用，如何实施和运用？

战略财务思维，可以看作嫁接企业财务目标与战略目标的一系列理念、路径、方法、工具或策略，具体可分解为价值思维、战略地图思维、系统思维、周期思维等。从各思维内涵和关系来看，价值思维，本质是价值创造和价值管理思维，是战略财务思维的逻辑起点和基础；战略地图思维，侧重于工具思维，是解构价值链因果关系、分解关键绩效指标、驱动战略财务目标落地的有力抓手和工具；系统思维蕴含着经营管理的方法论，介于目标思维和工具思维之间，从时间、空间视角进行系统布局、全局谋划，平衡短期与长期决策、统筹内部与外部环境、优化资源配置、提高企业环境适应性的动态优化方法组合；周期思维是资本运营和投融资的财务思维策略。

上述战略财务思维具体体现在思维的不同层次，贯穿于企业生产经营、财务管理及资本运作等经营管理活动全流程。在具体决策和实施过程中，战略财务思维之间不是孤立的，也很难截然分开，它们各有侧重，往往“搭配使用”形成合力而发挥更大作用。掌握战略财务思维，犹如打开了通往财务目标和战略目标的“百宝箱”，这些“思维组合”不仅能指导财务工作和企业经营管理，而且可以广泛辐射到工作、投资、生活等场景，在权衡风险、成本、收益中找到指导人生决策的最优解。

第一节　价值思维

一、价值思维的整体框架

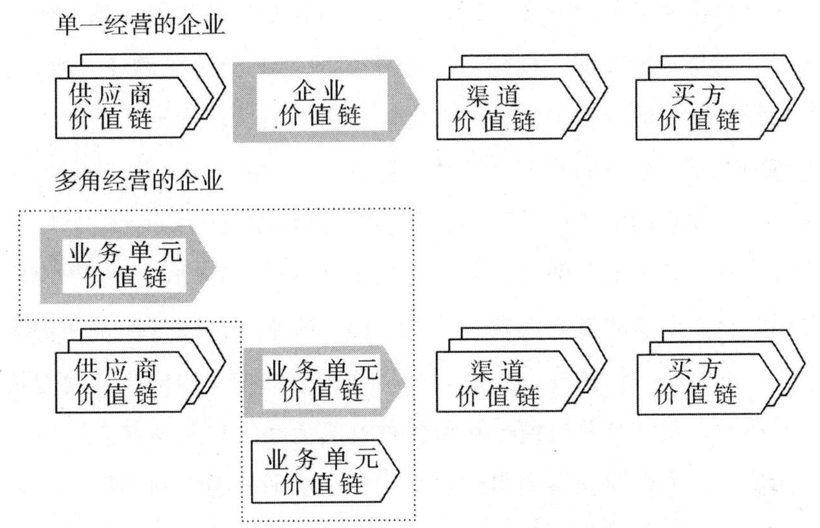

图 1.1　价值思维的整体框架

二、价值思维的原理

在战略财务思维框架下，价值思维本质上是一种价值创造和价值管理的财务战略思维，其核心要义在于资本价值。与价值思维相关的理论有很多，其中最为经典的价值思维分析框架是“价值链分析法”（Value Chain），这一方法最初是由美国哈佛大学商学院教授迈克尔·波特（Michael E. Porter）于 1985 年在其所著《竞争优势》（*Competitive Advantage*, New York: The Free Press）一书中，作为一种寻求确定企业战略竞争优势的分析模型而提出的。

波特认为，企业的竞争战略可分为低成本战略和差异化战略。竞争优势来源于企业在设计、生产、营销、交货等过程及辅助过程中进行的许多相互分离的活动。价值链概念将企业划分为产品的设计、生产、营销和分销等相互分离的、与战略相关的活动。①

如果把企业的“黑匣子”打开，企业创造价值的过程，可以分解为一系列互不相同但又相互关联的经济活动，或者称为“增值活动”，其总和即构成企业的“价值链”。波特的“价值链分析法”把企业内外价值增加的活动分为基本活动和支持性活动。基本活动涉及企业生产、销售、进料后勤、发货后勤、售后服务。支持性活动涉及人事、财务、计划、研究与开发、采购等，基本活动和支持性活动构成了企业的价值链。任何一个企业都是对其产品在设计、生产、销售、交货和售后服务方面进行各项活动的聚合体。每一项经营管理活动就是这一价值链条上的一个环节。企业的价值链及其进行单个活动的方式，反映了该企业的历史、战略、实施战略的方式以及活动自身的主要经济状况。

价值链分析，或者说价值活动分析，是价值思维的基础。它强调识别企业在各个层次影响价值创造的核心因素，并试图形成战略，最终目标是在资本市场实现价值增值。价值链分析的核心思想。一是分析了总价值的构成，除包括价值活动外还包括利润，利润是总价值与从事各种价值活动的总成本之差。二是揭示了价值链的异质性，为企业获得超出行业平均利润水平的超额利润提供了基本战略分析方法。低成本和差异化，与企业寻求获取竞争优势的产业活动范围相结合，可以引导出企业获得超出行业平均利润水平的超额利润的三种基本战略，即成本领先（Overall Cost Leadership）、标歧立异（Differentiation）以及目标聚集（Focus），由此暗示了企业竞争优势的潜在来源。三是表明了企业竞争优势的获取不仅在于自身的价值链，而且要关注企业价值链所处的整个价值系统。例如，供应商拥有创造和交付企业价值链所使用的外购输入的价值链（上游价值），许多产品通过渠道价值链（渠道价值）到达买方手中，企业产品最终成为买方价值链的一部分，这些价值链都在影响企业的价值链。

三、价值思维的价值

价值链分析作为价值理论的重要内容，经过几十年的发展，不断完善理论框

① ［美］迈克尔·波特：《竞争优势》，陈小悦译，华夏出版社1997年版，第41页。

架，成为企业用于判定竞争优势、寻找增强竞争优势方法的思维和工具。不过，在当下资本市场的快速发展和资产金融化、证券化、数字化持续深入的情形下，“价值”的内涵正在不断演变和丰富，从单纯财务维度的利润最大化，到股东财富最大化、企业价值最大化，从分析“价值链”环节直接创造价值，到分析贡献价值增值的潜在要素。与之相适应，价值思维也在不断拓展。当下的价值理论，已不仅局限于波特围绕产业价值链所分析的价值创造因素，而是蕴含着更为深层的、更为宽泛的价值管理和资本运作思维。概括而言，价值思维的关键，是“资本价值”理念，即识别潜在创造价值和影响价值增值的因素，进而把这些要素当作资本来运作；价值思维的精髓和核心要义是推动资源资产化、资产资本化、资本证券化与金融化。也就是说，不论是在价值链上能够直接“创造价值的价值”，还是具有增值潜力、能“转化为价值的潜在价值”，在价值思维导向下都被视为重要资源来运作。价值思维不仅适用于传统制造业，而且是当下新经济、新业态下重要的战略财务思维。

四、价值思维的应用案例

某公司价值链分析

（1）价值链分析

根据波特价值链分析模型，一是内部价值链分析。某公司的基本活动包括原材料采购、生产经营、市场营销、产品运输和售后服务等内容，辅助活动包括企业基础管理、技术研发和人力资源管理等内容。二是行业价值链分析。某公司的智能手机业务的生产和销售，其在手机制造业行业价值链中处于中间位置，其上游价值链是各手机零配件供应商，下游价值链主要是消费者。与上游供应商的联结主要是供应商的产品设计特性、服务、质量保证等均会影响企业的成本结构，通过将某公司与其他智能手机生产公司的价值链比较，发现某公司在供应商方面选择和维持上成本较高，因此应着重分析上游价值链。三是竞争对手价值链分析。与某公司的主要竞争对手相比，某公司手机在定价、营销渠道、品牌战略上存在优势，但是在成本控制、质量保证以及售后服务方面还存在改进空间。

（2）识别潜在问题

一是采购环节。目前，某公司自身没有零配件生产，而是由其他企业代为加工。近几年，过多的供应商与代理加工工厂导致公司的原材料成本呈现持续上涨趋势，并且面对如此多的供应商，对其提供的配件质量监管难度也逐渐增大。

二是研发环节。某公司的战略定位是高配低价的性价比路线，为了降低产品成本，硬件主要通过整合来完成，且其软件研发水平尚待提高，系统研发所投入的时间成本较低以及某公司手机所配备的随机存取存储器（RAM）和只读存储器（ROM）的品牌以及质量等都直接降低客户满意度。

三是销售环节。其销售渠道多数是通过某公司官网进行网络营销，采用的销售模式为前期的预约、中期的限时抢购以及后期的公关造势等，并通过定制销售以及与电商合作加强了销售渠道建设。某公司手机的市场定位是年轻消费者群体，而忽视了部分年长消费者的购买需求。

四是售后服务环节。某公司服务的增值点体现在拟定了完善的售后服务承诺、客服以及零售等，然而因为维修网点、配件供应不足等问题，许多消费者需要快递返厂维修，维修时间过长，使得某公司售后服务的质量受到消费者质疑。就目前情况来看，某公司忽视在二、三、四线城市售后服务方面的投入，这也是其在三、四线城市智能手机市场很难打开销路的原因之一。

（3）改进与启示

通过价值链分析，寻找改进措施：一是改善与供应商的联结关系，增强与供应商协商价格的能力；同时，整合上游价值链，建立自己的零配件加工厂，从而有效地降低成本。二是增加研发投入。某公司处于智能手机中低端价位区域，而这一市场竞争激烈，想要提高市场占有率就需要加大研发投入、提高质量及改进设计。三是丰富销售渠道，采取前向整合策略，通过在各城市开设实体店、租赁商场柜台和与电器大卖场合作等方式进行销售，完善销售渠道。四是提高售后服务水平加大售后服务力度，加强对维修点的筛选和监管，提高售后服务质量。

（一）新经济下的数据资源与价值思维

在当下数字经济背景下，新经济正在重塑产业形态、打破产业边界、推动产业转型升级，而数据作为其中核心的要素资源，具有增值的巨大潜在价值，已成为共识。但问题在于，眼下绝大部分数据处于“沉睡”状态，数据的资产属性还未充分体现。那么，要想使数据成为一种能够创造价值的资本，关键在于运用价值思维，想方设法通过推进要素市场改革、金融创新、数据确权，使数据资源资产化、资产资本化。资本化的数据资源，才能交易、流通、变现，释放蕴含的巨大经济价值和社会价值，最终为企业创造价值，这就是价值思维的体现。

（二）生态环境、社会责任与价值思维

传统观念认为，经济发展与生态环境是矛盾而对立的，经济建设要以牺牲环境为代价。事实上，虽然履行环境责任与企业短期内部价值呈负相关关系，但价值思维启示我们，生态环境是一种可以被开发、利用、能够带来价值增值的资源。大量实证研究表明，生态环境与企业长期外部价值呈正相关关系，企业履行环境责任对长期外部价值的提升作用很明显。企业环境责任与企业长期外部价值的正相关关系，揭示了价值思维的重要意义。

五、本节关键知识点

（1）经典的价值思维分析框架，是迈克尔·波特提出的“价值链分析法”。企业内外价值增加的活动分为基本活动和支持性活动。前者包括原料供应、生产加工、成品储运、市场营销和售后服务五种活动。后者是指支持主体活动且内部之间又相互支持的活动，包括企业投入的采购管理、技术开发、人力资源管理和企业基础结构。

（2）竞争战略可分为低成本战略和差异化战略。企业获得超出行业平均利润水平的超额利润的三种基本战略为成本领先、标歧立异以及目标聚集。竞争优势来源于企业在设计、生产、营销、交货等过程及辅助过程中进行的许多相互分离的活动。企业竞争优势的获取不仅在于自身的价值链，而且要关注企业价值链所处的整个价值系统。

（3）价值思维的关键是“资本价值”理念；价值思维的精髓和核心要义，

是把一切具有增值潜力的资源当作资本来运作，推动资源资产化、资产资本化、资本证券化与金融化，使资本流通、变现，贡献增值。

（4）价值思维不仅适用于传统制造业，而且是当下新经济、新业态下重要的战略财务思维；企业社会责任、绿色生态绩效观，都体现了价值思维。

六、价值思维训练习题

（一）多项选择题

1. 企业获得超出行业平均利润水平的超额利润的基本战略有（　　）。

A. 成本领先　　B. 标歧立异

C. 目标聚集　　D. 规模扩张

2. 波特的“价值链分析法”把企业内外价值增加的活动分为基本活动和支持性活动。前者包括（　　）。

A. 原料供应　　B. 生产加工、成品储运、市场营销和售后服务

C. 采购管理　　D. 技术开发

（二）判断题

1. 经典的价值思维分析框架“价值链分析法”，最初是由迈克尔·波特在《竞争优势》一书中，作为一种寻求确定企业战略竞争优势的分析模型而提出的。（　　）

2. 价值链分析适用于企业内部价值链分析，不适用于外部行业价值链分析。（　　）

3. 企业价值增加的活动分为基本增值活动和支持性活动，相比基本活动，支持性活动为次要活动。（　　）

4. 价值思维只适用于传统工业企业价值链分析，对新经济、新业态不适用。（　　）

5. 履行环境责任与企业短期内部价值呈负相关关系，生态环境与企业长期外部价值呈正相关关系，企业环境责任与企业长期外部价值的正相关关系，表明企业财务绩效与社会责任在长期可以实现统一。（　　）

参考答案

（一）多项选择题

1. ABC　2. AB

（二）判断题

1. √　2. ×　3. ×　4. ×　5. √

第二节　战略地图思维

一、战略地图思维的整体框架

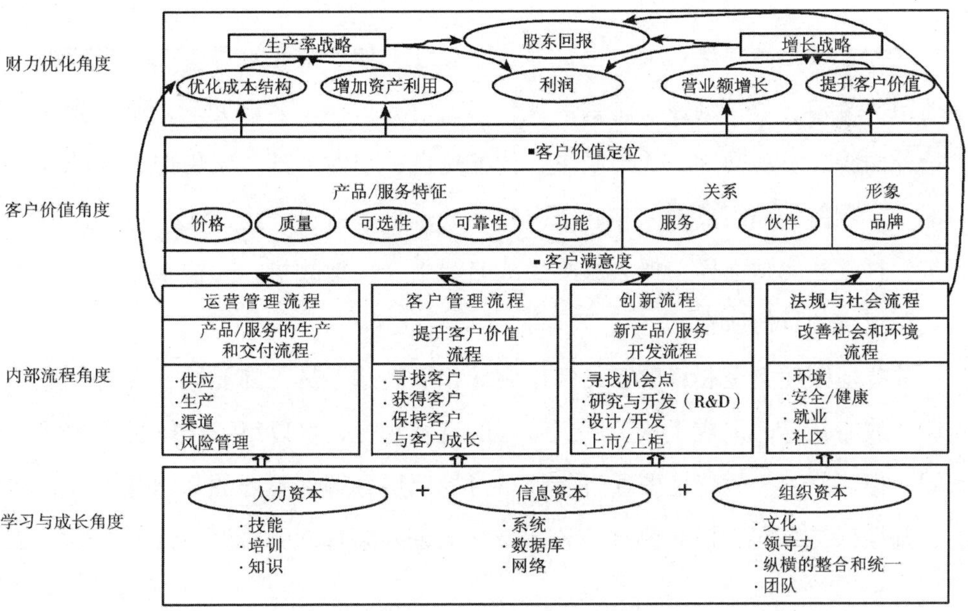

图 1.2　战略地图思维的整体框架

二、战略地图思维的原理

战略地图思维是以企业最重要的四个层面（财务层面、客户层面、内部层面、学习与成长层面）为核心，通过分析这四个层面目标的相互关系而绘制的企业战略因果关系图。

战略地图由罗伯特·卡普兰（Robert S. Kaplan）和大卫·诺顿（David P. Norton）提出。2004年1月，两位创始人的第三部著作《战略地图——化无形资产为有形成果》出版。①

战略地图思维原理的核心是，企业家、管理者、企业合规师、会计师等观察和切入企业深层次管理问题的角度，不应是某个单一层面，而应是多个层面，不仅从财务角度观察，也不仅从客户满意度角度审视，而是从四个最关键的方面（财务、客户、流程、文化）及其关系来整体规划企业大计。

三、战略地图思维的价值

这种思维是高层次思维，也是综合性思维。如果企业家每天在绘制精细的战略地图前凝神思考一刻钟，轮番审视公司的财务指标、客户关系、流程设计和员工精神面貌，发现问题，找出联系，找准焦点，与财务部、销售部、生产部、采购部及行政部等部门负责人一起研究问题的病根，对症下药，就一定能像一名善于带兵打仗的元帅那样，抓大放小，战略清晰，捕捉战机，无往不胜。这就是战略地图思维的价值所在。

战略地图使上至制订政策的高层领导，下至基层员工都能够直观清晰地了解组织的战略目标，促成了从上层到基层的良好沟通，可以组织全体员工为同一个共同目标而努力。战略地图通过将战略目标层层分解到不同的部门和个人，在中层、基层保持纵向、横向协调一致，最终保证战略管理的协调一致。

---

① ［美］罗伯特·卡普兰、大卫·诺顿：《战略地图——化无形资产为有形成果》，刘俊勇、孙薇译，广东经济出版社2005年版。

（一）财务层面实现长短期的战略平衡

在战略地图中，强调股东价值的长期性，将股东的价值分解为生产率战略和增长战略。生产率战略考虑的是企业短期财务成果的实现，如降低成本、加快资产周转；而增长战略则强调企业长期财务成果的实现，如致力于提升客户价值、增加收入机会。

（二）客户层面实现差异化的价值主张

在客户层面，战略地图强调，要想使股东满意，必须使客户满意，要使客户满意，必须了解客户的需求。企业满足了客户的需求，就意味着为客户创造了价值。让客户满意是企业生存的根本。客户维度的衡量指标以客户满意度、客户保持率、客户获得率、客户获利率、市场份额和客户份额为主。

这些指标有着明显的因果衔接关系，客户的满意度是客户保持率的基础，只有客户满意才有可能实现客户保持率，而客户保持又比客户获得容易得多，保持一个客户比重新获得一个客户更节省成本。客户的获得率受产品品牌形象影响，客户的保持率受产品服务以及企业的客户伙伴关系影响。有了客户保持率才能讨论客户获利率，客户获利率受产品质量、价格因素等影响。

依据这三个比率的数据，以及产品或服务的特征（包括价格、质量、可用性、选择、功能），企业可以细分出自己的市场份额和客户份额。这一系列指标都是用来锁定目标客户的，即找出为公司带来增长和盈利的客户群。

（三）组织价值通过内部业务流程创造

高效协调的内部流程能创造价值并实现战略目标。在战略地图中，内部业务流程有四种：运营管理流程、客户管理流程、创新流程、法规与社会流程。

运营管理流程进行生产，为客户提供产品和服务。其内容为：确定供应商、获得原材料、将原材料做成产品、向客户分销、提供服务、管理风险。

客户管理流程用以提高客户价值，拓展并加深与目标客户的关系，与客户维度接轨。其内容为：选择客户、获得客户、保留客户和培育客户关系。

创新流程用以获得新市场和新客户，与学习成长维度接轨。其内容包括：识别新产品和服务机会、管理研发组合、设计开发新产品和服务、将新产品和服务推向市场。

法规与社会流程营造企业的经营环境，担负企业公民的社会责任。其内容包括：环境保护、安全与健康、员工雇佣、社区投资。这些具体的内容，同企业的业务行动相联系。

不同的企业有不同的流程，但战略地图强调在选择这些流程的时候，一定要考虑哪些流程是短期内能为股东和客户创造价值的，哪些流程是能长期为股东和客户创造价值的。这就是内部流程的战略选择，也是这个层面最核心的思维。

（四）学习与成长层面重视无形资产与战略的协调统一

战略地图将学习与成长层面从无形资产的角度划分为三大类——人力资本、信息资本、组织资本。卡普兰和诺顿强调，无形资产本身并不能创造价值，无形资产要想为企业创造价值，必须和企业选定的关键战略流程进行配合。也就是说为企业创造价值的，是第三个层面“企业内部流程”。无形资产与内部流程相配合的程度，卡普兰和诺顿称为无形资产战略准备度，具体又可细分为人力资本准备度、信息资本准备度和组织资本准备度。人力资本、企业资源计划（ERP）系统、信息化软件等能否与内部流程相配合，是无形资产价值能否实现的关键。

四、战略地图思维的应用案例

1. 子公司引入战略地图思维的实践探索

子公司通过绘制战略地图，将集团公司的战略目标体系落实到子公司层面，并通过战略地图的二次分解，将战略目标体系细化为部门/个人的绩效考核指标，使集团公司的战略方案在子公司各个层面全面落实，使子公司各部门/个人的行动和目标都能符合子公司的战略意图。

具体做法：

子公司开展人力资源提升项目，这套绩效考核体系的核心是把公司的发展目标体系进行细化和分解，逐级落实到部门和个人。经过一年多的实施，员工已经逐渐认同从财务、客户、内部管理、学习和成长等多方面来评价公司、部门和个人业绩，并开始将部门/个人的目标与公司目标挂钩。

务实推进战略地图应用，子公司绘制战略地图的具体步骤如下。

（1）根据公司的战略选择确定战略陈述。

（2）清晰描述公司总体目标。

（3）根据公司的战略陈述确定公司财务增长的侧重点。

（4）确定市场的客户价值定位。

（5）确定那些对吸引和留住目标市场上的客户、实现财务目标增长影响最大的内部过程。

（6）决定如何缩小现有人员、技术系统和文化的能力与实现突破性战略目标所要求能力间的差距，以满足关键内部过程和顾客价值计划的需要。

（7）根据公司战略重点，分别结合财务、客户、内部管理、学习与成长层面的策略，确定各层面的战略性衡量指标。

（8）对战略地图进行二次分解，建立次级地图，将绩效目标和战略行动逐步落实到部门和个人。

在战略地图绘制中，子公司着重注意了如下事项。

（1）高层重视和组织保证。战略是涉及公司长远性和全局性的工作。在战略规划的组织实施中高层决策者能始终如一地参与和重视是成功的关键要素。同时，在公司层面成立由各职能部门组成的规划编制项目团队是本次战略规划所采取的重要组织保证。

（2）纵横协调和充分沟通。在战略地图的绘制过程中，要坚持将绩效考核体系与战略紧密结合，建立以战略为导向的绩效考核体系；要注意保持和公司高层以及各个部门之间的沟通交流，以尽快对公司的战略目标和举措达成共识，保证战略实施的顺利开展。

（3）战略路线和战略性衡量指标的选择不要贪多求全。战略本身就意味着选择，面面俱到的战略必定失败。在战略目标的关键因素分解和战略性衡量指标的筛选过程中，要牢牢抓住战略重点，选择最关键的路径和指标，将战略性举措和战略性衡量指标控制在 10 个以内，有效控制执行的成本，同时突出资源配置重点。

战略地图与绩效考核挂钩：

在战略地图绘制完成后，子公司据此对公司的绩效考评体系作了适当的调整和修正，通过实施以战略为导向的绩效考评工作，建立战略执行、控制、评价框架。

在战略执行期间，子公司对指标值的变化情况进行了监控，判断计划执行情况，并据此对战略目标或战略措施进行微调和修正。通过战略制订、执行、控制和评价过程形成战略管理的循环反馈，落实战略管理，并使企业战略更能适应动态变化的环境。经过这样一段时间运行后，战略执行、控制和评价框架在子公司有效地搭建起来了。

2. 某公司应用战略地图思维的实践探索

某公司专业生产路由器等通信设备产品。随着产业的成熟，同质化现象严重，制造商之间竞争激烈，公司意外亏损了8000万元，随之而来的是董事会与管理层之间发生信任危机，董事会对管理层的能力产生了质疑，并对本年10亿元的销售目标和6000万元的净利润目标没有信心。有鉴于此，某公司管理层决定通过利用战略地图工具清晰化公司战略并分解关键绩效指标，以期扭转亏损，实现经营目标。

具体做法：

（1）战略目标设定。某公司发展愿景是成为“全球领先的一站式路由器解决方案供应商”，其使命是创造值得信赖的创新产品与解决方案，为客户创造价值。

（2）确定与股东/利益相关者的价值差距。某公司目前的价值差距直观表现在亏损8000万元与本年实现6000万元净利润目标差距1.4亿元。对此，公司设定的财务层面目标是实现10亿元销售额、6000万元净利润。

（3）业务改善路径。一是增强客户基础和增加现有客户业务，实现收入增长；二是生产率方面强调行业成本领先和产能利用率的提高，即降本增效。10亿元的销售额，按照10%的利润，通过5%的降本，应当可挤压出4500万元的利润。

（4）大客户战略。某公司前五大客户营业收入占比在70%左右，故其客户层面的核心是“大客户聚焦战略”。公司针对大客户实施五个策略性任务目标：高创新度的产品、增值服务、卓越的产品质量、及时交付、合作共赢的战略客户伙伴关系。

（5）确定业务流程优化主题。为了实现成本领先，要求采购部门降低6%的采购成本。筛选和培养战略合作供应商、建立零部件系统化、模块化供应流程以降低采购成本。对年采购总额在500万元以上的，降本目标为9%。通过优化资产利用流程，提升产能利用率30%。生产管理方面，保证质量，升级制造流程，生产部门详细编制生产日报表，记录并监控每人每天损失工时和不良品数量。

（6）确定学习与成长主题。对员工价值观的要求是“目标导向、追求卓越、拼搏进取、勇于担当”，打造公司正能量文化氛围，要求领导团队具有较强的目标感和协作能力。

实施成效：

经过对销售、生产、采购流程的梳理，业务和财务数据的实时监控，并在原定战略行动计划的基础上，每月一次根据战略执行报告及时纠偏。最终，某公司实现了财务层面的目标。在“成本领先战略”下，某公司的四项期间费用率（销售费用、管理费用、研发费用、财务费用）均成功控制在2%以内，主营业务成本率从62%降至51%。公司董事会恢复了对管理层的信任，兑现了股权激励。

五、本节关键知识点

（1）战略地图思维是一种以可视化方式描述企业各维度战略目标之间因果关系的管理会计工具，其核心是自下而上的因果链和各战略目标之间的协调一致。

（2）战略地图思维通常以财务、客户、内部业务流程、学习与成长四个维度为主要内容。

（3）财务层面用传统的财务业绩指标，如投资回报率等衡量，反映了企业战略实施的结果。

（4）客户业务层面从产品、服务、客户关系等方面界定目标客户价值主张，核心是企业行为和客户价值主张的协调一致。

（5）内部流程层面确定了少数对战略影响最大的关键流程：运营管理流程、客户管理流程、创新流程、法规与社会流程。

（6）学习与成长层面确定了支撑战略与企业价值创造的三类无形资产：人力资本、信息资本和组织资本。

（7）自上而下，财务成果只有在目标客户满意的情况下才能实现，客户价值主张描述了如何提升销售额和客户满意度、内部流程创造并传达客户价值主张，三类无形资产是支撑战略实现的基础。这四个层面的目标协调一致是关键，而连接四个层面的因果逻辑是制订战略地图所依赖的结构。

六、战略地图思维训练习题

（一）单项选择题

在战略地图中，强调股东价值的长期性，将股东的价值分解为生产率战略和（　　）战略。

A. 降低成本　　B. 加快周转

C. 增长　　D. 增加收入

（二）多项选择题

1. 战略地图通常以哪些维度为主要内容（　　）。

A. 客户　　B. 财务

C. 销售净利率　　D. 学习与成长

2. 客户维度的衡量指标包括（　　）等。

A. 客户满意度　　B. 客户保持率

C. 客户获得率　　D. 客户获利率

3. 运营管理流程用以进行生产，为客户提供产品和服务，包括（　　）等。

A. 选择客户　　B. 确定供应商

C. 获得原材料　　D. 向客户分销

4. 创新流程用以获得新市场和新客户，与学习成长维度接轨，包括

（　　）等。

A. 识别新产品和服务机会

B. 设计开发新产品和服务

C. 管理研发组合

D. 确定供应商

5. 无形资产与内部流程相配合的程度，卡普兰和诺顿称为无形资产战略准备度，具体又可细分为（　　）等。

A. 人力资本准备度

B. 产业资本准备度

C. 信息资本准备度

D. 组织资本准备度

（三）判断题

1. 内部流程创造并传达客户价值主张。（　　）

2. 财务层面用顾客满意度等衡量，反映企业战略实施的结果。（　　）

3. 战略地图思维原理的核心是企业家从某一单一层面观察和切入企业深层次管理问题。（　　）

4. 客户的满意度是客户保持率的基础。（　　）

5. 战略地图将学习与成长层面从无形资产的角度划分为三大类——人力资本、信息资本、组织资本。（　　）

6. 创新流程用以获得新市场和新客户，与学习成长维度接轨。其内容包括：选择客户、获得客户、保留客户和培育客户关系。（　　）

7. 有了客户保持率才能讨论客户获利率，客户获利率不受产品质量、价格因素等影响。（　　）

8. 通过分析财务层面、客户层面、内部层面、学习与成长层面四个层面目标的相互关系而绘制的企业战略因果关系图叫战略地图。（　　）

9. 企业文化建设属于内部流程层面。（　　）

10. 战略地图具有沟通功能与宏观管理功能。（　　）

（四）简答题

结合教材中子公司战略地图案例，简述该公司绘制战略地图的具体步骤。

（五）案例分析题

BETIV 快递公司是一家以沿海城市市场为主的公司，是国内知名的综合物流服务商，公司的主要产品和服务包含：时效快递、经济快递、同城即时物流、仓储服务、国际快递等多种快递服务，以零担为核心的快运服务，为生鲜、食品和医药领域的客户提供冷链运输服务，以及保价、代收货款、包装服务、保鲜服务等。

满足客户需求、令客户满意是企业成功的前提，但企业又很难同时满足所有客户的多样化需求，因此需要按照市场定位和目标客户群体，设定企业的价值主张。BETIV 快递公司秉承“以用户为中心，以需求为导向，以体验为根本”的产品设计思维，聚焦行业特性，从客户应用场景出发，深挖不同场景下客户端到端全流程接触点需求及其他个性化需求，设计适合客户的产品服务及解决方案，构建差异化竞争优势，再由产品设计牵引内部资源配置，持续优化产品体系，沉淀解决方案。“提供最具热忱、可靠、便捷和时尚的服务”、服务品牌目标为“中国最好、亚洲一流”，通过卓越的、超出客户预期的快递业务服务产品来赢得客户，并巩固客户的忠诚度。这就要求在设计战略地图时要特别注重服务品质和服务创新。

问题：1. 根据所学习的战略地图知识，结合对快递公司运营情况的了解，请说出 BETIV 快递公司应该具有哪四大维度战略地图内涵。

2. 请说出 BETIV 快递公司每个维度应该重点考核的指标体系。

3. 请结合上述分析设计出 BETIV 快递公司四个维度构成的战略地图框架图。

4. 请参考如图 1.3 所示的战略地图思维细节，给出 BETIV 快递公司应该具有的财务维度战略规划细节考虑。

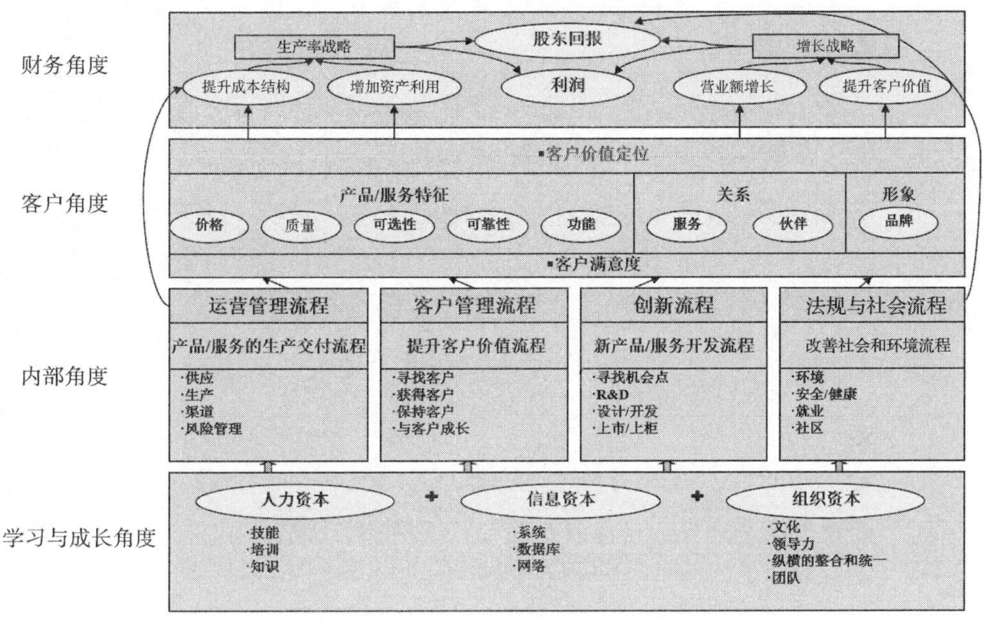

图 1.3　BETIV 快递公司的战略地图四大维度细节设计

参考答案

（一）单项选择题

C

（二）多项选择题

1. ABD　2. ABCD　3. BCD　4. ABC　5. ACD

（三）判断题

1. √　2. ×　3. ×　4. √　5. √　6. ×　7. ×　8. √　9. ×　10. √

（四）简答题

结合教材中子公司战略地图案例，简述该公司绘制战略地图的具体步骤如下。

（1）根据公司的战略选择确定战略陈述。

（2）清晰描述公司总体目标。

（3）根据公司的战略陈述确定公司财务增长的侧重点。

（4）确定市场的客户价值定位。

（5）确定那些对吸引和留住目标市场上的客户、实现财务目标增长影响最大的内部过程。

（6）决定如何缩小现有人员、技术系统和文化的能力与实现突破性战略目标所要求能力间的差距，以满足关键内部过程和顾客价值计划的需要。

（7）根据公司战略重点，分别结合财务、客户、内部管理、学习与成长层面的策略，确定各层面的战略性衡量指标。

（8）对战略地图进行二次分解，建立次级地图，将绩效目标和战略行动逐步落实到部门和个人。

（五）案例分析题

1. 请说出BETIV快递公司应该具有哪四大维度战略地图内涵。

答：四大维度应包括：财务维度层面、客户维度层面、内部流程维度层面、学习与成长维度层面。

2. 请说出BETIV快递公司每个维度应该重点考核的指标体系。

答：财务维度层面可以重点考虑流动比率和销售净利率。客户维度层面可以重点考虑客户满意度和客户申诉率。内部流程维度层面可以重点考虑存货周转率。学习与成长维度层面可以重点考虑职工薪酬和员工培训。

3. 请结合上述分析设计出BETIV快递公司四个维度构成的战略地图框架图。

答：如图1.4所示。

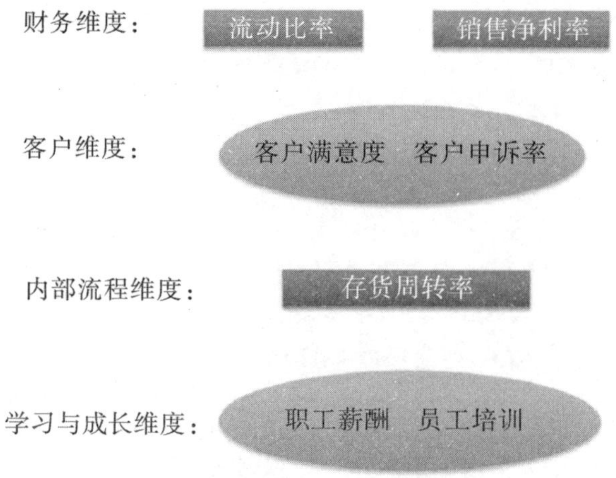

财务维度：流动比率　销售净利率

客户维度：客户满意度　客户申诉率

内部流程维度：存货周转率

学习与成长维度：职工薪酬　员工培训

图1.4　BETIV快递公司的战略地图指标框架

4. 请参考如图 1.3 所示的战略地图思维细节，给出 BETIV 快递公司应该具有的财务维度战略规划细节考虑。

答：BETIV 快递公司在财务维度层面先要重点考虑流动比率和销售净利率，前者注重短期风险防范能力，后者考虑产品盈利能力以及股东长期发展。再结合图 1.3，围绕股东回报能力这个核心，还要在提高生产力战略方面与成长战略方面分别入手，前者聚焦降低每单快递成本，加快资产周转；后者占领市场，增加收入。公司在财务层面的战略目标应该是“具有持续价值创造能力”，具体是指相关利益者价值最大化。

企业的相关利益者包括股东、债权人、经营者、员工、政府、客户、供应商等。一个企业首要的财务目标就是为股东创造更多价值，因为股东承担了最大的义务和风险，在这个基础上，体现合作共赢的理念，兼顾其他相关利益者的价值诉求。而其他利益主体的利益追求在一定程度上又是与股东的诉求相统一的，即都是企业正常经营、健康发展和盈利能力的提升。具体到 BETIV 快递公司而言，这一目标可以分解为三个部分，即提高收入品质、保持国内最大快递公司的规模和地位、成为行业成本领先者，前两者是收入提升的驱动因素，分别对应收入增长和提高生产力两个主题；后者则是对盈利的重要保证。需要注意的是，行业成本领先者是指在相当规模的全服务快递公司中，能以较低的成本提供同品质的服务，或以同样的成本提供较优质的服务，即成本效益较高，而非简单地将成本与服务品质割裂进行控制。

第三节　周期思维

一、周期思维的整体框架

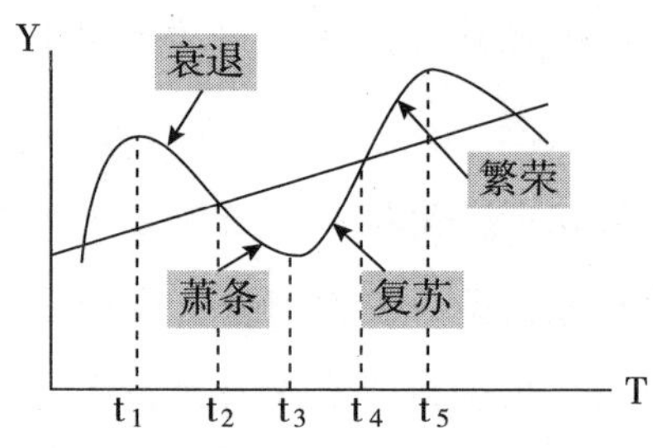

图 1.5　周期思维的整体框架

二、周期思维的原理

企业家之所以越来越多地关心经济形势，也就是“经济大气候”变化，是因为一个企业生产经营状况的好坏，既受其内部条件的影响，又受其外部宏观经济环境和市场环境的影响。而外部环境的影响因素有很多，其中最重要的是经济的周期性波动。所谓经济周期，一般是指经济活动沿着经济发展的总体趋势所经历的有规律的扩张和收缩，是国民收入或总体经济活动扩张与紧缩的交替或周期性波动变化，一般分为繁荣、衰退、萧条和复苏四个阶段，体现在图形上叫衰退、谷底、扩张和顶峰。

当经济衰退之后，企业的产品滞销，企业经营状况恶化，股息、红利减少，股票价格下降。当经济复苏时，企业产品的销量开始上升，企业经营状况好转，企业发放股息、红利，股价逐渐回升。当经济达到繁荣时，企业盈利状况良好，股息、红利增加，股票价格大幅上涨。股息是指股份公司从提取了公积金、公益金的税后利润中按照股息率派发给股东的收益。红利是指上市公司在进行利润分配时，分配给股东的利润。

周期思维最广泛的运用在于企业投融资的“抄底”思维。着眼于企业层面，这类抄底式、激进式战略的具体方式与内容包括：反周期（内部）投资；逆周期（外部）并购；低潮时广纳贤才；加大研发投入与新产品开发。这四种具体方式还可以区分为激进式内涵式战略模式和激进式外延式并购扩张战略模式。

反周期或逆周期策略，本质是一种资本战略。一些企业正是抓住经济衰退中的良机果断出击，扩展并夯实了自己的核心业务，脱颖而出并成为行业领导者。

理论上，分析反周期投资战略的理性动机集中于“低成本”扩张。因为经济下行期间，虽然市场需求不足，但各种生产要素和大宗商品价格便宜，资本市场的资产价格低迷，市场上各种基建材料和项目施工价格低廉，在经济低潮时进行内部新建改建并在市场回升时建成投产，能够降低投资成本和快速回收投资。另外，一些企业出于盘活资产、套现“度冬”的考虑，会加大出售相关技术、设备、股权甚至整个企业的战略安排，极易实现低成本并购。经济衰退还会迫使企业包括不少优秀企业大规模裁员，这也为一些有实力的企业“低成本”吸纳优秀人才提供了良机。诸如此类都是低成本扩张的反周期投资策略。

三、周期思维的价值

第一，反周期投资应在清晰的战略下展开，奉行战略投资而不谋求短期套利。企业要想合理利用经济衰退的机会实施反周期投资，必须有清晰的战略来支撑其投资行为。投资既然是为了实现企业扩张战略，就必须从总体战略通盘考虑，应以增强核心竞争优势为基础，围绕发展战略优化资源配置，而绝不能单纯在价格低廉的诱惑下盲目收购。反周期投资的决策是根据公司战略整合资源、优化公司内部产业链的行为，不能脱离主业而盲目扩张。

第二，反周期投资是一项资本战略，其实施必须确保既有业务的资金链安全。反周期投资应以正的自由现金流为后盾，谨慎使用负债“抄底”，确保激进的战略和稳健的财务条件组合。正的自由现金流量（FCF）是企业内在价值的决定因素和偿债能力的最终保证。拥有稳定和大量自由现金流量的公司更能增强自己的实力，因为它们可以利用这些现金流量降低负债率、改善与债权人的关系或根据市场环境抢占有利的投资机会，从而在以后的生产经营中产生更多的现金流量，使企业的实力不断增强。

第三，奉行先内部扩张后外部并购、先收购少数股权后逐步增资、先立足国内再“走出去”的渐进式策略。内部扩张和外部并购是企业实现发展的两条基本途径。内部扩张可以在整合现有资源基础上，挖掘内在潜力，提高当前业务效益，但是企业成长速度较慢；而外部并购则可以多种形式快速扩张，但涉及法律、政治、文化等社会因素，风险较大。因此，当企业难以应对复杂并购活动的种种风险问题时，应将有限的资本先实施内部扩张，实现内涵式发展，再由内而外稳步推进并购投资。

四、本节关键知识点

（1）经济周期一般是指经济活动沿着经济发展的总体趋势所经历的有规律的扩张和收缩，是国民收入或总体经济活动扩张与紧缩的交替或周期性波动变化，一般分为繁荣、衰退、萧条和复苏四个阶段，即衰退、谷底、扩张和顶峰。

（2）当经济衰退之后，企业的产品滞销，企业经营状况恶化，股息、红利减少，股票价格下降。当经济复苏时，企业产品的销量开始上升，企业经营状况好转，企业发放股息、红利，股价逐渐回升。当经济达到繁荣时，企业盈利状况良好，股息、红利增加，股票价格大幅上涨。

（3）周期思维表现为企业投融资的“抄底”思维，包括：反周期（内部）投资；逆周期（外部）并购；低潮时广纳贤才；加大研发投入与新产品开发。

（4）反周期或逆周期策略，本质是一种资本战略。利用经济低迷时机实施“积极作为”战略，“逆市扩张”“高沽低买”，其衡量标准在于资产长期的盈利潜力。

五、周期思维训练习题

（一）判断题

1. 经济周期，一般分为繁荣、衰退、萧条和复苏四个阶段，即衰退、谷底、扩张和顶峰。（　　）

2. 周期思维，表现为顺周期投资、并购、广纳贤才及加大研发投入与新产

品开发。(　　)

3. 反周期投资，是一种为谋求短期套利而低成本并购扩张的投机策略。(　　)

4. “楼市低谷时竞标拿地”“逆市扩张”“高沽低买”，运用的都是反周期投资策略，其衡量标准在于资产长期的盈利潜力。(　　)

5. 反周期投资法，就是在周期高点时减少持有资产，增加库存现金，防范经营风险；在周期低点时将现金投向资产，以期获取高额回报。(　　)

6. 反周期投资应以正的自由现金流为后盾，正的 FCF 是企业内在价值的决定因素和偿债能力的最终保证。(　　)

7. 反周期投资是在市场需求不足、市场信心受挫的背景下进行的，为此应抓住低成本投资的机遇，采取多元化经营的并购扩张策略。(　　)

8. 当企业难以应对复杂并购活动的种种风险问题时，应将有限资本先实施内部扩张，实现内涵式发展，再由内而外稳步推进并购投资，采取渐进式扩张策略。(　　)

(二) 案例分析题

JH 汽车公司于 2001 年在上海证券交易所上市，是一家集全系列商用车、乘用车及动力总成研产销和服务于一体，涵盖汽车出行、金融服务等众多领域的综合型汽车企业集团，致力于打造一个“全生态链、全产业链、全价值链”的综合性汽车服务平台。JH 汽车公司有如今在汽车行业内的地位，重要的因素源于历史上几次成功的反周期资本运作。

JH 汽车公司第一次成功的反周期运作始于 20 世纪 90 年代初。1991 年，JH 汽车公司还是一个零资产、负利润的濒临破产企业。公司另辟路径，将目光转向了客车专用底盘。公司的这个决策源于一个发现：20 世纪 90 年代初改革开放，大量的劳动力开始流动，从而加大了对交通运输能力的需求，中型客车成为抢手货。但由于众多企业竞相生产中型客车，1989 年至 1990 年，客车业实际陷入低利润时代。尽管如此，很少有人发现底盘的商机：当时缺少专业化的客车底盘，主要用货车底盘来改装客车。

彼时，JH 汽车公司并不具备直接生产中型客车底盘的技术能力和资金实力，于是，JH汽车公司决定集中企业全部资源，开发自主品牌客车专用底盘。一年后，JH汽车公司研发出7米长的客车专用底盘，1991年JH汽车公司销售客车底盘1000多台；1992年至1993年，JH汽车公司的客车底盘销量均超过1万台；1995年前后，JH汽车公司生产的7米长的客车底盘抢占了国内同类产品80%的市场份额。当时多数企业都开始上发动机项目，但均未成功；JH汽车公司放弃发动机项目，集中力量做专用客车底盘，反而扭亏为盈。

第二次反周期运作始于轻卡。1994年，在JH汽车公司生产的客车底盘稳步占领市场之后，JH汽车公司又看中了轻卡市场。这时的轻卡市场也处于激烈竞争的低利润时代。因此，JH汽车公司内部对此产生了不同意见，但支持上轻卡项目的想法占了上风。1995年，JH汽车公司推出自主研发的轻卡。这一次“冒险”事后证明又获成功：至2005年，JH汽车公司轻卡市场占有率位居第二。至2006年前三季度，JH汽车公司的轻卡销售额占其汽车（包括客车底盘）总销售额的64%。

第三次反周期运作则在5年之后。2001年，在轻卡上再次尝到反周期运作甜头的JH汽车公司寻找到另一次商业机会。当时商用车市场正处于两雄相争的激烈阶段，JH汽车公司再次出手。其理由除反周期运作外，还因为市场正吻合JH汽车公司产品链的延伸：从轻卡到商务车，JH汽车公司的技术能力、销售能力均能实现平移或上移。2002年，JH汽车公司进行二次创新后，推出了多功能商务用车并投入市场。此后，JH汽车公司多功能商务用车创下产销量连续三年行业第一的业绩，由此成为利润率最高的产品。

2008年，金融危机在全球蔓延，JH汽车公司又开始酝酿反周期运作思路。一是进行产品结构调整：一方面向高附加值产品倾斜；另一方面向农村市场挺进。二是进行组织结构调整，成立商用车、乘用车两大事业部，减少中间流通环节，更灵活地应对市场。三是进行投资结构调整，坚决停掉非生产性建设，把资金主要投向新技术、新产品和提升整车性能的试验课题；技术投资非但不减，甚至还适当加大力度。四是进行资本与产权结构调整。没有优势的整车和零部件项目，以退为进，通过对内对外招商引资，出售部分产权，引入有经验、有资本实力的合资合作对象，把腾挪出来的资金和资源用来强化核心业务，扶植战略业务。这样的调整措施，为企业战略转型提供了基础，并为未来的持续增长做好了铺垫。

2019年全球经济低迷，JH汽车公司在经济下行的压力下，又一次展现出反周期资本运作的强大能力。JH汽车公司作为最早一批探索出海业务的中国汽车品牌，2019年“逆势出海”，大举进军海外市场。利用政策和资金支持，2019年，JH汽车公司出口市场覆盖约80个国家，汽车出口量3.2万辆，约占JH汽车公司出口总量的四分之三，近5年累计出口30万辆。

JH汽车公司对商用车产品出口结构进行了调整优化，轻型车以高端轻卡为主，出口占比已达到90%，皮卡产品形成产品组合，覆盖柴汽油、左右舵细分市场，2019年行业排名已跃居第三位，重型车出口业务坚持差异化和聚焦策略，推动产品适应性改进，加快高端产品跨越开发及导入进度；乘用车业务则以平台化战略为主，完善了大+小产品组合，开发电动车平台产品，满足欧盟市场准入要求。2019年，JH汽车公司出口4.4万辆车，其中，轻型车出口增长3.29%，中高端轻卡出口行业排名第一；皮卡出口增长26.46%，位居行业第三位；乘用车出口位居行业前列。

目前，JH汽车公司已在南美、欧洲、非洲、中东、东南亚等全球130多个国家和地区市场建立合作关系，拥有日本、意大利两家海外研发中心；在俄罗斯、越南、肯尼亚建有子公司；在墨西哥、哈萨克斯坦等地建有19家国际产业基地。JH汽车公司的电动新能源汽车也已经进入了西欧发达地区市场。JH汽车公司凭借优质的产品、贴心的服务，赢得了拉美消费者认可。

问题：1. JH汽车公司反周期投资的核心主张和策略要点是什么？

2. JH汽车公司具体是如何通过反周期运作，一步步从零资产、负利润的濒临破产企业，发展壮大成为全球化企业？其背后的秘诀是什么？

参考答案

（一）判断题

1. √　2. ×　3. ×　4. √　5. √　6. √　7. ×　8. √

（二）案例分析题

1. 当市场繁荣、业务强势增长且企业“一哄而上”时，正是行业进入成本最高、泡沫四起之时，此时加大投资很可能损失惨重；当大家都不看好一个市场时，正是投资成本较低、泡沫破灭之时，实为企业介入良机。这种反周期运作的策略要点在于“把握周期规律和进入成本之间的平衡”。

2. JH 汽车公司发展壮大的一个重要因素，归功于善于在周期中抓住市场机遇和投资时机，不盲目进行多元化业务扩张，而是围绕核心业务布局，很好地将反周期投资策略与业务链优化、资源优化配置相结合。

（1）20 世纪 90 年代初，在绝大多数汽车企业上发动机项目时，JH 汽车公司放弃发动机项目，集中企业全部资源，开发自主品牌客车专用底盘，抢占市场，实现扭亏为盈。

（2）在客车底盘稳步占领市场之后，JH 汽车公司调整战略方向，进入竞争激烈、低利润的轻卡市场，推出自主研发的轻卡，使 JH 汽车公司轻卡市场占有率位居第二。

（3）在商用车市场处于两雄相争的激烈阶段，JH 汽车公司充分考虑企业发展阶段，将产品链布局从轻卡延伸到商务车，实现了 JH 汽车公司技术能力、销售能力的平移或上移，推出了多功能商务用车并投入市场，创下产销量连续三年行业第一的业绩，提高了企业核心竞争优势。

（4）面对金融危机，JH 汽车公司的反周期策略表现为投资结构调整及资本与产权结构调整。在投资结构上，加大技术投资力度；停掉非生产性建设，使资本集中投向新技术、新产品和提升整车性能等试验课题。在资本与产权结构上，以退为进，把没有优势的整车和零部件项目，通过对内对外招商引资，出售部分产权，引入有经验有资本实力的合资合作对象，集聚更多资本和资源，强化核心业务、扶植战略业务，为企业战略转型及可持续增长提供支持。

（5）在经济低迷、国内汽车市场趋于饱和的背景下，JH 汽车公司抓住海外市场投资机遇，利用政策和资金支持，在 80 个国家积极布局出口战略，提高海外市场占有率。同时，JH 汽车公司结合企业战略布局调整出口结构，坚持差异化和聚焦策略，充分展现了强大的反周期资本运作能力。

第二章

企业合规师的流程财务思维

第一节　运营思维

一、运营思维的整体框架

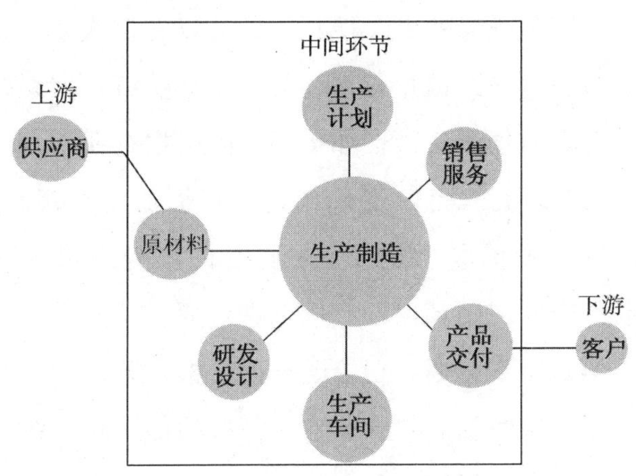

图 2.1　运营思维的整体框架

二、运营思维的原理

企业拥有的资源是有限的，运营就是通过对企业内部资源如财务资源、人力资源、技术资源等的整合与配置达到资源利用的最理想状态，对人、财、物资源进行重新组合达到优势互补，建立高效的业务流程，从而实现以最低的成本达到产品价值的最大化与企业利润的最大化。企业运营管理水平的高低决定了企业的发展潜力，如何整合企业资源，提升企业对潜在和已有资源的运营整合能力是企业获得长久发展必须考虑的问题。

三、运营思维的价值

企业能否得到长久发展取决于其拥有的资源以及对资源的运用情况，如资本、土地、厂房、设备、人力资源等，通过内部资源的整合和运营可以提升企业资源的配置效率和企业的市场竞争力，改善企业经营质量形成企业独有的竞争壁垒，最终提高企业的盈利能力。

（一）建立完善企业信息化系统

要想充分整合潜在及现有资源，需要推动企业进行数字化转型，将数字化能力作为企业的核心能力，梳理企业现有业务及流程，健全企业的信息化管理系统。企业可从外部招聘既懂业务又懂数字化的复合型人才，结合企业生产经营实际情况，完成符合自身的信息化系统开发。企业可运用系统对数据进行分析，从而作出科学合理的预测决策。如市场部门根据企业不同产品的销量分析将数据传递给研发部门进行产品的更新改进，根据消费者喜好及时调整研发，生产部门根据市场部门的市场预测和企业自身的产能来测算不同产品的生产量，采购部门根据生产部门测算出的产量来进行原材料的采购，销售部门针对不同地区消费者的偏好做好营销计划，财务部门根据各部门的资金需求情况作出资金预算与分配等。这些都需要企业建立完善的信息化系统来进行数据的收集与分析，充分利用有限的资源，实现产能最大化与利润最大化。

（二）实现企业各部门之间的信息共享与合作

企业内部各部门之间应加强信息合作与共享，各部门之间应互帮互助，同时相互制约，避免各自为营。企业内部各部门的信息连通可以提升企业的运营管理效率，如业财融合后，可以对生产部门制订更精确的预算，从而实现原材料采购的精确，避免原材料占用资金以及库存过多，或者是原材料采购不足导致生产停滞，产能浪费，可以有效降低生产运营成本；人力资源部门与各部门信息连通后，可以根据各部门的不同情况建立适合不同部门的更精准的员工考核体系，对生产部门和行政部门实行差异化的考核和监督；市场营销部门与运输部门信息连通后，可以提升运输管理效率，控制产品运输成本。

（三）整合核心优势资源

企业的竞争优势来源于其所拥有的优势资源，核心优势资源可以为企业提供价值并维系企业的持久健康发展。企业具有核心优势资源并不一定能对企业产生相应价值，而须将核心优势资源与其他资源进行组合使用。企业价值的最大化依赖于对其所拥有全部资源的梳理和整合，物尽其用，将资源放到最合适的位置并充分利用。如对于人力资源来说，企业可通过推行内部轮岗，在实践中观察每位员工的特长与工作能力，实现人岗的最佳匹配。

四、运营思维的应用案例

某公司内部运营管理的实践探索

某公司结合企业特点生成了具有自身特色的生产成本管理体制：在成本发生前，根据生产工艺将管理目标制订好；在生产的过程中，全程对成本的发生进行控制并作出改进；最后对比前期发生的成本进行评价。企业设置了集中的部门信息数据，能够对各个产品的生产流程进行监控，及时发现生产过程中的资产配置等问题并进行调整，及时处理不再用于产品生产的固定资产，减少资产闲置，提高企业产能的利用率，降低了产品固定成本。厂部管理人员通过对各个车间的数据进行分析，特别是对主要生产的产品进行成本分析，将数据与业务相结合，找出各产品变动成本的差异，分析造成差异的因素，进而有效地对产品生产流程进行优化，以调整变动成本，使企业生产结构更完善。与此相适应的考核机制也配套起来，制订了更全面的经营业绩的考核制度，定期对生产部门的业绩完成情况进行考核；并且建立了内控管理体系，定期对运营的风险进行监督和评价。企业财务统计的数据应该能够把整个企业的分工准确地落实到每一个人，明确各项业务的职责和主体，强化对员工的工作责任意识，有利于使他们主动地完成自己的工作。同时，为了激励员工为企业创造更大的价值，企业给实现了生产预算的员工额外的奖励，激励员工积极努力工作，为企业创造价值。业绩考核制度的建立规范了员工的工作流程，激发了员工的工作积极性，保证了企业目标按时实现。

五、本节关键知识点

（1）运营思维是指对企业资源的整合，通过对企业内部资源如财务资源、人力资源、技术资源等的整合与配置达到资源利用的最理想状态，对人、财、物资源进行重新组合达到优势互补，建立高效的业务流程从而实现以最低的成本达到产品价值的最大化与企业利润的最大化。

（2）通过对内部资源的整合和运营可以提升企业资源的配置效率和企业的市场竞争力，改善企业经营质量形成企业独有的竞争壁垒，最终提高企业的盈利能力。

（3）运营思维要求建立完善企业信息化系统、实现企业各部门之间的信息共享与合作、整合核心优势资源。

六、运营思维训练习题

（一）单项选择题

1. 企业资源整合以（　　）为基础要素，以技术、人才为关键要素，以品牌文化为促进资源的资源整合模式。

A. 有形资源　　B. 无形资源

C. 内部资源　　D. 外部资源

2. 企业保持竞争优势获取超额利润的关键来源于（　　）。

A. 内部的资源因素　　B. 外部市场资源

C. 财务资源　　D. 人力资源

（二）多项选择题

1. 企业进行内部资源整合可以基于不同的考虑，内部资源整合的动因可能有（　　）。

A. 适应经济政策的变化　　B. 增强行业竞争力，提高经营业绩

C. 配合战略变更，实现战略布局　　D. 构建内部资本市场

2. 内部资源整合，会引起企业（　　）的变化。

A. 产品市场　　B. 消费者偏好

C. 经营业绩　　D. 财务指标

（三）判断题

1. 业财融合是将财务与业务的数据彼此联系起来，实现资源的有效配

置。(　　)

2. 大数据时代，财务人员依然是将已经发生的业务进行监督核算的事后会计。(　　)

3. 企业部门之间的利益冲突增加了业财融合的难度。(　　)

4. 信息化数据与企业管理、办公、收入等管理系统进行有效衔接是业财融合的关键点。(　　)

5. 材料采购对生产成本的把控至关重要，实施业财融合以后，在选择原材料时，只需考虑价格因素对成本的直接影响。(　　)

6. 内部资源整合的方式不仅包括内部业务流程重组，还包括供应链整合、企业文化、企业人力方面的整合。(　　)

7. 企业实施业财融合后，财务人员能够获得各个部门的相关资料，可以提高预算的准确性。(　　)

8. 企业内部各部门之间相互帮助和制约，无助于企业的运营管理效率的提升。(　　)

9. 内部资源整合是组织在进行资源获取后，将不同来源及内容的内部资源按照一定的标准进行合理筛选，实现内部资源体系的重构，并创建全新的内部资源体系。(　　)

10. 内部资源整合是内部财务资源整合、人力资源整合、企业文化资源整合、组织结构整合和一体化的业务流程整合。(　　)

（四）案例分析题

数字经济正在成为重组全球要素资源、重塑全球经济结构、改变全球竞争格局的关键力量。近年来，某电力公司紧跟时代发展，通过采集汽车、钢铁、化工等行业的关键经济运行指标，提前预测掌握关键行业用电情况，创新构建具有鲜明电网企业特色的经营目标预测模型，以“精益、高效”为目标，全面推进“业财融合”。

某电力公司财务创新体现在两个方面：一是精益财务管理，包括实施“预算资产精益管控、资产全寿命精益管理、资金全流量精益运作、风险全方位精益防控”四项行动，以及“资源精准灵活配置能力、价值稳健有效创造能力、资金安全高效保障能力、风险实时协同防控能力”四个能力的全面提升。二是智慧财务运营，包括“大数据、人工智能、物联网、云技术、区块链”五项技术研究应用，“预算向精准转变、控本向事前转变、服务向智能转变、财资向立体转变、业财向融合转变、发展向生态转变”六个模式转型升级。

某电力公司有五项技术在财务管理领域推广应用。

在大数据方面，在数据清洗加工的基础上建立资源丰富的财务数据资源池。同时，财务部门联合物资等业务部门，探索利用供应商数据开展数据应用经济价值分析，建立可用于精准营销、信用评价和风险控制的数据分析模型，并据此设计物资供应链金融价值的创新应用方式，使“数据金矿”成为电网企业今后一个新的利润增长点和发展驱动力。

在人工智能方面，某电力公司通过贯彻系统流程化、驱动操作自动化、激发应用智慧化这三个路径，固化系统流程，降低人工劳动，旨在提升合规性和工作效率。

在物联网方面，通过可视化、移动化这两个方向的探索，实现数据采集的自动化、准确、实时，满足信息的共享高效。

在云技术方面，通过集中部署和云思维两个层次，逐步实现云技术的落地，将智慧财务的建设变为“众人拾柴火焰高”的共建共享模式。

在区块链方面，则主要依托区块链技术的去中心化、数据防篡改、智能合约等技术特征，探索光伏发电业务、电表端到端交易、供应链金融、电动汽车结算等应用场景与区块链技术的实现方式。

上述技术在财务管理领域的探索和应用研究，给某电力公司带来财务运营方式上的转型，并支撑某电力公司逐步从单纯的售电企业转变为综合能源服务企业。

随着数字化转型的不断深入，企业对管理、数据、知识、技术、人才等全要素的组合应用日益关注，以“自上而下”的经营最优为牵引，驱动全要素发力，持续引领业务提质增效。近两年，某电力公司又着力构建了覆盖“资产形成最优、资产运营最优、购售电最优、输配电价最优”等业务领域，支撑公司经营最优的经营数字孪生体系。

经营数字孪生体系以企业"业务数字化""数字业务化"为基础，构建要素中枢和模型中枢，以"企业经营最优"为导向，融合关键场景和全要素，搭建数字孪生价值链；以此实现对业务的实时互动、快速响应、动态优化，降低业务运营成本，提升业务及流程的运转效率；并持续汇聚要素价值，构建以局部价值链最优、促经营整体最优的企业级数字孪生价值体系。通过全要素多主体的整合，实现更敏捷的业务运营，更高效的生态协同，更深刻的价值洞察，推动全局决策优化，助力经营整体效益效率最优。

某电力公司通过财务管理数字化转型，将财务管理延伸到生产经营各环节，为企业深化改革、强化管理、经营创效等提供有力支撑。

问题：1. 根据以上案例，要想盘活企业内外部各项资源，企业需要怎么做?

2. 业财融合的关键点是什么?

3. 如何转变传统财务的思维定式，融财务于业务?

参考答案

（一）单项选择题

1. A　2. A

（二）多项选择题

1. ABCD　2. CD

（三）判断题

1. √　2. ×　3. √　4. √　5. ×　6. √　7. √　8. ×　9. √　10. √

（四）案例分析题

1. 要想盘活企业内外部各项资源，企业需要进行业务与财务的融合。业务财务人员是管理人员，只有作为管理人员，才能够从企业的整体目标去思考业务单元所做的事情是否符合整体目标方向，帮助业务单元分析数据、把控风险、评估效果，最终实现企业整体目标。只有将业务财务人员定位为管理人员，才能与管理会计相呼应。

2. 将财务融入业务的关键点是掌握业务流程中的关键控制点，也就是业务瓶颈问题，并且要通过系统的指标把要求固化到信息化系统中，让信息化系统帮助企业进行日常控制，帮助业务单元实现指标；而滚动预测、分解全面预算管理指标、投资决策和模型、通过资源配置保证业务目标不偏离、通过业务终端为企业预算收集信息则构成了业务财务部门的第二个主要职能——承接战略目标和资源配置的五大要素。业务财务在风险管控中可以做到以下三点：第一是从合规向创造价值转移，向业务部门说“不”并不能帮助其解决问题，识别风险、控制风险、灵活应对才是正确途径；第二是将风险管控从事后向事前、事中转移，及时识别风险并规避风险；第三是建立全员参与的风险管理模式。只有这“三驾马车”并驾齐驱才能构成嵌入式的风险管控体系。

3. 要想转变传统财务的思维定式，融入业务前端，打造为企业创造价值的业务财务团队，需要改变传统财务的工作思维，从事务性和审批性的工作中解放出来，可以从以下三个方面努力：第一是培养能力，深入业务；第二是学会建立和应用量化的指标体系；第三是推动全员、财务思维意识的改变，也就是数据化管理。

对于业务财务的能力要求，可以分为个人层面和团队层面。从个人层面来说，第一是熟悉业务、抓住关键控制点；第二是建立逻辑思维，用数据说话；第三是执行力，要有不达目的不罢休的精神。从团队层面来说，在财务通用能力的基础上，有IT专业人士的加入将会使业务财务团队锦上添花。

要建立一个业务财务团队，首先，要得到公司高层领导的支持，因为这是一项耗资、耗物、耗人、耗时的工程，要用几年的时间才能出成果；其次，业务财务要承接企业战略，并且要为战略的各种方针提供反馈；最后，业务高管的认同和支持也是业务财务岗位建设成功的重要因素。

第二节　流程优化思维

一、流程优化思维的整体框架

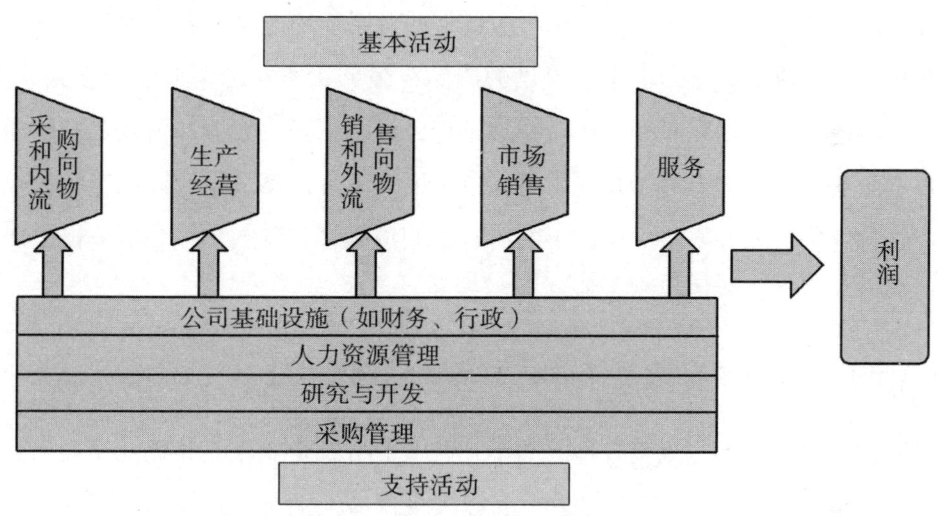

图 2.2　流程优化思维的整体框架

二、流程优化思维的原理

流程是指由两个及以上的业务步骤，完成一个完整的业务行为的过程，简言之，流程就是过程节点及执行方式有序组成的过程。在企业生产经营过程中，流程优化是指企业供应链的优化。根据我国 2021 年颁布的国家标准《物流术语》GB/T 18354—2021，供应链（supply chain）是指生产及流通过程中，围绕核心企业的核心产品或服务，由所涉及的原材料供应商、制造商、分销商、零售商直到最终用户等形成的网链结构。也就是说，供应链是指产品生产和流通过程中通过物料获取、物料加工并将成品送到用户手中这一过程所涉及的企业和企业部门组成的一个网络。供应链管理（supply chain management）是指从供应链整体目标出发，对供应链中采购、生产、销售各环节的商流、物流、信息流及资金流进行统一计划、组织、协调、控制的活动和过程。

三、流程优化思维的价值

企业产品质量的高低和顾客满意度不仅取决于本企业的生产活动，还取决于供应链上上游的原材料供应商和下游的物流配送商的配合。企业的生产经营活动仅处于供应链上的中间环节，仅当供应链上的各企业均能在现有条件下发挥最大优势提供产品或服务时，本企业提供的产品或服务才能在市场上处于领先地位。因此，应该将企业放在所处的产业链来进行分析，依托大数据和云技术来构建和管理本企业的供应链。对于现代市场竞争来说，不只是单个企业间的竞争，也是供应链的竞争，因此要将供应链上的所有企业纳入管理范围，提升供应链上所有企业的产品质量，才能提高企业的市场竞争力。

（一）建立共享的信息化管理系统

要做好供应链的全流程管理，离不开链条上所有企业建立共通共享的信息模块与信息化系统。信息化系统的建立可以实现供应链上企业之间的沟通联动，保证企业间信息高效的传递共享，缩短供应链的链条长度，避免信息失真。通过供应链上企业共享的信息化系统，链条上各企业可以及时了解相邻上游企业的供给能力与相邻下游企业的需求情况。

（二）强化供应商及采购管理

在供应链最前端的是采购管理，选择什么样的供应商及原材料，负担多少采购费用都将在很大程度上影响企业的成本费用，因此企业需要货比三家，选择性价比最高的原材料采购商及供货渠道。原材料是构成产品实体的重要组成部分，其采购价格对生产成本有着重大影响。在选择供应商及原材料时，不应仅考虑价格因素，还要考虑企业不同产品对原材料的质量要求。通过强化供应商及采购管理，实时监控原材料市场价格波动，在价格较低时及时买入。同时加强与长期合作的供应商的战略合作，批量采购形成价格优势。做好库存管理与快速响应系统，与供应商建立联动的信息化系统，缩短供货提前期。供应商可以根据企业原材料库存情况与生产计划及时为企业供货。在与新的供应商建立合作前，还应对供应商进行背景调查，确保供应商的信用及产品质量和供货能力，防范风险。对于现有供应商也应实施动态监控，可对现有供应商进行分级管理，及时调整更新采购计划。

（三）优化企业的生产经营管理

处在供应链中间环节的是企业的生产运营环节，企业生产的目的是将采购来的原材料进行加工形成最终产品进行销售，从而创造利润。不同的地域及消费市场上消费者的偏好不同，市场营销部门和生产部门可根据市场分析，针对不同市场消费者的消费习惯和消费偏好来满足消费者，生产适销对路的产品，从而扩大市场份额。通过企业内部信息化系统的运行，不同部门及时将本部门的相关资料及数据上传到系统，财务部门可根据数据分析结果，制订更为精确和细化的预算，提高预算的准确性。对于预算资金结余，可以进行理财产品投资或者对其他企业进行价值投资，提高资金的使用效率。在预算执行过程中，对各部门的资金运用情况进行动态监控，及时发现问题以调整预算，预算执行结束后及时分析总结，为下一期预算提供有指导意义的信息。精准的预算可以指导和约束企业的生产经营，从而为企业创造更大价值，形成良性循环，实现企业良好运转。同时良好的内部控制系统可以识别企业运营全流程的关键风险点，做好风险控制措施，防患于未然。

（四）优化分销商与销售管理

供应链的末端是产品的销售和分销商的选择，在完全竞争市场，产品的价格由市场决定，只有在价格一定的情况下，提高产品效能才能获得更多的经济收益。企业生产的最终目的也是将产品销售出去，销售部门根据历史销售情况，以及现有市场的数据分析，并结合企业未来的战略方向，对产品的销售策略作出规划。同时销售部门需要根据预算情况，与财务部门联动，针对不同消费市场消费者的购买力及消费偏好，确定不同销售方案所需要的资金投入，整体筹划，以最少的营销资金投入换来最大的销售收入。在选择产品分销商上，销售部门需要根据历史经验及通过外部调查，对不同客户进行信用分级，会同财务部门制订不同的销售收款政策；对信誉良好或者大批量采购的客户，为了扩大销售可适当提高赊销规模，对信誉一般或者零星采购的客户，尽量做到货款两清。同时配合财务部门做好应收账款的催收工作，对账龄较长的，分析形成原因并制订应对措施。在销售环节也需要财务部门、管理部门与仓库部门和内外部物流运输部门进行良好的沟通，确保仓库部门根据审核好的销货合同或订单发货。如果使用外部物流公司运输，在前期的招标环节需要财务部门参与进来分析报价的合理性，在保证产品安全运输的同时做到价格最低。

四、流程优化思维的应用案例

某公司供应链优化的实践探索

某公司的竞争优势来源于以下三个方面：一是前导时间（从设计到把成衣摆在柜台上出售的时间）短；二是时装款多量少；三是其低价策略。而这些竞争优势来源于其出色的供应链系统。

一是跨部门团队设计。某公司的设计团队是由设计师、市场专家和采购专家组成的，某公司的门店经理直接与顾客交流，收集第一手资料并反馈至总部的数据库，为设计师提供参考素材。设计师与市场专家和采购专家一起确定设计终稿、生产成本及产量方面的问题，大大缩短了产品的前导时间，同时能确保定价较低。

二是全球采购与延时策略。传统的服装行业，从前期设计、面料采购到投入生产，大多需要经历半年以上的周期，一旦预判失败，就会造成库存压力。某公司的解决方案是，降低首单现货比例（通常是该季度预估销量的25%），再通过门店实际销售数据，对畅销款快速追加订单，对滞销款进行降价处理。在服装行业，这种小批量生产、快速追加订单的模式，被称为“小单快反”。

三是垂直一体化生产。为了提高供应链的反应速度，某公司整合了从原料、设计、生产、配送、销售的各个环节。中间涉及许多优化细节，如自建物流中心，基本款交给欧洲工厂、流行款交给亚洲工厂。结果便是，某公司的一款产品从设计到出售最快只需15天。

五、本节关键知识点

（1）在企业生产经营过程中，流程优化是指企业供应链的优化。

（2）供应链是指产品生产和流通过程中通过物料获取、物料加工并将成品送到用户手中这一过程所涉及的企业和企业部门组成的一个网络。

（3）供应链管理是指对供应链涉及的全部活动进行计划、组织、协调与控制。

（4）对于现代市场竞争来说，不只是单个企业间的竞争，也是供应链的竞争。

（5）流程优化思维要求企业建立共享的信息化管理系统、强化供应商及采购管理、优化企业的生产经营管理、优化分销商与销售管理。

六、流程优化思维训练习题

（一）单项选择题

1. 供应链角度下，良好的供应商合作关系应该以（　　）为基础，构建良好的信任关系，达成战略合作。

A. 产品　　B. 合同

C. 信息共享　　D. 沟通

2. 供应链管理指从（　　）环节开始。

A. 原材料以及零部件的采购　　B. 制造中间产品和产成品

C. 运输产品　　D. 出售产品

3. 在供应链成本控制中，（　　）控制属于上游成本控制，其直接影响整个供应链的运作质量。

A. 销售成本　　B. 采购成本

C. 生产成本　　D. 物流成本

4. 供应链的运营理念是从（　　）的角度，通过企业之间的协作，达到供应链整个体系的最佳化。

A. 供应商　　B. 生产者

C. 消费者　　D. 政府

（二）多项选择题

供应链是指参与其中的（　　）向最终消费者提供产品或服务的过程和活动形成的网络。

A. 上游企业组织　　B. 下游企业组织

C. 企业员工　　D. 顾客

（三）判断题

1. 企业的竞争不单纯是产品和服务上的竞争，供应链的组织管理能力也是企业竞争的重要组成。（　　）

2. 供应链是一个价值的保值增值的流程，是以销售为终点，以生产供应为起点的循环系统。（　　）

3. 不必关注供应链各环节的管控内在和外在的风险点，就能把控企业的整体运营。（　　）

4. 应用供应链管理可以对企业运营中可能发生的所有成本和费用进行分析和管控。（　　）

5. 供应链的每个成员共同决定了供应链的绩效。（　　）

6. 应用供应链管理不能产生成本优势。（　　）

7. 无须站在供应链的整体库存成本上进行考虑，对供应链实施协调机制，就可以使供应链各参与者协调各种渠道的供应。（　　）

8. 流程优化思维要求将企业放在所处的产业链来进行分析。（　　）

9. 基于供应链的成本管理可以有效地降低公司成本，确保业务流程运行稳定，实现公司利益最大化。（　　）

10. 供应链是参与提供产品或服务的生产和到最终用户的分销活动的上下游企业形成的网络链式结构。（　　）

参考答案

（一）单项选择题

1. C　2. A　3. B　4. C

（二）多项选择题

AB

（三）判断题

1. √　2. √　3. ×　4. √　5. √　6. ×　7. ×　8. √　9. √　10. √

第三节　客户至上思维

一、客户至上思维的整体框架

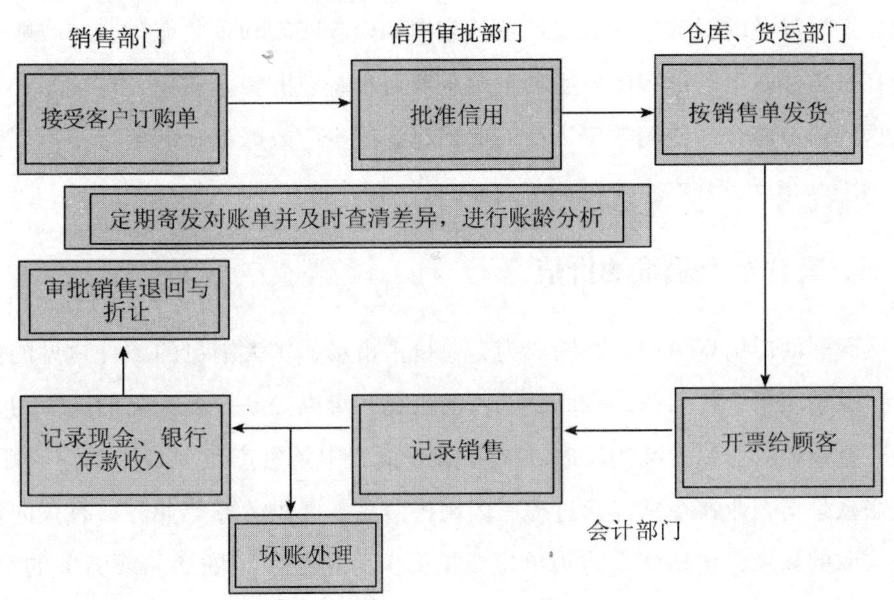

图 2.3　客户至上思维的整体框架

二、客户至上思维的原理

客户至上思维主要讨论企业销售与收款这一核心业务活动，通过分析这一业务活动涉及的各个关键业务节点来讨论如何扩大企业产品销售，增加企业的净利润。销售与收款这一循环中主要涉及的业务活动有：销售部门接受客户订购单，交由信用审批部门审批，仓库根据审批好的销售订单发货，货运部门及时将货物交付给客户，客户验收货物并付款，财务部门开好销售发票交给客户并进行账务处理。在销售与收款这一循环中，销售和收款这两个活动至关重要。

企业要想在市场竞争中保持优势，开源节流是必不可少的，而开源就意味着扩大销售，以客户需求为核心来生产产品或提供服务。企业卖出商品或提供服务，客户接受商品或劳务，主要有三种收款方式：一是钱货（劳务）两清，即一手交钱一手交货（劳务）；二是先付款，后发货（劳务）；三是先发货（劳务），后付款。作为货物或者劳务的提供方，企业当然更倾向于前两种付款方式，钱货两清或者是先付款后发货。但是在日益激烈的市场竞争中，第三种付款方式，即先发货后付款是大部分企业不得不作出的选择。在第二种和第三种付款方式中，主要涉及的财务理念是资产负债表中的应收账款和预收账款。应收账款是企业在日常经营活动过程中发生的下游企业对本企业的资金占用，体现了在销售回款这一环节资金的使用效率，企业应当尽量减少应收账款上的资金占用。预收账款则刚好相反，是本企业对下游企业的资金占用。

三、客户至上思维的价值

在激烈的市场竞争中，赊销成为企业抢占市场、扩大销量的一种常见的竞争手段，赊销相当于打白条，在商品同质的情况下可以提高企业商品的竞争力，从而提升企业经营业绩。赊销反映在企业财务报表中是资产负债表中的应收账款，应收账款是指企业在正常经营过程中因销售商品、提供劳务等业务，有权向购买单位收取的款项，包括应由购买单位或接受劳务单位负担的商品或劳务的价款、税金、代购买方垫付的各种运杂费等，应收账款是伴随企业销售行为发生而形成的一项债权。

适度利用应收账款来扩大销售量从而提升销售收入，对于企业来说是一种创收的经营手段，但是也应该看到，应收账款是一把“双刃剑”，可能会给企业带来收入的提升，也可能会导致企业资金的占用，同时可能存在的坏账风险也会导致企业现金流上的风险，引起资金短缺，从而影响企业的产品生产和内外部投资。

客户至上思维要求把握好销售与应收账款之间的关系。企业的良好运转也必然需要好的现金流量作为保障。财务管理上经常说现金为王，现金流的通畅对一个企业来说至关重要。现金流量包括三大类：经营活动产生的现金流量、投资活动产生的现金流量、筹资活动产生的现金流量。在客户至上思维活动中主要涉及经营活动产生的现金流量，具体包括销售商品和提供劳务等经营活动产生的现金流量。

（一）提高产品的市场竞争力

提高本企业产品的市场竞争力，使企业在行业中处于领先地位。企业的产品在市场上供不应求时，下游的经销商可以通过销售企业的产品赚到更多的钱，自然愿意承担更大的财务风险，会更多选择运用前两种付款方式，如现款拿货，甚至预付全款。大量的预收款相当于下游企业为本企业提供的“免息贷款”，可以减轻企业的资金压力或者借贷成本。因此提高产品的市场竞争力，可以有效降低企业的应收账款比例，提高应付账款比例。

（二）分析企业的风险承受能力

企业的风险承受能力影响企业的应收账款政策。通常来说，企业风险承受力与其盈利水平呈正相关关系，企业毛利高，风险承受能力强。如风险投资行业，往往同时投资多个项目，因其分散了风险，只要一个投对了，即便坏账很多也能赚钱。另一个极端就是小本经营的行业只能现货现款，如小超市、小饭店，概不赊账。介于两者之间的中小企业，在市场竞争中无法做到完全不赊账，因为适当放宽信用政策可以吸引更多潜在买家，扩大销量增加利润，相对于增加的利润来说，一定程度的坏账水平是可以接受的。以酒、饮料和精制茶制造业普遍30%的毛利水平为例，如果公司的毛利是30%，通过赊销增加信用客户以后，应收账款坏账的发生率假如是5%，扣掉资金成本10%，增加的应收账款还能给企业带来15%的盈利水平，因而可以采用赊销的方式扩大销售。反之，如果公司所处行业竞争激烈，毛利只有10%，应收账款坏账率还是5%，扣掉资金成本10%，一笔生意做下来还亏了5%，就不能采用赊销的方式来扩大销售。

（三）做好客户管理

企业在签订合同前通过做好客户的背景调查来确定是否给信用额度以及给多少信用额度，定期整理客户档案，调查客户的资信状况并评估其偿债能力，对客户信用等级进行分类管理。对于小批量、零星采购的客户争取采用现结的销售收款方式，减少坏账风险和催账成本；对于有长期合作关系的稳定客户可以适当放宽信用额度；而对实力强背景雄厚的大客户，可以增加信用额度，给予宽松的付款账期。当然，对于所有客户都应做好实时监控，编制账龄分析表，定期与客户对账，防范坏账风险。

四、客户至上思维的应用案例

某集团放宽信用政策扩大销售的实例

某集团通过放开信用政策增加销售，做大做强、打倒竞争对手之后，再通过收缩信用政策，重新把渠道的控制权掌握在自己手里。1996年至1999年，其应收账款占营业收入的比例一直维持在6%，2000年变成了18%，2001年达到了47%，2002年达到了46%，此后该占比下降至2006年的20%。

五、本节关键知识点

（1）客户至上思维主要讨论企业销售与收款这一核心业务活动，通过分析这一业务活动涉及的各个关键业务节点来讨论如何扩大企业产品销售，增加企业的净利润。

（2）企业要想在市场竞争中保持优势，需要开源节流。

（3）企业卖出商品或提供服务的收款方式：一是钱货（劳务）两清；二是先付款，后发货（劳务）；三是先发货（劳务），后付款。

（4）客户至上思维要求提高产品的市场竞争力、分析企业的风险承受能力、做好客户管理。

六、客户至上思维训练习题

（一）单项选择题

1. 应收账款属于（　　）的报表项目。

A. 资产负债表　　B. 利润表

C. 所有者权益变动表　　D. 现金流量表

2. 针对应收账款的事前控制要求企业（　　）。

A. 风险信用部门提前做尽调　　B. 统计应收账款数额

C. 进行账龄分析　　D. 追回逾期的应收账款

（二）多项选择题

1. 企业的销售收款模式主要包括（　　）。

A. 钱货两清　　B. 先款后货

C. 先货后款　　D. 物物交换

2. 应收账款包括（　　）。

A. 应向购货单位收取的购买商品、材料等账款

B. 代垫的包装物、运杂费

C. 收到承兑的商业汇票

D. 已转销而又收回的坏账损失

3. 针对应收账款的事中控制要求企业（　　）。

A. 风险信用部门提前做尽调

B. 统计应收账款数额

C. 进行账龄分析

D. 追回逾期的应收账款

（三）判断题

1. 为了与客户保持稳定的长期的合作关系，企业很多时候大都会采取赊销的信用销售方式。（　　）

2. 应收账款管理方式会影响公司的经营与资金链的安全。（　　）

3. 赊销无助于企业抢占市场先机，并获得较大的市场份额。（　　）

4. 赊销是企业用商业信用方式去销售产品的一种市场行为。(　　)

5. 应收账款没有坏账风险。(　　)

6. ERP系统的开发及应用可对销售方提供良好的应收账款后续管理，从而降低应收账款坏账率。(　　)

7. 健全信用管理制度是对应收账款管理的重要前端手段。(　　)

8. 内部控制管理与应收账款不存在关联关系。(　　)

9. 创建一套完整的客户信用评价体系，有助于加强应收账款信用制度体系建设，保障公司健康持续经营。(　　)

10. 应收账款数额的增多可能导致坏账风险增长。(　　)

参考答案

（一）单项选择题

1. A　2. A

（二）多项选择题

1. ABC　2. ABCD　3. BC

（三）判断题

1. √　2. √　3. ×　4. √　5. ×　6. √　7. √　8. ×　9. √　10. √

第四节　采购议价思维

一、采购议价思维的整体框架

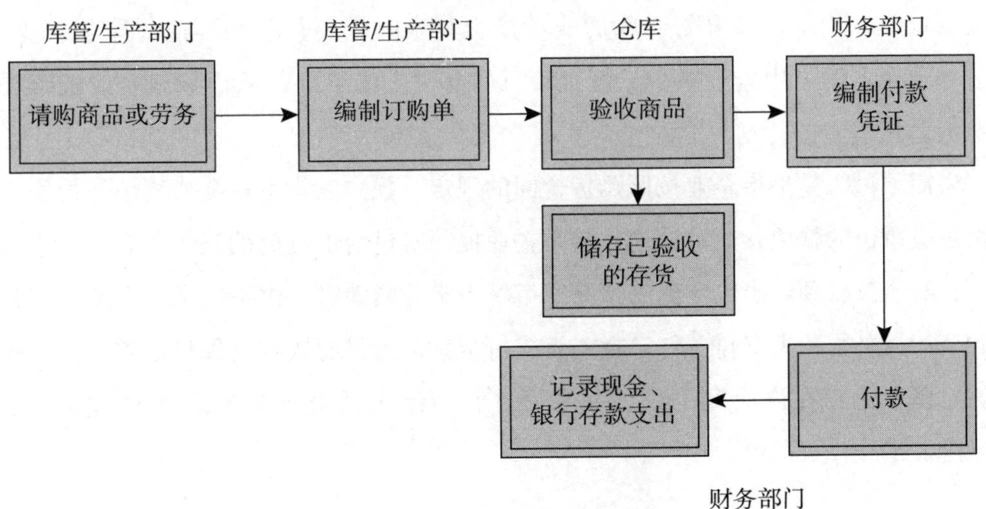

图 2.4　采购议价思维的整体框架

二、采购议价思维的原理

采购议价思维主要讨论企业采购与付款这一业务活动，通过分析这一业务活动涉及的关键业务节点来做好企业的采购活动，获得最大的资金价值。采购与付款这一循环涉及的业务活动主要有：仓库管理部门或生产部门请购商品或劳务并填写请购单，经部门管理人员审批后交由采购部门进行商品或服务的采购，仓库管理部门验收无误后，财务部门收到发票并进行付款。

这一循环涉及的财务关键词有两个：应付账款和预付账款。应付账款是会计科目的一种，用以核算企业因购买材料、商品和接受劳务供应等经营活动应支付的款项。应付账款是买卖双方在购销活动中由于取得物资与支付货款在时间上不一致而产生的负债。通俗来说，应付账款是企业应该付给别人的钱。如企业处于产业链中游，要向上游原材料供应商购买原材料，当企业拿了货，但没有付给原材料供应商货款，就形成了一笔应付账款。可见，应付账款也是企业竞争力的一种体现。采购付款这一流程同样涉及三大类现金流量中的第一类即经营活动产生的现金流量，具体包括购买商品、接受劳务等经营活动产生的现金流量。在购买商品或者接受劳务时，企业拿了货或者接受了劳务，却暂时不付钱，这笔钱就可以投入生产经营过程中或者进行内外部投资，提高企业的资金运用效率。相反，如果需要购货或者接受劳务时就要付款，即应付账款减少，会导致企业的可用资金减少，现金流自然有一定的下降，从而导致企业经营现金流恶化。

而预付账款是指企业按照购货合同的规定，预先以货币资金或货币等价物支付供应单位的款项，简单来说，就是企业提前支付给供应商的钱，此时，钱先给了，货还没收到。当供应商的产品在市场中十分紧俏时，供不应求，企业为了买到该产品必须预先支付一笔定金或者支付全款，先付的钱就是预付账款。预付账款也是企业存在供应商手里的一项资产，当给了钱对方却不发货时会有坏账风险。

三、采购议价思维的价值

企业财务管理中有一个非常重要的概念——货币的时间价值。货币的时间价值是指货币经历一定的投资和再投资所增加的值，也称资金时间价值。通俗来说，今天的1元钱不等于明天的1元钱，今天的1元钱比未来的1元钱更值钱。例如，把现在的1元钱存进银行，年利率2%，一年以后，本息共计1.2元。换言之，现在手上的1元和未来一年后的1.2元是等值的。根据货币时间价值理论，企业财务管理中有一个早收晚付的资金管理模式：对于那些收益较低的资金占用要尽快收回，对于那些利息较低的负债要延后付款。通俗来说，借出去的钱，如果收不到高利息，就尽快收回；借到手的钱，如果利息不高或者没有利息，就晚点再还。企业通过早收晚付的资金管理模式，掌握了充足的资金，把更多的钱留在自己手里，用于生产经营或者进行投资生钱。所以，对于像应付账款这种无息负债，在比较早付取得的财务收益和晚付的投资收益后，如果晚付带来的收益更多，就尽可能晚付；而对于预付账款这样的其他企业对本企业的资金占用，则需要通过提高企业自身产品的市场竞争力和行业地位来避免。

（一）提高企业在供应链中的地位

当企业在签订合同中处于弱势低位时，不得不采取通过预付货款的方式来获得商品或服务。企业要想在采购付款环节处于有利位置，需要提升企业所在供应链中的地位，因此企业需要提升产品或服务的质量或者增强其不可替代性，产品或服务畅销在为企业带来利润的同时也带来对上游原材料的更大需求，增强与供应链上游企业谈判时的话语权，同时，在合同谈判过程中，谈判人员要坚持先货后款或者钱货两清。

（二）做好供应商管理

企业应对上游供应商做好分类管理，根据前期合作情况及外部数据对供应商进行信用评级，根据市场变化及时调整供应商名单。对于有稳定合作关系的供应商，为了与供应商维持良好合作或者获得较高折扣，可以适当扩大预付账款比例；对于一次性合作的供应商，尽量坚持钱货两清或者先货后款。同时要建立应付账款合同管理台账，跟踪管理合同账款履约情况，对于迟迟未发货的供应商，及时沟通找出原因，必要时追回货款并取消合作。

四、采购议价思维的应用案例

某集团采购策略的实践探索

某集团根据国内的实际情况，在采购方面结合空调产品制造情况探索出自己的控制模式。

某集团以降低成本、保证质量和满足生产三个需求作为外部采购必须考虑的因素，形成自有的独特采购策略。首先在供应商的评估与选择上，为合理地评估和选择满足某集团要求的供应商，某集团制订了一套严谨的评估运作程序，对某种零部件的供应商的开发应考虑如下条件：一是要等同或高于现在供应商的水平。从供应商所供零部件产品质量出发，原则上必须高于现有供应商的供货质量水平；供应商所供产品技术含量和技术水平等同或高于现有水平；供应商的生产工艺水平和生产规模必须等同或高于现有的供应商水平。二是是否具有价格优势。供应商供货价格是否具有优势、能否在保证现有产品质量的同时，把供货价格降到一个合理的幅度，以实现采购成本的降低。三是供应商的合理布局方面。由于目前国内该行业厂家所执行的是库存销售，并不是订单销售，因此整个生产计划经常随着市场的变化而进行调整，因此对供应商供货的及时性必须加以考虑。这样，供应商的分布在同等质量、价格情况下，应以厂址靠近某集团地址为优先选择条件。四是同行供货情况。作为新供应商是否曾给同行厂家供货，而且供货的质量状况以及信誉度如何等作为必备考虑的条件。在以上四个基本条件满足之后，公司通过一个评审小组（包括供应部、技术部、质量部门人员）对厂家进行全面评估和筛选，以确保最优、最好的供应商给某集团供货；同时，可以杜绝一些人为因素的操作，体现公平、公正、优胜劣汰的原则。

在供货价格确定方面，某集团采用三个原则：一是优质优价原则。供货价格与产品质量挂钩，质量水平稳定、可靠性好、性能参数优的供应商，相对在价格上获得一定优惠。二是竞标制。对几个候选供应商在考虑质量同等水平的情况下，实行竞标制，鼓励供应商让利给某集团，以获取较大供货配额。三是价格成本结构分析与谈判。为了杜绝供应商获取暴利，对供应商的价格成本结构进行分析，既考虑到供应商的基本利益，又兼顾降低采购成本的需要，允许供应商获取相应利润，但杜绝不合理的暴利行为。

五、本节关键知识点

（1）采购议价思维主要讨论企业采购与付款这一业务活动，通过分析这一业务活动设计的关键业务节点来讨论做好企业的采购活动，获得最大的资金价值。

（2）应付账款是会计科目的一种，用以核算企业因购买材料、商品和接受劳务供应等经营活动应支付的款项。

（3）预付账款是指企业按照购货合同的规定，预先以货币资金或货币等价物支付供应单位的款项。

（4）货币的时间价值是指货币经历一定的投资和再投资所增加的值，也称资金时间价值。

（5）采购议价思维要求提高企业在供应链中的地位以及做好供应商管理。

六、采购议价思维训练习题

（一）单项选择题

1. 预付账款属于公司的（　　），会占用公司大量的资金。

A. 固定资产　　B. 无形资产

C. 流动资产　　D. 非流动资产

2. 采购付款这一流程涉及三大类现金流量中的（　　）。

A. 经营活动产生的现金流量　　B. 投资活动产生的现金流量

C. 筹资活动产生的现金流量　　D. 销售活动产生的现金流量

（二）多项选择题

1. 预付账款项存在的原因有（　　）。

A. 企业处在弱势一方　　B. 定制个性化产品

C. 所采购商品为供应商独家所有　　D. 作为合同履行的诚意

2. 对预付账款的管理控制需要从（　　）三个方面进行防范，以防止预付账款成为坏账，给企业带来损失。

A. 事前　　B. 企业内部

C. 事中　　D. 事后

3. 采购付款流程包括（　　）。

A. 供应商筛选　　B. 合同签订

C. 支付环节　　D. 台账的建立与数据录入

4. 业务部门针对预付账款的绩效考核体系中考核指标有（　　）。

A. 付款资料完整度　　B. 结算资料完整度

C. 供应商台账的标准与准确性　　D. 到期预付款结清比例

（三）判断题

1. 货币是有时间价值的，其时间价值本质就是利息。（　　）

2. 企业应尽量扩大应付账款的规模而减少预付账款的规模。（　　）

3. 预付账款是指企业根据与供应商签订的合同或协议的约定向对方预先支付一部分资金，要求对方在约定时间内以某种商品、提供劳务或服务来抵偿预付款而发生的一项债权。（　　）

4. 企业无须建立预付账款合同管理台账，跟踪合同履约情况。（　　）

5. 预付账款、预收账款的有无及多少代表着公司在产业链中的话语权。（　　）

6. 预付款越多、预收款越少代表公司在产业链中的话语权越强。（　　）

7. 如果企业长期存在预付账款占比偏高的情况，可能是由于企业信用较差或预付账款中发生了坏账损失。（　　）

8. 预付账款是其他企业对本企业的资金占用，相当于对供应商的无息贷款。（　　）

9. 在采购付款环节中，企业经办人应及时办理货款支付申请，不错付、多付。（　　）

10. 企业无须对供应商预付款管理全流程实施信息化管理，就能降低预付款管理风险。（　　）

参考答案

（一）单项选择题

1. C　2. A

（二）多项选择题

1. ABCD　2. ACD　3. ABCD　4. ABCD

（三）判断题

1. √　2. √　3. √　4. ×　5. √　6. ×　7. √　8. √　9. √　10. ×

第五节　投资报酬思维

一、投资报酬思维的整体框架

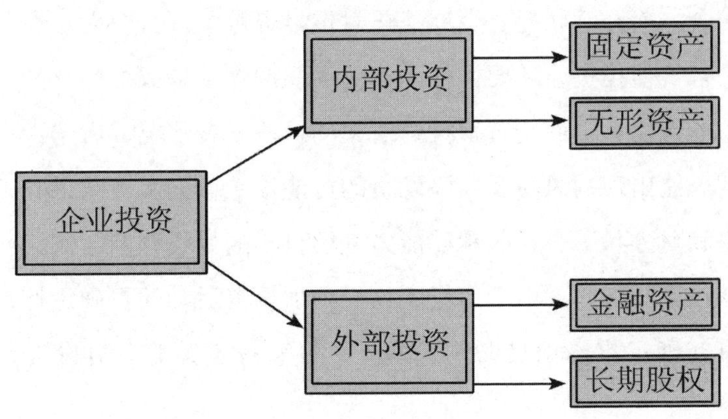

图 2.5　投资报酬思维的整体框架

二、投资报酬思维的原理

投资是指经济主体为了获得经济效益而垫付货币或其他资源用于某项事业的经济活动。投资既包括对外的股票、债券投资，也包括对内的购买和建造固定资产、无形资产。内部投资是指企业将资金投入生产经营活动中，通过企业的生产运营创造价值；外部投资是指将闲置资金投入企业之外，包括买入其他公司的股票短期操作赚取买卖差价或者长期持有进行价值投资，也包括买入能获得定期利息回报的债券。投资思维可以系统指导企业在面临不同的投资机会时，选择何种投资方案以及何时进行或撤出投资可以获得收益的最大化。

三、投资报酬思维的价值

企业通过投资不仅可以实现经济增值，还可以改善自身资本结构，提高闲置资金利用率，增强资产的流动性。企业可以根据未来发展战略，在全面、准确地评估自身资本结构的基础上，调整投资规模和方向，选择适配企业未来发展的投资领域，在提升企业投资活动带来的现金流量的同时，为企业发展战略服务。

（一）建立健全市场调研及风险评估机制

企业要想在复杂的资本市场通过投资和资本运作获取超额收益，实现资产增值，就需要结合当前经营状况、发展战略对拟投资对象进行全面、综合的调研评估，如果是进行价值投资，还要做好前期的尽职调查。采取多样化的方式及大数据手段进行市场调研，全面调查拟投资对象的行业发展状况、市场占有率以及发展前景，确定可能出现的风险及风险发生的可能性。依据调查结果并结合企业自身的发展战略和财务状况、风险承受能力进行科学的投资判断，制订科学、详细的投资方案及预算。同时，由于市场变化会增加投资活动的不确定性，企业要及时根据变化重新确定投资项目的风险水平，调整投资策略，对投资方案进行优化，规避风险。

（二）完善信息化投资管理体系

为有效降低风险，需要企业对投资项目进行全面、有效的把控，而这有赖于翔实的市场及财务信息以及健全的投资管理体系。企业的投资决策部门只有深入分析当前的市场形势及企业自身发展状况，根据企业发展战略、风险承受能力及资金预算对拟投资项目作出合理评估，制订投资方案。在“大智移云”[①] 时代背景下，通过完善的信息化投资管理体系，收集被投资项目相关财务数据或者第三方机构的调研报告进行大数据分析，识别和评估拟投资项目的风险并作出进一步应对方案。对拟投资对象进行风险预判和评估，制订科学全面的预算体系。同时在投资过程中也应当对投资项目进行动态监管，及时调整投资策略，对不同的投资项目作出追加投资或是终止投资的决策，有效规避和分散风险。

---

① “大智移云”是指将“大数据、云计算、物联网”三者综合到一起，见喻思娈、范思翔：《你知道“大智移云”吗？互联网正步入新阶段》，载人民网，http：//scitech. people. com. cn/n/2015/0123/c1007-26435839. html，2022 年 9 月 15 日访问。

（三）健全企业的内部控制机制

良好的风险管理机制可以有效降低企业运营风险，防患于未然。在投资活动中，内部控制机制的建立，可以确保投资活动符合公司战略发展方向，确保投资项目的合理性与有效性，避免盲目无效投资。当企业作出投资决策时，投资管理岗位人员需要对投资项目做好尽职调查并出具可行性研究报告，部门领导对可行性研究报告审核并发表意见后提交公司高层领导审议并形成会议纪要，审议通过后由投资管理岗位人员起草正式投资协议，经管理层及财务部门审批后完成资金拨付，财务部门同时形成股权投资台账，会同投融资管理部门对投资项目进行动态监控。良好的内部控制管理流程是企业规避投资风险的关键因素，因此，企业应当建立健全内部控制机制。

四、投资报酬思维的应用案例

某集团通过投资扭亏为盈的实践探索

某集团以品牌服装为主业，涉足地产开发、金融投资领域，曾处于男装头部地位。某集团于 1998 年登陆沪市主板上市。上市后资金充裕的某集团逐渐走上了投资道路。2000 年，某集团就启动了房地产项目。到 2002 年，房地产开发项目和项目投资被正式列入某集团的主营业务。其对外投资规模并不大，以与自身业务相关性强的企业为主。到 2006 年，某集团投资的大多是服装贸易类公司。1999 年，某集团斥资 3.2 亿元参股某证券公司，获得 9.61%的股份，成为其第二大股东。2003 年，某证券公司上市，2007 年，某集团减持某证券公司股份 4506.56 万股，一举获得 16.51 亿元的投资收益，占当年某集团净利润的一半。此外，某集团还参与了其他股权投资。2007 年后，某集团开始了另一种投资模式：认购定增股和新股。2007 年至 2015 年，某集团投资股票所获得的全部收益为 123.16 亿元，通过认购定增股和股权投资获得的收益占比高达 95.96%。2019 年，某集团宣布公司将不再开展非主业领域的财务性股权投资，未来将进一步聚焦服装主业的发展。

五、本节关键知识点

（1）投资是指经济主体为了获得经济效益而垫付货币或其他资源用于某项事业的经济活动。

（2）投资既包括对外的股票、债券投资，也包括对内的购买和建造固定资产、无形资产。

（3）投资报酬思维要求建立健全市场调研及风险评估机制、完善信息化投资管理体系、健全企业的内部控制机制。

六、投资报酬思维训练习题

（一）多项选择题

1. 企业投资类型有（　　）。

A. 股票投资　　B. 债券投资

C. 购买和建造固定资产　　D. 购买和建造无形资产

2. 企业要想有效规避投资风险，在投资活动中保障资金回笼，需要做到（　　）。

A. 掌握政策及市场经济发展　　B. 了解行业发展动向

C. 调研和分析备选投资项目　　D. 进行科学合理的投资决策

3. 投资监管全过程包括（　　）。

A. 重视前期调研　　B. 对投资方案进行可行性分析

C. 健全完善投资过程监管制度　　D. 追求收益高的投资项目

4. 要提升企业投资管理应（　　）。

A. 建立健全市场调研体系　　B. 无须论证直接投资

C. 建立健全投资管理体系　　D. 建立投资创新激励机制

（二）判断题

1. 投资包括内部投资和外部投资。（　　）

2. 通过投资可以改善企业的资本结构。（　　）

3. 内部投资是通过企业的生产运营创造价值。（　　）

4. 投资项目不会对企业经营状况及企业发展方向产生较为明显的影响。(　　)

5. 加强投资管理，尽可能地降低或规避投资风险对企业的发展至关重要。(　　)

6. 以净利润指标完成情况作为企业领导及各部门工作人员的主要绩效指标，不会导致企业在投资活动中追求稳健性及短期收益。(　　)

7. 合理投资能够扩大企业经营规模，增加企业市场竞争优势。(　　)

8. 投资过程的管控工作是否科学合理，对后续投资中能否稳定地获取利润，实现企业经营规模的扩大没有帮助。(　　)

9. 在投资过程中，需要对被投资对象的生产经营现状、资产资金流向及流量进行全面把控，实时调整投资策略。(　　)

10. 投资过程财务管理制度不健全，财务信息片面化会对投资决策及投资方案调整产生不利影响。(　　)

参考答案

(一) 多项选择题

1. ABCD　2. ABCD　3. ABC　4. ACD

(二) 判断题

1. √　2. √　3. √　4. ×　5. √　6. ×　7. √　8. ×　9. √　10. √

第六节　融资成本思维

一、融资成本思维的整体框架

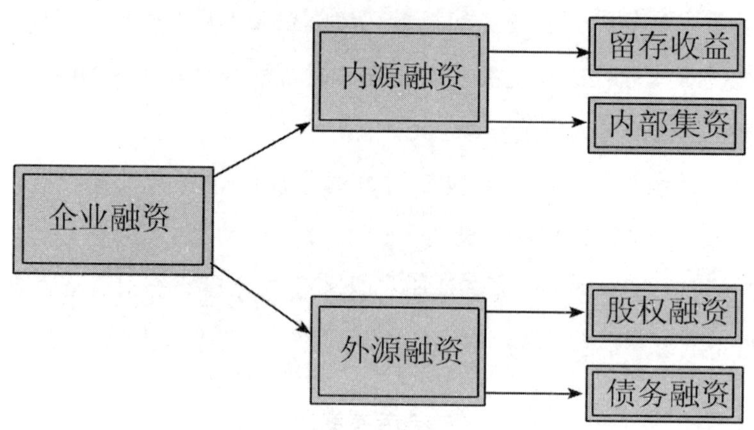

图 2.6　融资成本思维的整体框架

二、融资成本思维的原理

从狭义上讲，融资是一个企业资金筹集的行为与过程。从广义上讲，融资也叫金融，是货币资金的融通，是指当事人通过各种方式到金融市场上筹措资金的行为。融资包括内源融资和外源融资，内源融资主要源于留存收益、折旧或者向员工集资；外源融资主要源于银行贷款、发行股票或者债券等。融资成本作为企业生产经营中的一项重要成本，需要进行成本管理与控制。现金为王，企业融资是为日常经营发展提供充足的资金支持，确保经营目标的实现。当前金融创新工具不断增加，融资方式也多种多样，不同的融资方式对应不同的融资成本，过高的融资成本会给企业带来资金和债务压力。因此，应做好融资筹划，在保持合理的流动性的情况下控制融资规模，或者通过多种融资方式的组合使用来降低企业在融资过程中的成本。

三、融资成本思维的价值

资金可以为企业发展注入动力，企业融资是为日常经营发展做好资金保障，确保经营目标的实现。企业为了实现融资目的，首先需要改善自身的经营情况，使自身获得投资价值，因此进行融资可以激励企业优化产品和服务，提升市场竞争力；同时，企业通过股权或者债权融资，可以提升市场知名度，从而为扩大市场份额夯实基础；融资也代表着企业有良好的投资项目，向市场传递企业持续健康发展的信号。

（一）增强企业自身“造血”功能

过高的融资成本会对企业的短期偿债能力和持续健康发展带来较大的资金压力，这就要求企业不断打磨产品拓宽市场，增强自身业务的“造血”功能，提升企业的可持续发展能力。企业产品适销对路，不仅可以为企业带来更多利润，从而提高留存在企业中用于生产经营和再投资的资金量；同时，当企业处于供应链中的优势地位时，采购环节可以先拿货后付款，销售环节可以先收钱再交货。由此可见，企业通过做好产品提升盈利能力带来的市场地位及信誉的提升可以极大程度降低融资难度和融资成本。

（二）做好全面预算管理

全面预算管理可以有效地为企业的融资计划打好基础。企业各部门在预算年年初或者上一年年末编制各项工作的经营预算并汇总提交，通过各部门与财务部门联合商议，对预算年度的重点投入项目生产规划和资金预算进行研究，测算出相应的资金需求和资金缺口，从而有针对性地制订企业的融资计划。在预算执行过程中，动态地对各月的经营预算和融资资金使用情况进行分析，在保证正常生产经营的情况下，合理控制融资规模，如有资金沉淀可以在比较内外部投资机会的收益后，选择进行投资或者归还项目融资。通过全面预算管理可以防止资金超预算使用或闲置浪费等情况发生，从而达到降低融资成本、控制负债规模的目的。

（三）做好融资筹划

企业在实施全面预算管理的基础上，可以借助财务精细化管理，做好融资筹划，降低融资成本，使企业的负债水平保持在合理范围内。企业应结合自身发展需要和生产经营投资需求，提前筹划好融资额度、融资方式和融资期限，充分利用包括股权、债券等多种融资工具，实现降低融资成本的目的。企业通过做好预算年度的项目建设规划，加强资金管控力度，积极与各类金融机构和债券发行机构开展合作，拓宽融资渠道，优化资本结构，降低融资成本。

（四）强化内部控制制度建设

企业融资过程中的风险管控缺失会阻碍企业的健康可持续发展，而运行良好的内控机制可以有效规避融资中的风险。如在发行企业债券时，选择业内有良好口碑、具有丰富经验的证券公司合作，让其作为企业债券的发行承销商，在发债过程中严格依据公司内部控制中有关融资的制度安排及监管部门的监管要求开展工作，履行好信息披露的义务。对于募集到的资金，严格按照资金用途规定使用，确保专款专用。通过内控制度的建设，制订风险防范与化解处置预案，接受内部审计部门及社会公众的监督，构筑多道内控风险防线。

四、融资成本思维的应用案例

某公司融资模式的实践探索

某公司是国内领先的房地产公司，主营业务包括房地产开发和物业服务。作为资金密集型行业，企业通过多元化融资方式助力企业发展，提升了企业价值。某公司在不同发展阶段的融资具体包括两大类：内源融资和外源融资。

内源融资主要有：企业自有资金和预收账款融资。预收账款融资是指某公司向购房者预先收取的定金或者部分购房款。

外源融资主要有：银行贷款、股票融资、发行企业债券、信托融资。企业在初创期内部资金短缺，仅依靠内源融资无法支持企业发展，企业依靠股权融资和银行贷款以及少量发行公司债券的方式获得发展资金，运用优序融资理论，先内源融资、后外源融资。企业在成长期采用进取型的融资策略，大量发行可转换公司债券和采用房地产信托的方式融资，同时拓展海外融资渠道，与国外公司签订股权转让协议，与国内投资公司合作定向增发及银行担保的方式获得融资。企业在成熟期采用多元化的融资方式，主要有“小股操盘”的开发模式、海外融资、债权融资、房地产信托资金、联合开发、房地产+互联网金融模式融资，这些都降低了公司融资成本，拓宽了融资渠道。

五、本节关键知识点

（1）狭义的融资是一个企业的资金筹集的行为与过程。

（2）融资包括内源融资和外源融资，内源融资主要源于留存收益、折旧或者向员工集资；外源融资主要源于银行贷款、发行股票或者债券等。

（3）融资成本思维要求企业提升市场竞争力，增强自身“造血”功能、做好全面预算管理、做好融资筹划、强化内部控制制度建设。

六、融资成本思维训练习题

（一）多项选择题

1. 企业资本可以有（　　）。

A. 股权资本　　　　B. 债权资本

C. 长期资本　　　　D. 短期资本

2. 内源融资的特点有（　　）。

A. 风险低　　　　B. 资金量大

C. 自主性强　　　　D. 成本低

3. 对企业融资行为产生影响的因素有（　　）。

A. 财务费用成本　　　　B. 资产结构

C. 业务方向　　　　D. 消费者偏好

4. 自有资金融资的特点有（　　）。

A. 低成本、低风险　　　　B. 拥有控制权

C. 资金量少　　　　D. 成本高

5. 债券融资的特点有（　　）。

A. 成本相对低　　　　B. 金额小

C. 股东控制权不受影响　　　　D. 变现能力弱

（二）判断题

1. 企业资本结构是负债和权益的分配情况，是企业在一定时期内筹资组合的结果体现。(　　)

2. 企业债务与股权的比例关系可以反映一个企业的偿债能力和融资能力。(　　)

3. 债权融资成本一定比股权融资的成本更低。(　　)

4. 债权融资会加大企业的财务杠杆，增大财务风险。(　　)

5. 当债权融资和股权融资达到一个平衡点使企业边际融资成本一样时，此时企业的融资结构最佳、成本最低。(　　)

6. 内源融资使用的是企业自身资金，具有资金量大、风险高等特点。(　　)

7. 初创期企业可以主要依靠外源融资获得资金。(　　)

8. 企业的资本结构本质上就是债权人和股东二者控制权的分配。(　　)

9. 企业选择顺序通常是内源融资、债务融资、股权融资。(　　)

参考答案

（一）多项选择题

1. ABCD　2. ACD　3. ABC　4. ABC　5. ACD

（二）判断题

1. √　2. √　3. ×　4. √　5. √　6. ×　7. ×　8. √　9. √

第七节　激励约束思维

一、激励约束思维的整体框架

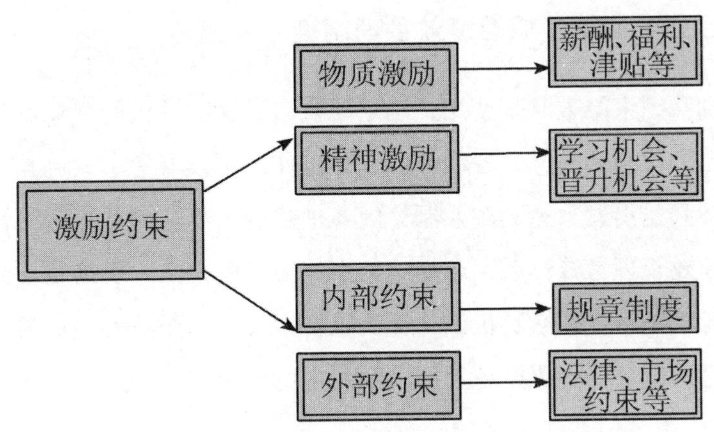

图 2.7　激励约束思维的整体框架

二、激励约束思维的原理

现代企业人力资源管理对激励约束的定义是管理层人员根据组织的目标和企业的行为规范，结合各种有效的管理方式，去激发员工的工作动力和工作激情，从而让企业员工具有一种内在动力，让企业的所有人能够朝着企业主体所期待的目标前进。因此，激励和约束的对象既包括职业经理人也包括企业普通员工。

企业激励机制主要包括两个方面：物质激励和精神激励。物质激励主要包括薪酬、福利、津贴、奖金、公积金、限制性股票、股票期权等。精神激励主要有给予员工晋升空间、学习机会、荣誉激励等。约束的方式既包括企业内部约束，如制订企业的规范和章程，也包括企业外部约束，如法律约束、市场约束、道德约束、媒体约束等。

三、激励约束思维的价值

激励和约束二者相辅相成，缺一不可。只有约束没有激励就无法调动员工工作的积极性和主动性，而只有激励没有约束也难以激发员工的潜在动力。因此，为了企业的良性发展，必须把激励和约束结合起来，充分调动员工的主观能动性，将员工个人利益与企业利益结合起来，推动企业持续健康发展。

（一）建立以业绩考核的绩效管理制度

要将激励和约束结合起来使用，建立既有激励又有约束的奖惩制度，让每位员工明确自己的权利和义务，各尽其职，在工作中不仅考虑个人利益，而且还会从企业的整体利益出发，达到企业制订的各项目标。要达到此目的，需要在员工考核时建立绩效管理考核体系，改变重约束轻激励的做法，贯彻物质激励和精神文明建设双轮驱动，优化激励机制，让员工更多地分享企业发展成果，积极推进员工持股计划，这样才能更好地发挥激励约束的作用。

（二）建立健全责权利对等的激励约束机制

做到“责权利”对等是实施考核的基本目的。那么，在考核中应该采取一定的措施来保证“责权利”对等，要求企业结合自身特点设立薪酬模式。薪酬模式一般有三种：第一种是针对管理、技术、勤务岗位人员的岗位绩效工资制；第二种是针对生产及辅助生产岗位人员的计件工资制；第三种是针对销售业务岗位人员的提成工资制。企业应坚持以“价值贡献”为基本评判标准，确定不同岗位人员的薪资水平，实行薪酬的差别化管理。同时，在发放奖金时，根据每个人不同的绩效水平发放奖金和津贴。针对有特殊贡献的员工还可以通过发放股票期权或者限制性股票的方式，将员工个人利益与公司发展水平捆绑起来，激发员工的内在工作积极性。

四、激励约束思维的应用案例

某企业持续完善激励约束机制的实践探索

某企业是我国集研发、生产、销售、服务于一体的核技术应用龙头企业，业务领域涵盖核医疗健康和辐照应用两大产业方向，包括放射性药物、医学诊断、核医疗装备、放射源、辐照应用、核素制造、进出口贸易七个业务单元。近年来，某企业加紧推进管理的变革和创新，根据实际经营情况，在结合企业实际的基础上，在构建具有竞争优势的激励体系方面探索了一些新路径、新方法。具体做法如下。

一是以分类考核为基础，推进差异化发展。某企业强化了对企业负责人的刚性激励和约束，将对企业负责人的年度考核转变为月度考核和年度考核相结合的综合绩效考核。年度考核不再对月度考核结果进行补差，彻底打破了“平均主义”的分配机制，对业绩不达标的企业负责人及时下发预警函并扣减绩效工资。在对管理者进行刚性激励和约束的同时，不搞“一刀切”，根据12家所属企业的功能定位实施分类考核。

二是以总部管理人员为重点，构建市场化经营机制。某企业选择了以市场需求为导向改革企业总部考核机制，拓宽发展通道实施差异化薪酬分配，激发企业发展活力的办法。某企业通过构建“一人一薪、易岗易薪”激励体系，在职务晋升通道之外，增加专业技术、技能和科研3个职类，设立7个层级对应7个薪级，完善员工职业发展通道。某企业设计的总部员工激励管理体系不仅包括物质激励层面，还包括授予荣誉、人文关怀等精神激励层面。对此，某企业还建立了以“执行力”和“创新”为核心的文化要素激励约束机制。

三是以全流程管控为目标，提升精益管理水平。某企业根据业务特点，结合不同的绩效指标设置了“月度+年度”的综合考核周期。其中，工作能力和工作态度类指标为年度考核，工作业绩类指标为月度考核。当前在综合考核中年度考核所占比重较大，月度考核更强调月度控制，未来等条件成熟将逐渐过渡到季度考核的方式。同时，为解决流程管控中缺乏沟通渠道和过程辅导的难题，某企业搭建了以各级党支部为载体的“月度+年度”复盘检视和看板管理工作机制。

四是以专项激励为核心，激发内生动力。为进一步发挥绩效考核指挥棒的导向作用，某企业制订实施了核心项目重大专项激励制度，涵盖科研项目、资本运作、工程建设等领域，以鼓励各单位勇挑重担、攻坚克难，支持某企业整体专业化运作。为完善科研项目激励机制，激发科技创新活力，某企业为专职科研人员建立了统一的项目工资制薪酬体系和科研项目考核体系，对重点科研项目加大激励力度。在工程建设领域，某企业已建立工程建设预警和激励机制。某企业通过持续完善激励约束机制，对发展战略落地、经济效益和管理水平的提高、企业文化的塑造产生了显著的推动作用。

五、本节关键知识点

（1）现代企业人力资源管理对激励约束的定义是管理层人员根据组织的目标和企业的行为规范，结合各种有效的管理方式，去激发员工的工作动力和工作激情，从而让企业员工具有一种内在动力，让企业的所有人能够朝着企业主体所期待的目标前进。

（2）企业激励机制主要包括两个方面：物质激励和精神激励。

（3）激励和约束二者相辅相成，缺一不可。

（4）激励约束思维要求建立以业绩为考核的绩效管理制度、建立健全责权利对等的激励约束机制。

六、激励约束思维训练习题

（一）多项选择题

1.（　　）能给员工提供较大的发展空间和提升的平台。

A. 建立完善的竞争机制　　B. 为员工设计职业生涯规划

C. 提供有竞争力的薪酬　　D. 要求员工加班

2. 完善企业激励与约束机制可以从（　　）方面入手。

A. 多样化激励方式　　B. 激励与约束机制相结合

C. 重视环境激励　　D. 加大惩罚措施

3. 合理设置企业的激励与约束机制的方法有（　　）。

A. 只讲激励不讲约束　　B. 适当增多奖励机制

C. 企业内部激励要符合企业实际　　D. 减轻对员工的惩罚

4. 精神激励主要有（　　）。

A. 津贴　　B. 荣誉激励

C. 员工的升职空间　　D. 学习机会

（二）判断题

1. 年轻员工是公司的新鲜血液，对企业的发展有着重要的作用。（　　）

2. 在企业内部设立有效的激励约束机制，能够激发员工的工作热情，进而提升企业的经营效益。（　　）

3. 激励机制的设立无须从实际出发，适合企业发展的实际，匹配员工的真实工作状况。（　　）

4. 企业激励机制主要包括物质激励和精神激励两个方面。（　　）

5. 可以只谈激励而不谈约束。（　　）

6. 让员工参与到企业的管理中可以激发员工对于企业工作的积极性。（　　）

7. 平均分配的激励管理机制也可以起到激励效果。（　　）

8. 企业管理制度中惩罚性大于奖励性会导致企业员工对一些新鲜的、具备挑战价值的工作不感兴趣、不愿去尝试。（　　）

9. 企业经营管理效率可以在激励机制的落实过程中得到提升。（　　）

10. 工作环境的舒适度可以影响员工的工作效率。（　　）

参考答案

（一）多项选择题

1. ABC　2. ABC　3. BCD　4. BCD

（二）判断题

1. √　2. √　3. ×　4. √　5. ×　6. √　7. ×　8. √　9. √　10. √

第八节　人力资源思维

一、人力资源思维的整体框架

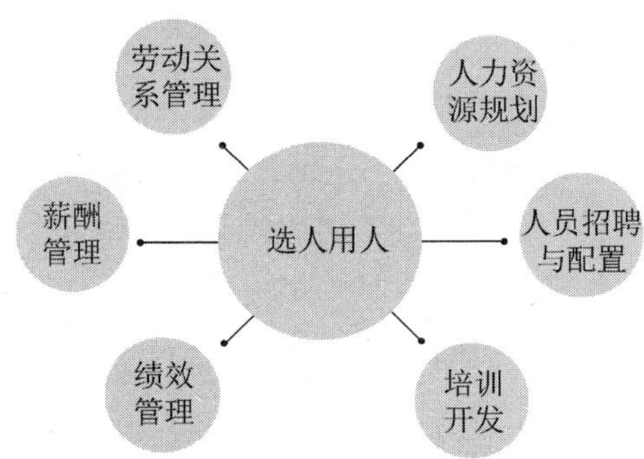

图 2.8　人力资源思维的整体框架

二、人力资源思维的原理

人力资源，全称人力资源管理，又称人事，是指在经济学与人本思想指导下，通过招聘、甄选、培训、报酬等管理形式对组织内外相关人力资源进行有效运用，满足组织当前及未来发展的需要，保证组织目标实现与成员发展最大化的一系列活动的总称。人力资源管理就是在企业日常经营过程中帮助企业挖掘适配企业的高层次人才资源，人力资源管理需要与企业的信息化管理紧密结合，同时要提升人力资源与各部门的紧密结合，提升人力资源对企业业务的参与程度。

三、人力资源思维的价值

人力资源是企业实现战略与发展目标的首要资源，企业产品与服务的竞争一定程度上表现为人力资源素质的竞争。企业要想在竞争中保持特有优势，就必须确保自身的人才优势，及时根据内外部环境的变化调整人力资源配置情况，从企业战略目标实现的角度激励员工，调动员工工作的积极性和创造性，在工作实践中发现员工的特长优势，合理组建工作团队，让员工的价值在团队合作中得以体现，实现员工个人能力的提升和企业的稳定发展。

（一）优化人才培养和激励机制

企业应结合自身实际情况，紧扣企业的发展需要，探索适合企业发展的人才培养模式，持续不断深化人才培养，拓宽员工特别是青年员工的晋升渠道，敢于将优秀青年员工提拔至管理层，激发员工的工作积极性和主动性，将自身价值发挥到最大。同时，在人才的选拔任用方面，不仅依靠外部招聘，还可以通过企业自主人才培养，内部挖掘和培养人才，通过人才资源的优化配置提升已有员工的岗位契合度，还要注意人才的配置，注重团队搭建。另外还要优化人才的激励机制，探索一套本企业的薪酬体系，适度提升企业用人成本，物质激励与精神激励相结合，提升员工的职业归属感和薪酬水平，让员工更多地分享企业的发展成果，适度推进员工持股计划。

（二）创新人才培训机制，促进员工素养提升

企业要想长久、可持续地发展，有一套适合本企业的人才培训机制是必不可少的。在人才培训方面，要创新人才培训机制，发挥企业人才培养的主体作用，结合企业的发展规划制订相应的培训制度，助力企业经营目标的实现。在选用外部优秀讲师进行人才培训的同时，可探索企业内部自主人才培养模式，选用在工作中有着丰富经验的员工进行企业内部培训，营造企业内部良好的学习氛围，通过此种方式可以将员工实践过程中的优秀经验进行推广，调动员工的工作积极性和主动性。有条件的企业还可以建立内部人才培养基地，探索人才培养方案，提升内部员工的职业素养。

（三）建立完善的用人机制，推动内部轮岗

人才是企业发展的基础和核心竞争力，然而术业有专攻，内部不同部门以及岗位之间的工作内容千差万别，工作内容的不同会导致内部沟通与协调成本上升。企业应当适时推动内部人才轮岗模式，不仅能打破部门与岗位之间的隔阂从

而减少内部沟通成本，还能帮助员工找到最适合自己的工作岗位，实现人才资源的最优配置；同时也要注重内部团队的建设，也就是人才的配置，实现团队中人才的优势互补。

（四）降低人力资源成本

降低人力资源成本并非指降薪，而是通过提升员工的素质与职业技能水平，提升员工的工作效率。同时，企业也要敢于进行内部机构改革，优化部门配置，精简管理层级，裁减不必要的部门和人员，优化企业内部工作流程，在给企业“瘦身”的同时降低用人成本。

四、人力资源思维的应用案例

某公司人才培养的实践探索

某公司是信息与通信（ICT）基础设施和智能终端提供商。某公司成功的一个关键因素是对人才的重视。“用好人，分好钱”是某公司成功的秘诀之一。某公司100%由员工持股，通过工会实行员工持股计划，参与人仅为公司员工，没有任何机构持有某公司股权。某公司的人才战略具体如下。

（1）激发组织与员工的活力，提高组织与每个员工在价值创造中的机会及输出。

（2）贯彻物质激励和精神文明建设双轮驱动，精神激励导向奋斗，物质激励导向多产出。

（3）公司坚持从成功实践中选拔干部。

（4）公司的高层干部不仅要具备业务洞察能力、决定力，还要强调视野、见识、知识，多思考公司的战略方向。

（5）坚持选拔制，制订各级干部的实践经验要求。

（6）建立新人提拔机制，显著拉开优秀人员与一般人员的差距，助力特优秀人员快速走上重要岗位。

（7）用荣誉感激发责任感，将公司愿景使命与员工工作动机相结合，在规则制度基础上信任员工，激发员工持续奋斗的内在动力。

（8）通过差异化来识别与规划中基层员工、中高级干部、高层领导的不同使命动机。

（9）基于信任进行管理，简化考核，以责任结果导向简化关键绩效指标（KPI）考核。

（10）逐渐辞退低绩效员工。

（11）运作重心前移，反向梳理，逐步精简机关，加强人员流动。

五、本节关键知识点

（1）人力资源管理是在企业日常经营过程中帮助企业挖掘适配企业的高层次人才资源。

（2）人力资源是企业实现战略与发展目标的首要资源，企业产品与服务的竞争一定程度上表现为人力资源素质的竞争。

（3）人力资源思维要求优化人才培养和激励机制，创新人才培训机制、促进员工素养提升，建立完善的用人机制，推动内部轮岗、降低人力资源成本。

六、人力资源思维训练习题

（一）多项选择题

1. 企业进行人才培养的原因有（　　）。

A. 人才是企业发展的内在动力　　B. 人才是企业发展的重要条件

C. 能够提升企业人力资源的综合素质　D. 企业制度要求必须培养

2. 企业创新人才激励机制的方式有（　　）。

A. 拓宽青年员工的成才渠道　　B. 搭建创新平台

C. 增强员工的学习能力以及创新能力　D. 用人唯亲

3. 企业创新人才选拔机制的方式有（　　）。

A. 招聘专业化人才　　B. 在企业内部实施竞争上岗模式

C. 完善晋升渠道　　D. 论资排辈

4. 企业人力资源成本的控制措施可能有（　　）。

A. 人力资源获取以内部培养为主　　B. 裁员和降薪

C. 提高员工工作效率　　D. 优化人力资源与岗位适配度

5. 企业降低关键人才流动率的方式有（　　）。

A. 提高薪酬　　B. 优化职务晋升渠道

C. 进行精神鼓励　　D. 降薪

（二）判断题

1. 企业人才队伍建设是企业核心竞争力之一。（　　）

2. 企业人力资源可以形成企业独特的竞争壁垒。（　　）

3. 降低人力资源成本仅是指降薪。（　　）

4. 企业要想在激烈的市场竞争中占据一席之地，就要确保自身的人才优势。（　　）

5. 论资排辈的用人模式可以使青年员工真正发挥出其自身的价值。（　　）

6. 加强企业人才间的交流，促进各部门之间的沟通协调，有利于打破部门间的隔阂和壁垒，使管理工作顺畅有序。（　　）

7. 人力资源成本是企业为完成生产经营任务雇用劳动者时所付出的全部代价。（　　）

8. 应当重视生产经营相关岗位，对于财务、人事、培训、后勤这些部门无须重视。（　　）

9. 通过提高职工队伍整体素质和技能水平，可以达到提高工作效率、降低人力资源成本的目的。（　　）

10. 企业部室设置重叠臃肿会造成人力资源成本的上升。（　　）

参考答案

（一）多项选择题

1. ABC　2. ABC　3. ABC　4. ABCD　5. ABC

（二）判断题

1. √　2. √　3. ×　4. √　5. ×　6. √　7. √　8. ×　9. √　10. √

第三章

企业合规师的要素财务思维

第一节　轻化资产思维

一、轻化资产思维的整体框架

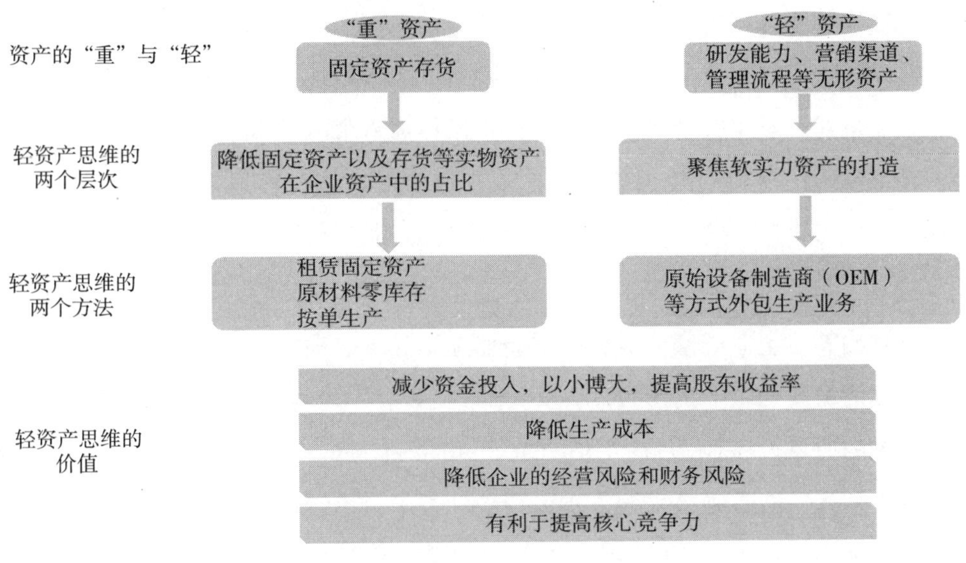

图 3.1　轻化资产思维的整体框架

二、轻化资产思维的原理

资产的"重"和"轻"是个相对概念，一般将厂房、设备、原材料、产成品等需要占用大量资金的资产称为重资产；将占用资金较少的资产称为轻资产，一般是指企业的无形资产，如企业的管理流程、品牌、文化、研发能力、营销渠道和人力资源等。

轻化资产思维指企业在运营过程中减少对存货与固定资产的资金投入，凭借其长期积累的供应链能力、客户资源、品牌文化、技术研发、人力资源等"轻资产"，撬动并整合企业内外各种资源尤其是非财务资源，创造独特的竞争优势与企业财务绩效。从财务报表数据来看，轻资产企业固定资产和存货在总资产中的占比较低。

轻化资产思维有两个层次的含义：第一个层次是降低企业固定资产以及存货等实物资产在企业资产中的占比，提高流动资产尤其是现金及现金等价物在资产中的占比；第二个层次是聚焦软实力资产的打造，即企业着眼于产品研发和设计、品牌建设、市场推广、客户管理、人力资源管理等软实力资产的构建，形成核心竞争力，并把自身不具备优势或难以管理的业务环节运营交给合作伙伴，减少自身投资和管理成本。

对应轻化资产思维的第一个层次，企业可以采用租赁等形式取得固定资产，而非企业自建；对于存货管理，需做好上游供应商的开发和管理，降低安全库存量，乃至实现原材料“零库存”；做好下游客户管理，按单生产，降低产成品库存。

对应轻化资产思维的第二个层次，企业可以将产品制造等重资产业务外包，还可以收购其他企业的部分股权，本企业输出品牌、输出管理，利用自己有限的资金，盘活被收购企业的重资产。

常见的原始设备制造商（Original Equipment Manufacturer，OEM）即为典型的轻资产模式，通常是由采购方提供设备和技术，由制造方负责生产、提供人力和场地，采购方负责销售的一种生产方式。

三、轻化资产思维的价值

轻化资产思维的核心理念是用最少的资金（或最轻的资产）去撬动最大的资源，赚取最多的利润。虽然按照目前的会计核算制度，在财务报表上，只有品牌、专利、知识产权以及并购过程中产生的溢价以商誉形式得以在资产负债表中列示为资产，但企业盈利却越来越倚重于企业积累轻资产资源的多少，以及其运营轻资产杠杆整合其他资源的能力。轻化资产思维的价值体现在以下方面。

（一）减少资金投入，以小博大，提高股东收益率

重资产运营模式下，企业把大量资金投入固定资产等长期资产。为了保持一定的偿债能力，企业需要维持较高的股权资本比重，资产负债率相对较低，杠杆

作用小。相对而言，轻资产运营模式下，企业通常都不进行重大的固定资产投资，或只投入少量的专有性固定资产，通过外包或租赁形式，杠杆利用其他企业的资源进行生产，自己则专注于研发、营销和终端渠道销售等这些高附加值环节，以此获得超额利润和高附加的商业价值。另外，轻资产企业的特征之一是股东投入的资金大多体现在流动资产里，且现金储备高，可以匹配更多的负债，杠杆作用明显，股东收益率更高。

（二）降低生产成本

轻资产模式下，企业将一些重资产环节如技术含量较低的产品、零部件的生产转移给更有成本优势的公司生产，这样不仅节约了大量的基建、设备投资，而且节约了大量的人工费用，极大地降低了生产成本。有的公司的所有产品都不是自己生产制造的，而是全部外包给具有劳动力成本优势的厂家生产。

（三）降低企业的经营风险和财务风险

传统的运营模式，企业要经历产品开发、建设产品生产线、建成投产、市场推广等漫长的成长过程，还要面临资金紧张的困难。轻资产运营通过将部分环节转移出去，利用合作伙伴的相关经验和资金，大大缩短了企业被市场接受的过程，降低了经营风险。

同时，由于轻资产运营企业固定资产及存货占压资金较少，相同的资产规模下，企业的流动比率和速动比率都较高，偿债能力强，企业财务风险较低。

（四）企业专注于核心业务，有利于提高核心竞争力

企业的发展更大程度上取决于其核心业务的成败。轻资产运营企业通过整合企业内外各种资源将一些很难形成明显竞争力的环节外包，把企业的资金和精力集中于核心业务，如核心技术研发、品牌提升、市场拓展等，从而极大地提升本企业的核心竞争力，使企业在激烈的市场竞争中更长久地立于不败之地。由于将生产外包，能够把所有人、财、物集中起来，然后全部投入到产品研发和市场营销这两大部门当中，使产品研发和品牌营销成为公司的两大核心竞争力。

四、轻化资产思维的应用案例

某公司实现资产轻量化的实践探索

某公司是科技型公司。其商业模式成功的核心就在于通过系统和独特的价值管理实现公司资产轻量化，以最小化资本投入谋求最大化经济产出，进而实现股东价值最大化。

具体做法：

（1）大举战略性生产外包，极少的固定资产投资和较低的存货保有量

20世纪90年代中期，某公司在生产管理上的混乱，很大程度上源于其复杂的产品线和零部件的多样性。之后，某公司砍去了70%的产品和型号，将电脑的产品由原来的15个缩减至4个基本式样。另外，1998年，某公司对制造、分销以及供应链进行了大刀阔斧的改革：关闭了所有工厂，将制造在全球范围内外包，使其成为一家标准的“轻公司”，得以专注于研发和营销；同时，还关闭了大量仓库和国内配送中心，并将零部件供应商安排在某公司外包厂商的工厂附近。产品线的简化和收缩极大地减少了零部件的种类和数量，而某公司产品设计、研发和生产部门的协作又大大提升了其产品零部件的公用性，大幅降低了外包生产的管理难度。2001年到2011年，某公司的存货占总资产的比率一直保持在1%，应收账款一直保持在总资产的10%以下，固定资产则逐渐下降到总资产的7%。

某公司采取生产外包模式的另一个好处是大大缩减了库存的数量，从而降低库存对公司资金的占用。2019年，某公司存货规模只占到流动资产的2.5%。由于某公司不需要自己进行生产，所以也不需要为生产“备货”，这与传统的制造企业形成了显著的区别。这一特性为某公司节省了大量的现金，保证了其在核心领域的绝对竞争力。

（2）聚焦产品研发和市场推广等轻资产的打造，形成核心竞争力

某公司作为轻资产盈利模式的典型代表，将生产环节以外包的形式分配给众多的供应商，节省了大量的生产线建设成本，使其可以集中力量将更多的资源投入产品研发和市场推广上，形成了核心竞争力，为公司创造了巨大的价值。

在某公司的体系里，其本身不生产电子产品，而是将设计好的“电子创意样品”外包给各大电子零部件生产商，让其进行量产。简言之，某公司从不同的供应商处采购零部件和材料，然后把它们运到组装厂。产品直接从某公司的在线商店配送给最终消费者。整个过程某公司只参与设计、采购、销售三个环节。

在销售环节，某公司还拥有数量众多的线下零售店，选址综合考虑了该地区已登记顾客数量、人口年龄、家庭收入以及周围学校分布等要素，有效针对了某公司的主要用户定位（学生、教育界、创意工作者，商务和个体消费者）。别具匠心的选址、店面设计以及专业销售人员，某公司零售店不仅创造了更好的用户体验，保障了某公司对消费者体验的控制力，而且是一种品牌营销模式，大大提升了消费者对某公司品牌的认知度和忠诚度。

（3）零售店全部采取租赁形式，进一步减少固定资产投资

通过生产外包，某公司不需要进行厂房、设备等固定资产的投资。即使对于市场推广环节至关重要的线下零售店，也基本采取租赁的形式取得。

某公司的零售店都是选在客流量多的繁华街区，自 2001 年起某公司在全球范围内迅速扩张。但租金费用一直是零售店投资的主要去向，占据了零售店总投资额的 80%左右，这种不在乎“房地产投资经营获利”而只关注平常公司现金流支出的轻资产战略安排是显而易见的。

实施成效：

得益于轻化资产思维相关的运营模式，某公司实现了集硬件、软件、内容于一体的销售平台，硬件销售带来了较高的利润，软件销售也产生了持续的利润。

五、本节关键知识点

（1）轻化资产思维是指企业在运营过程中减少对存货与固定资产的资金投入，凭借其长期积累的供应链能力、客户资源、品牌文化、技术研发、人力资源等“轻资产”，撬动并整合企业内外各种资源尤其是非财务资源，创造独特的竞争优势与企业财务绩效。

（2）从财务报表数据来看，轻资产企业固定资产和存货在总资产中的占比较低。

（3）轻化资产的方法：在固定资产方面采用租赁等形式取得固定资产，而非企业自建；将产品制造等重资产业务外包，或盘活被收购企业的重资产，以避免自身投入大量资金构建固定资产。对于存货管理，需做好上游供应商的开发和管理，降低安全库存量，乃至实现原料“零库存”；做好下游客户管理，按单生产，降低产成品库存。

（4）轻化资产思维的核心理念是用最少的资金（或最轻的资产）去撬动最大的资源，赚取最多的利润。

六、轻化资产思维训练习题

（一）单项选择题

关于轻化资产思维，以下说法错误的是（　　）。

A. 轻化资产思维的核心理念是用最少的资金（或最轻的资产）去撬动最大的资源，赚取最多的利润

B. 轻资产企业的特征之一是股东投入的资金大多体现在流动资产里，且现金储备高

C. 轻资产运营模式下，企业重大的固定资产投资由企业自行完成

D. 轻资产运营企业专注于研发、营销和终端销售渠道等这些高附加值环节，以此获得超额利润和高附加的商业价值

（二）多项选择题

1. 以下企业财务报表项目中，属于轻资产的是（　　）。

A. 库存商品　　B. 无形资产

C. 商誉　　D. 原材料

2. 轻化资产思维的含义包括（　　）。

A. 降低企业固定资产在总资产中的占比

B. 降低企业存货在总资产中的占比

C. 提高现金在总资产中的占比

D. 提高应收账款在总资产中的占比

3. 企业轻化资产的方式包括（　　）。

A. 采用租赁等形式取得固定资产

B. 自建生产所需固定资产

C. 做好原材料采购管理，降低原材料库存量

D. 发挥设备最大产能，拥有较多库存商品

4. OEM 方式中，由采购方负责做的事情是（　　）。

A. 提供技术

B. 生产

C. 提供人力

D. 销售

5. 轻资产运营模式的特点包括（　　）。

A. 将生产环节外包

B. 专注于产品研发和品牌建设

C. 企业更易形成核心竞争力

D. 企业的财务风险较高

（三）判断题

1. 从财务报表数据来看，轻资产运营企业固定资产和存货在总资产中的占比较低。（　　）

2. 轻资产企业由于自己不拥有生产设备，所以生产成本更高。（　　）

3. 商誉不属于企业的无形资产，所以也不是轻资产。（　　）

4. 轻资产很容易被别的企业模仿和取得。（　　）

5. 轻资产企业一定没有任何固定资产。（　　）

6. 虽然轻资产大多是无形资产，但企业盈利却越来越依赖于积累的轻资产资源的多少。（　　）

7. 与拥有较多固定资产的企业相比，轻资产运营企业的偿债能力较低。（　　）

8. 轻资产运营企业通过将生产环节外包给有成本优势的公司，不仅可以减少固定资产投资支出，还可以降低生产成本。（　　）

9. 相比于重资产企业，轻资产运营企业的速动比率较高。（　　）

10. 轻资产运营企业的资金和精力都集中在技术研发、品牌提升、市场拓展等方面，可以大大提升企业的核心竞争力。（　　）

（四）案例分析题

甲公司和乙公司均为坚果销售企业，其运营模式如下。

甲公司：

公司战略：强调生产和销售两手抓、两手都要硬，购置全套先进的生产设备，并注重发挥设备产能。

销售环节：下游分销商收到货后，再回款给甲公司。

采购环节：通常是收到原材料并验收无误后支付供应商货款，即货到付款；而此时销售环节尚未回款，需要先垫付原料采购资金。

乙公司：

公司战略：主抓产品设计、品牌建设、营销渠道、客户管理等软实力，将不擅长的生产环节外包给产地的商业伙伴。

销售环节：网络预售、以销定产。

采购环节：根据产品流通到终端时长设定付款账期，不占用自身资金。

假设：甲、乙两公司的产品毛利率均为25%，销售费用投入与销售额成正比。两家公司均于2020年12月底注册成立，注册资金1000万元。经过一个月的运营（不考虑资产折旧和税费支出的影响），两家公司的资金支出及收入情况如表3.1所示。

表3.1　甲公司和乙公司2021年1月资金支出及收入情况　　单位：万元

序号	资金支出/收入	甲公司	乙公司
1	购建厂房、生产设备	400	—
2	购置日常办公设备	40	40
3	支付原料采购款	140	500
4	品牌、包装等专利申请费用	—	40
5	生产外包费用	—	40
6	销售费用投入	20	80
7	日常运维费用	10	10
8	销售收款	200	800

2021年1月底，甲公司和乙公司的资产负债表如表3.2和表3.3所示。

表 3. 2　甲公司 2021 年 1 月 31 日资产负债表　　单位：万元

资产	期末余额	上年年末余额	负债和所有者权益	期末余额	上年年末余额
流动资产：			流动负债：		
货币资金	290	1000	应付账款		
应收账款	200		流动负债合计		
存货	90		非流动负债：		
流动资产合计	580	1000	负债合计		
非流动资产：			所有者权益：		
固定资产	440		实收资本	1000	1000
非流动资产合计	440		未分配利润	20	
			所有者权益合计	1020	1000
资产总计	1020	1000	负债和所有者权益总计	1020	1000

表 3. 3　乙公司 2021 年 1 月 31 日资产负债表　　单位：万元

资产	期末余额	上年年末余额	负债和所有者权益	期末余额	上年年末余额
流动资产：			流动负债：		
货币资金	1610	1000	应付账款	600	
存货	20		流动负债合计	600	
流动资产合计	1630	1000	非流动负债：		
非流动资产：			负债合计	600	
固定资产	40		所有者权益：		
无形资产	40		实收资本	1000	1000
非流动资产合计	80		未分配利润	110	
			所有者权益合计	1110	1000
资产总计	1710	1000	负债和所有者权益总计	1710	1000

2021 年 1 月甲公司和乙公司的利润表如表 3. 4 和表 3. 5 所示。

表 3.4 甲公司 2021 年 1 月利润　　单位：万元

项目	本期金额	上期金额
1. 营业收入	200	
减：营业成本	150	
税金及附加		
销售费用	20	
管理费用	10	
2. 营业利润	20	
加：营业外收入		
减：营业外支出		
3. 利润总额	20	
减：所得税费用		
4. 净利润	20	

表 3.5 乙公司 2021 年 1 月利润　　单位：万元

项目	本期金额	上期金额
1. 营业收入	800	
减：营业成本	600	
税金及附加		
销售费用	80	
管理费用	10	
2. 营业利润	110	
加：营业外收入		
减：营业外支出		
3. 利润总额	110	
减：所得税费用		
4. 净利润	110	

问题：1. 根据甲公司和乙公司的财务数据，完成表 3.6。

表 3.6　甲公司和乙公司财务数据分析

项目	甲公司	乙公司	结论
流动资产占总资产比重			
固定资产占总资产比重			
轻资产占总资产比重			
净利率			
净资产收益率			

2. 甲公司和乙公司，哪个使用了轻资产运营模式？

3. 根据资料，简述轻资产运营模式的特点。

4. 根据资料，挖掘轻资产运营模式的价值。

参考答案

（一）单项选择题

C

（二）多项选择题

1. BC　2. ABC　3. AC　4. AD　5. ABC

（三）判断题

1. √　2. ×　3. ×　4. ×　5. ×　6. √　7. ×　8. √　9. √　10. √

（四）案例分析题

1. 如表 3.7 所示。

表 3.7　甲公司和乙公司财务数据分析

项目	甲公司	乙公司	结论
流动资产占总资产比重	57%	95%	资金变现能力甲<乙
固定资产占总资产比重	43%	2%	固定资产占总资金成本能力甲>乙
轻资产占总资产比重	28%	96%	轻资产化水平甲<乙
净利率	10.0%	13.8%	净利率水平即盈利能力甲<乙
净资产收益率	2.0%	8.1%	股东收益率甲<乙

其中，净利率=净利润/营业收入

净资产收益率=净利润/平均净资产

平均净资产=（期初净资产+期末净资产）/2

2. 由于乙公司轻资产占总资产比重大，所以乙公司使用了轻资产运营模式。

3. 轻资产运营模式的特点：

（1）企业只持有较少的固定资产，不做生产性设备的投资；采取生产外包的形式完成产品生产，即代加工。

（2）存货及长期资产投入低，占用资金较少。

（3）大额的研发投入及销售推广费用支出，以便形成技术领先与品牌优势。

4. 轻资产运营模式的价值：

（1）轻资产运营的企业盈利能力好，相同毛利率下，净利润较高，股东收益率高。

（2）企业现金净流量大，经营风险低；现金储备充足，偿债能力强，财务风险低。

（3）企业专注于产品研发、品牌构建和营销等核心业务，有利于提高核心竞争力。

第二节　固定资产思维

一、固定资产思维的整体框架

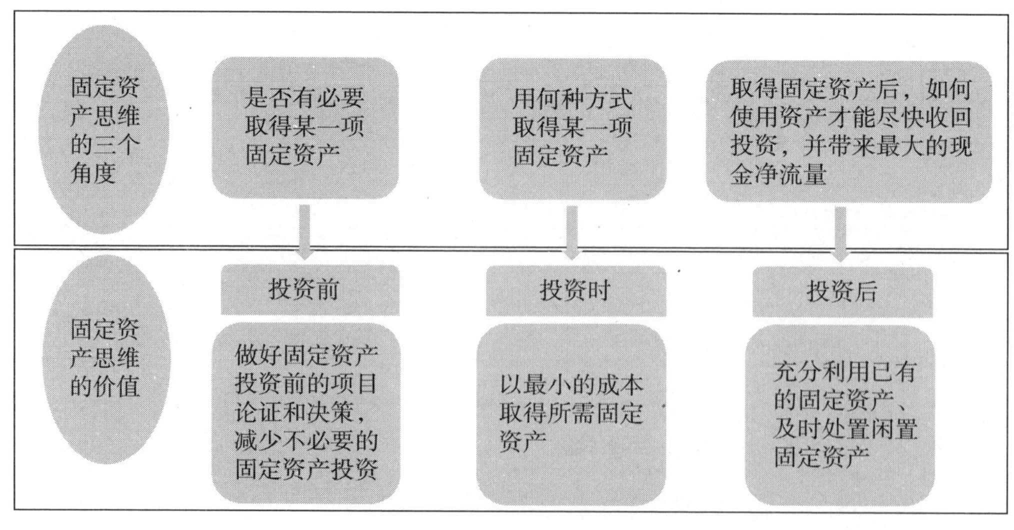

图 3.2　固定资产思维的整体框架

二、固定资产思维的原理

固定资产是指企业为生产产品、提供劳务、出租或者经营管理而持有的，使用寿命超过一个会计年度即 12 个月的，价值达到一定标准的非货币性资产，包括房屋、建筑物、机器、机械、运输工具以及其他与生产经营活动有关的设备、器具、工具等。固定资产是企业的劳动手段，也是企业赖以生产经营的主要资产。

按照固定资产的取得方式不同，可以将固定资产分为投资人投入的固定资产、企业购买或自行建造的固定资产、租入的固定资产等类别。其中租入的固定资产又分为租赁期限较长的、带有融资性质的融资租赁和租赁期限较短的经营租赁。

按照固定资产的使用情况不同，可以将固定资产分为正在使用的固定资产、已取得还未使用的固定资产和已闲置不需用的固定资产。

按照固定资产的经济用途不同，可以分为生产经营用（如厂房、机器设备等）和非生产经营用（如职工宿舍、食堂等）两类。

企业的固定资产有如下特点。

（1）固定资产占用资金量大、占用数量相对稳定

固定资产是企业的“大件”资产，投资固定资产往往是企业比较大的一笔开销。固定资产投资一经完成，在资金占用数量上便保持相对稳定，而不像流动资产投资那样经常变动。

（2）固定资产投资的次数相对较少、回收期较长

与流动资产相比，固定资产投资一般较少发生，特别是大规模的固定资产投资，一般要几年甚至十几年才发生一次。但固定资产投资的回收是通过折旧分期进行的，往往需要几年甚至几十年才能收回投资。

（3）固定资产的变现能力较差

厂房和机器设备等固定资产不易改变用途，出售困难，变现能力较差。

（4）固定资产的实物形态与价值形态可以分离

固定资产投资完成，投入使用以后，随着固定资产的磨损，固定资产价值便

有一部分脱离其实物形态，转化为货币准备金，而其余部分仍存在于实物形态中。在使用年限内，保留在固定资产实物形态上的价值逐年减少，而脱离实物形态转化为货币准备金的价值却逐年增加。直到固定资产报废或出售，其价值才得到全部补偿，实物也得到更新。

鉴于固定资产的这些特点，固定资产投资会给企业的财务状况和现金流量带来很大的影响，不当的固定资产投资甚至会给企业带来破产风险。所以，对于企业来说，固定资产思维包括三个角度的内容。

（1）是否有必要取得某一项固定资产，即投资某项固定资产预计是否能给企业带来净现金流量。

（2）用何种方式取得某一项固定资产，即如何以最小成本、最小现金流出量取得所需的固定资产。

（3）取得固定资产后，如何使用资产才能尽快收回投资，并带来最大的现金净流量。

综上，固定资产思维的核心是：是否取得、如何取得和使用固定资产才能获得最佳的现金流量，将企业价值最大化。

三、固定资产思维的价值

（一）投资前，做好固定资产的项目论证和决策，减少不必要的固定资产投资

固定资产投资具有相当大的风险，一旦决策失误，就会严重影响企业的财务状况和现金流量，甚至会使企业走向破产。因此，固定资产投资不能在缺乏调查研究的情况下轻率拍板，企业在投资固定资产之前，应做好项目论证，按特定的程序，运用科学的方法进行可行性分析，建立只投资能带来现金净流量的固定资产的思维，并挑选出现金流量最优的固定资产投资项目。

固定资产投资决策的程序一般包括如下几个步骤。

（1）投资项目的提出

企业的各级员工和部门都可提出新的投资项目。

（2）投资项目的评价

投资项目的评价主要涉及如下几项工作：一是对提出的投资项目进行分类，为分析评价做好准备；二是计算有关项目的预计收入和成本，预测投资项目的现金净流量；三是运用各种投资评价指标，把各项投资按可行性的顺序进行排序；四是写出评价报告。

（3）投资项目的决策

投资项目评价后，企业领导者要作最后决策。最后决策一般可分为以下三种。

①接受项目，可以进行投资；

②拒绝项目，不能进行投资；

③发还给项目提出部门，重新调查后再作处理。

（二）投资时，以最小的成本取得所需固定资产

如果决定投资某项固定资产，企业就要考虑如何以最小的现金流出成本取得所需固定资产。

鉴于固定资产的投资金额较大，大部分企业不具备自行筹措资金的能力，需要从企业外部融资。此时，企业需要考虑是从银行取得长期借款用于采购固定资产，还是采取融资租赁的方式租入固定资产，甚至采取经营租赁的方式租入固定资产。

此时企业不仅要比较各种方式下的资金成本，选择资金成本和现金流出量较小者，还要考虑不同方式对企业财务报表的影响。

银行借款的利息相对较低、交易环节简单，但是取得长期借款的难度较大，融资规模也受银行授信评级的限制，且会提高企业的资产负债率。

融资租赁和经营租赁两种方式的区别如表 3.8 所示。

表 3.8　融资租赁和经营租赁的区别

分类	融资租赁	经营租赁
交易特征区别	通过融物进行融资	解决短期内的固定资产需求
	租赁合同不可撤销	租赁合同可撤销
	承租人承担固定资产残值、技术等风险	出租人承担固定资产残值、技术等风险
	租赁期较长，接近固定资产使用寿命	租赁期较短
	交易结构十分复杂，三边或多边协议	交易结构简单，通常为双方
	租期末可续租、退还或购买固定资产	租期末可续租或退还固定资产
会计核算区别	根据租赁开始日租赁资产公允价值与最低租赁付款额现值中较低者作为入账价值计入固定资产	不确认为固定资产，需要设置"经营租赁固定资产"备查簿做备查登记
	租金确认为负债，计入长期应付款	支付租金时确认为预付账款，按月摊销计入当期费用
	租赁期间计提折旧	不计提折旧
	影响资产负债率	表外融资，不影响资产负债率

（三）投资后，充分利用已有的固定资产、及时处置闲置固定资产

考虑货币的时间价值，企业应在取得固定资产后尽早投产，并尽可能发挥最大产能，以便在更短的时间内将固定资产的价值转移到产成品中，并通过产成品的销售和货款的收回完成固定资产的变现和投资成本的收回。

另外，应避免固定资产成为闲置资产，一旦出现不需用的固定资产，应及时处置变现，防止随着技术进步而失去转让价值。

四、固定资产思维的应用案例

某航空公司通过融资租赁取得飞机

某航空公司主要业务经营范围是国内和经批准的国际航空货运、客运及行李运输。另外，某航空公司业务经营范围还包括通用航空业务、航空器维修、航空

设备制造与维修、电子商务、保险代理服务等。

公司以全面深化改革为主线，以国际化、互联网化为引领，围绕转型发展、品牌建设、能力提升，加快从传统航空承运人向现代航空综合服务集成商转型。公司打造精简高效的现代化机队，通过运营 734 架（其中包括托管公务机 11 架）平均机龄约 6.4 年的客运飞机，围绕上海、北京核心枢纽和昆明、西安区域枢纽，为全球旅客和客户提供优质便捷的航空运输及延伸服务。

某航空公司需要抓住旅游业的发展及国家新战略的机遇，扩大机队规模、优化机队结构，并逐步淘汰老旧型号的客货机以保持精简高效的机队，实现公司战略目标，因此在 2019 年某航空公司面临着巨大的固定资产投资决策难题。

具体做法：

2015 年至 2019 年，某航空公司的飞机增加了 172 架，明细情况如表 3.9 所示。从表 3.9 可以看出，除自有飞机外，某航空公司还大规模采用了经营租赁和融资租赁方式取得飞机。截至 2019 年年底，某航空公司共拥有客机 723 架，其中自有飞机 261 架，以融资租赁方式租入飞机 262 架，以经营租赁方式租入飞机 200 架。2019 年通过租赁方式取得的飞机占到飞机总数的 63.9%。

表 3.9　某航空公司 2015 年至 2019 年飞机租赁情况

年份	经营租赁飞机（架）	融资租赁飞机（架）	自有飞机（架）	飞机总数（架）	经营租赁比重	融资租赁比重	资产负债率
2015	139	219	193	551	25.23%	39.75%	80.76%
2016	142	226	219	587	24.19%	38.50%	76.15%
2017	145	235	257	637	22.76%	36.89%	75.15%
2018	190	260	242	692	27.46%	37.57%	74.93%
2019	200	262	261	723	27.66%	36.24%	75.12%

（1）通过经营租赁取得飞机

某航空公司要扩张机队，提高自身的市场竞争力，引进新飞机，并在租赁期内将经济方面的风险降到最低。采取经营租赁的方式，公司可以避免洽谈购买协议及融资决算分析实施等阶段，更加方便快捷。由于经营租赁的租期较短，租赁资产的期末残值完全由出租人承担，承租人可以在租期内终止，这可以使公司适应市场环境、提高公司经营活动的灵活性。经营性租赁还可以弥补融资租赁造成的财务费用支出。另外，经营租赁的资产负债不反映在资产负债表内，由此可见，使用经营租赁飞机对公司财务现状无重大影响。

从表3.9可以看出，从2015年到2019年，某航空公司机队规模得到了扩大，其中经营租赁飞机占比从2015年的25.23%上升到2019年的27.66%。另外，关于资产负债率，某航空公司从2015年到2018年逐年下降。正是由于经营租赁的增加，使得公司可以减少银行借款购买飞机及融资租入飞机的占比，资产负债率得到下降，某航空公司财务结构明显改善。

（2）通过融资租赁取得飞机

飞机融资租赁是指租赁公司以飞机为抵押向银行借款，并将其出租给航空公司的行为。航空公司在租赁期间支付租金，并拥有飞机的使用权，但同时还要承担租赁期间的日常维护、保养和修理费用。租赁期限一般覆盖飞机的大部分使用年限，通常为10—15年，承租人支付的租金总额也几乎覆盖了飞机的价格，这实际上相当于长期贷款购买飞机。

从2014年至2018年，某航空公司融资租赁固定资产金额增加了502.53亿元，增长率为74.37%，其占总资产的比重也从41.32%上升到49.77%，增长率为20.45%。由此可以看出，某航空公司越来越愿意通过融资租赁的方式来获得飞机的使用权。原因在于，与自筹资金和借款购买飞机相比，融资租赁可以保留自有资产，在其他因素不变的情况下，提高资产的流动性，并能保留信用借款的额度。不仅如此，融资租赁还可以将当年新引进的飞机投入生产，及时抓住先机，尽快把更先进的固定资产投入使用，进而加快航空公司机队的扩大和更新。

实施成效：

得益于机队规模的扩大，2019年某航空公司实现了经营业绩的合理增长。

五、本节关键知识点

（1）固定资产占用资金量大、投资期长、变现能力差，固定资产投资会给企业的财务状况和现金流量带来很大的影响，不当的固定资产投资会给企业带来破产风险。

（2）固定资产思维包括是否有必要取得某一项固定资产、用何种方式取得某一项固定资产和取得固定资产后如何使用资产才能尽快收回投资，并带来最大的现金净流量三个角度。

（3）固定资产思维的核心是：是否取得、如何取得和使用固定资产才能获得最佳的现金流量，将企业价值最大化。

（4）固定资产思维的价值为：投资前，需做好固定资产的项目论证和决策，减少不必要的固定资产投资；投资时，以最小的成本取得所需固定资产；投资后，充分利用已有的固定资产、及时处置闲置固定资产。

六、固定资产思维训练习题

（一）多项选择题

1. 以下项目中，属于企业固定资产的是（　　）。

A. 企业自建的厂房

B. 企业为新聘任的总经理配备的、其个人专用的小汽车

C. 财务部门已经使用了 2 年的、购买时花了 25 元的订书机

D. 企业研发部门使用的一台价值 2 万元的仪器

2. 按照固定资产的使用情况不同，可以把固定资产分为（　　）。

A. 拟购买的固定资产　　B. 正在使用的固定资产

C. 已取得还未使用的固定资产　　D. 已闲置不需用的固定资产

3. 固定资产的特点包括（　　）。

A. 占用资金量大　　B. 投资次数多

C. 变现能力差　　D. 实物形态与价值形态可以分离

4. 固定资产思维的价值有（　　）。

A. 减少不必要的固定资产投资

B. 以最小的成本取得固定资产

C. 充分利用已有的固定资产，尽量发挥最大产能

D. 及时处置闲置不用的固定资产

5. 关于固定资产投资，以下说法错误的是（　　）。

A. 企业需要考虑如何以最小的现金流出成本取得所需固定资产

B. 企业只能使用自有资金购买固定资产

C. 企业可以很容易地取得购买固定资产所需的银行贷款

D. 企业应该比较不同的固定资产取得方式的资金成本，选择资金成本和现金流出量较小者

6. 以下关于固定资产的说法中，正确的是（　　）。

A. 企业的固定资产越多越好

B. 企业应做好固定资产投资项目决策，避免盲目投资

C. 由于固定资产变现期长，为了避免财务风险，企业应靠自有资金购买固定资产

D. 企业应及时将闲置固定资产变现，防止随着技术进步而失去转让价值

（二）判断题

1. 只要使用年限超过一年的资产就是企业的固定资产。（　　）

2. 固定资产比较贵重，所以企业拥有的固定资产越多越好。（　　）

3. 厂房和机器设备等固定资产不易改变用途，所以变现能力较差。（　　）

4. 企业取得设备等固定资产时，一定要选质量最好、最经久耐用的，不需要考虑投入产出比。（　　）

5. 企业只应投资可以带来净现金流入量的固定资产。（　　）

6. 企业需要固定资产的时候，应该比较不同取得方式的成本，选择成本较低者直接购买，以便使用的时候可以更自由。（　　）

7. 当生产部门提出需要增加一台生产设备时，立即联系原设备供应商进行购买。（　　）

8. 借款购买固定资产需要支付利息，所以企业应该以自有资金购买固定资产。（　　）

9. 固定资产投资会给企业的财务状况和现金流量带来很大的影响，不当的固定资产投资甚至会给企业带来破产风险。（　　）

10. 固定资产投资不能在缺乏调查研究的情况下轻率拍板，企业在投资固定

资产之前，应做好项目论证。(　　)

（三）案例分析题

阳光公司计划进行一项固定资产投资，需要的原始投资金额为1000万元，其中固定资产投资750万元，另外需匹配无形资产投资50万元、流动资产投资200万元，全部投资的资金来源均为自有资金。该项目建设期为2年，经营期为10年，固定资产投资和无形资产投资分2年平均投入，流动资金在项目完工时（第2年年末）投入。此项固定资产的使用寿命为10年，到期净残值为50万元，与税法规定相符，按直线法计提折旧；无形资产从投产年份起分10年摊销完毕；流动资金于项目终结时一次收回。预计该项目投产后，年营业现金收入600万元，年付现成本200万元，所得税税率为25%。

问题：请计算阳光公司该固定资产投资方案各期的现金流量，并据此判断阳光公司是否应该进行此项固定资产投资（不考虑货币时间价值）。

补充知识：

在决定是否进行某项固定资产投资时，企业常采用的方法之一是估算现金流量，目的是评价该固定资产投资方案的经济可行性，并以此进行方案的优选。

利润与现金流量都可以用来评价固定资产投资，然而由于利润的计算依据是权责发生制，而现金流量则是根据收付实现制制订的，所以一般认为现金流量评价固定资产投资更具客观性和合理性。

现金流量一般由初始期现金流量、经营期现金流量和终结期现金流量三部分构成。

1. 初始期现金流量

初始期现金流量是指为使固定资产投资项目建设完成并投入使用而发生的有关现金流量，是项目的投资支出。投资支出一般表现为现金流出，常发生在项目前期。较大的项目投资可能会分几年支出。

2. 经营期现金流量

经营期现金流量是指固定资产交付使用后，在整个寿命期内因生产经营活动而产生的现金流量增量。这些现金流量通常是按照会计年度计算的，主要内容包括：(1) 营业现金收入的增加额或成本费用的节约额。(2) 各项付现成本的增量。(3) 各项税金缴纳的增量。

在生产经营期间，企业要进行产品（劳务）的生产和销售（提供），既有现金流入，又会发生现金流出。因此，可用现金净流量来表示。假设各年的营业收入均为现金收入，则每个经营年度的现金净流量计算公式如下。

公式一：经营期每年现金净流量=年营业收入-年付现成本-年所得税

公式二：年所得税=（年营业收入-年付现成本-年非付现成本）×所得税税率

用T代表所得税税率，用固定资产年折旧代表年非付现成本，将公式二代入公式一，可得：

公式三：年现金净流量=年营业收入×（1-T）-年付现成本×（1-T）+固定资产年折旧×T

可见，因折旧计入成本、减少利润从而可以起到减少所得税税负的作用（每年少缴纳的所得税额为“年折旧×所得税税率”），这种作用称为“折旧税抵”或“税收挡板”。

3. 终结期现金流量

终结期现金流量是指投资项目经济寿命最后一年的现金流量增量。一般来说，项目的终结期是以该项目的设备到期报废为依据确定的。该期现金流量一般包括两部分：该年的经营现金流量增量和非经营现金流量增量。前者与经营期现金流量的计算方法一样，后者则主要包括以下内容。

（1）固定资产清理报废的变现净收入。

（2）相关的税收支出。固定资产报废时残值收入大于税法规定的数额部分应上缴所得税（形成现金流出），反之抵减所得税（形成现金流入）。

（3）垫支营运资本的收回。当固定资产投资项目寿命终结时，在初始期作为现金流出而投入的营运资本会以现金流入的形式收回，而且在终结点一次性回收的流动资金应等于各年垫支的流动资金投资额的合计数。因此，营运资本在固定资产投资的现金流量分析中应当注意分别在项目初始期和终结期对其进行两次考虑，否则会使得投资决策出现错误。该时期的现金流量一般表现为现金流入。

需要说明的是：在固定资产投资决策的计算过程中，一般假定投资支出发生在年初，如涉及固定资产的投资发生在建设期的第一年年初，垫支的流动资金支出发生在建设期的最后一年年末即投产日。本题中，T=0 就表示为建设期的第一年年初，T=2 表示为建设期的最后一年年末，既是项目完工日又是投产开始日。至于经营期的净现金流量则假定发生在每年年末。总之，根据固定资产投资决策的假定，现金流出的时间则为年初，而现金流入的时间则为年末。

参考答案

（一）多项选择题

1. ABD　2. BCD　3. ACD　4. ABCD　5. BC　6. BD

（二）判断题

1. ×　2. ×　3. √　4. ×　5. √　6. ×　7. ×　8. ×　9. √　10. √

（三）案例分析题

该固定资产投资方案各期现金流量计算过程如下。

1. 固定资产年折旧额 =（固定资产投资额-预计净残值）/预计使用年限 =（750-50）/10=70（万元）

无形资产年摊销额=无形资产投资额/预计使用年限=50/10=5（万元）

2. 该固定资产项目投资期为 2 年，各年的现金流量均为现金流出（以负号表示）：

项目投资开始时的现金流量 NCF_0=-（750+50）/2=-400（万元）

项目第 1 年年初的现金流量 NCF_1=-400（万元）

项目第 2 年年初的现金流量 NCF_2=-200（万元）

3. 经营期每年现金净流量均为现金流入，根据公式三，该项目第 3 年到第 11 年，每年年末的现金流入量 NCF_3 至 NCF_{11} = 年营业收入×（1-T）-年付现成本×（1-T）+固定资产年折旧×T=600×（1-25%）-200×（1-25%）+（70+5）×25%=318. 75（万元）

4. 项目终结期末，即第 12 年年末的现金流入量 NCF_{12} = 当年的经营现金流入+垫支营运资本的收回+固定资产清理报废的变现净收入 = 318. 75+200+50 = 568. 75（万元）

不考虑货币时间价值，则此固定资产投资项目的现金净流量=-400-400-200+318.75×9+568.75=2437.5（万元）>0

固定资产投资具有相当大的风险，一旦决策失误，就会严重影响企业的财务状况和现金流量，甚至会使企业走向破产。因此，企业应建立只投资能带来现金净流量的固定资产的思维。

因为此固定资产投资项目的现金净流量大于0，所以阳光公司可以进行此项固定资产投资。

第三节　无形资产思维

一、无形资产思维的整体框架

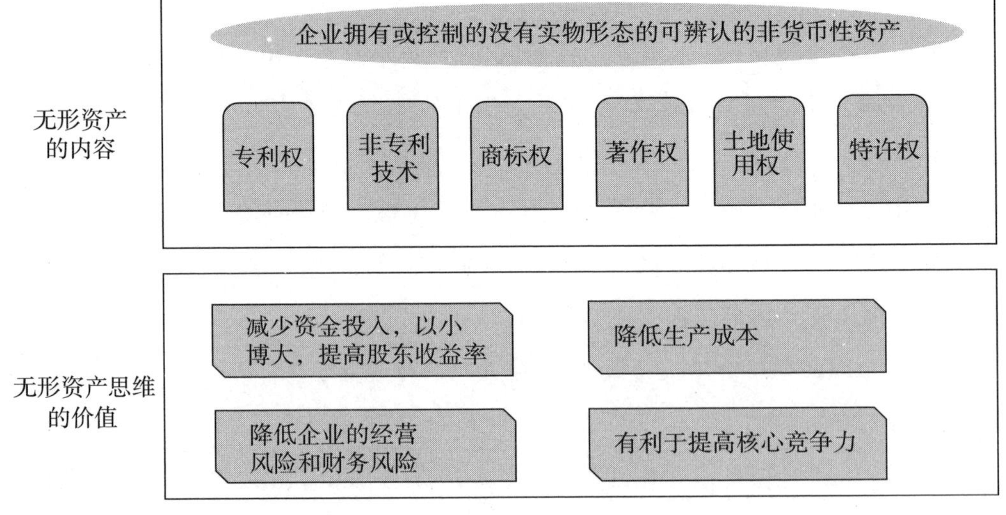

图 3.3　无形资产思维的整体框架

二、无形资产思维的原理

按照我国《企业会计准则——无形资产》规定，无形资产指企业为生产商品、提供劳务、出租给他人，或为管理目的而持有的、没有实物形态的非货币性长期资产，可辨认无形资产包括专利权、非专利技术、商标权、著作权、土地使用权、特许权等。

无形资产在满足该资产产生的经济利益很可能流入企业、该资产的成本能够可靠地计量这两个条件时，企业才能加以确认，并列示在资产负债表内。这就要求企业能够控制无形资产所产生的经济利益。例如，企业拥有无形资产的法定所有权，或企业与他人签订了协议，使得企业的相关权利受到法律的保护。在判断无形资产产生的经济利益是否很可能流入企业时，企业管理部门应对无形资产在预计使用年限内存在的各种因素作出稳健的估计。

由于商誉属于不可辨认资产，只能算作“无形项目”。但是，当商誉满足资产确认条件时，如企业合并过程中产生的商誉，企业应当确认为一项资产，并在资产负债表中单独列示。企业自创商誉不能加以确认。

企业取得无形资产的方式主要有接受投资者投入、自行研发和外购等形式。

其中，自行研发无形资产分为研究阶段和开发阶段。由于处于研究阶段时，无形资产研发的结果具有较大不确定性，所以相关的支出需要费用化，计入当期损益。当进入开发阶段时，形成无形资产的基本条件已经具备，可以将相关的支出资本化计入无形资产的成本。若企业无法区分是研究阶段还是开发阶段的支出，应当在相关支出发生时费用化。

企业自行研发的无形资产成功率低、投入大，但一旦成功往往具有战略领先性，能给企业带来强大的竞争力和巨大的经济利益，所以无形资产已经成为企业核心竞争力之所在，强大的无形资产研发能力已经成为知识经济时代企业的制胜法宝。综观近年来发展较快的世界级巨头企业，无不是具有强大的前沿技术等无形资产研发能力，并形成了核心无形资产。

三、无形资产思维的价值

（一）企业实现经营目标的战略性资源

在知识经济时代，经济全球化进程在进一步加剧，无形资产的地位和作用越来越趋向于核心，以至于一些企业面临着因丧失无形资产而停工和无法销售产品的危险境地。

企业要实现预期经营目标，离不开资金、设备等有形资产和专利权、商标权等无形资产。由于无形资产具有潜在的巨大盈利功能，在经济活动中将扮演更为重要的角色，其创造利润的功能和巨大作用将比有形资产更为突出。

（二）使企业形成核心竞争力

企业的有形资产是在物质上保证企业生存不可缺少的基本条件，但它不是企业竞争力的根本源泉。因为有形资产可以用投资的方式得到扩大，即可以用钱购得，因而任何企业都能够拥有。唯有企业的无形资产才是企业形成核心竞争力的源泉。

以高新技术、知名品牌为代表的无形资产竞争正在逐渐取替以资金、设备为代表的有形资产竞争，以技术型无形资产为核心的市场竞争正越来越得到市场的认可和社会的认同，谁掌握了一定数量的优质无形资产，谁就能在市场竞争中抢得先机，谋求到足够的市场份额，脱颖而出。

（三）给企业带来超额利润

无形资产的作用是有形资产所不能代替的，因为无形资产具有独家垄断的优势。企业一旦抢先于竞争对手掌握了核心技术，就会形成优于竞争对手的能力，甚至能以较高的价格垄断市场，给企业带来超额利润。

（四）企业筹资和投资的重要方式

无形资产同有形资产一样，通过营运都可以实现资本增值。近年来，随着资本市场的发展，很多金融企业提供了无形资产抵押贷款的产品，企业可以利用自己拥有的无形资产取得成本相对较低的银行贷款。企业还可以利用自己拥有的专利技术等无形资产对外投资，扩大企业生产规模，实现规模经济效应。

四、无形资产思维的应用案例

某公司的研发战略

某公司是通信业具有领导地位的企业之一。事实证明，某公司能有全球化的规模，除了一直努力拼搏的原因，更是不计成本支持专利创新和产品创新等无形资产的研发应得的回报。

某公司的成功有诸多因素，而其中的关键还是它的核心技术战略。某公司是一个由“营销团队+研发中心”构成的高科技公司，从事的是世界上最前沿的IT与通信技术研发与销售。因此，核心技术与产品研发是确保某公司成功最为关键的两个因素。而某公司确信，公司产品的竞争力来自核心技术。

某公司深知核心技术等无形资产对企业发展的重要性，高度重视核心技术的自主研发，并清楚地认识到自主研发是高科技企业的基石，是企业持续发展的原动力，而研发投入反映企业对科技创新的重视程度，所以某公司始终坚持高投入的研发策略。每年将销售收入的10%用于产品的研究与开发，且将研发投入用于基础技术、核心技术以及前沿技术，必要时根据业务发展或者战略目标调整加大研发投入比例，最高可以达到销售收入的15%。

高研发投入形成的无形资产，给某公司带来了良好的回报，推动了自主研发、技术发展的良性循环。多年坚持不懈地努力，某公司从原来“没有自主创新产品”的企业发展为现在的“专利丰收”企业，专利申请量在全国以及全球范围内稳步增长。充足的专利数量和必备的专利质量对某公司在全国及全球高新技术中保持领先起着至关重要的作用，并推动某公司成为通信行业的领航者。

五、本节关键知识点

（1）无形资产指企业为生产商品、提供劳务、出租给他人，或为管理目的而持有的、没有实物形态的非货币性资产，可辨认无形资产包括专利权、非专利技术、商标权、著作权、土地使用权、特许权等。

（2）企业自行研发的无形资产成功率低、投入大，但一旦成功往往具有战略领先性，能给企业带来强大的竞争力和巨大的经济利益，所以无形资产已经成为企业核心竞争力之所在，强大的无形资产研发能力已经成为知识经济时代企业的制胜法宝。

（3）无形资产是企业实现经营目标的战略性资源，更能使企业形成核心竞争力，可以给企业带来超额利润，也是企业筹资和投资的重要方式。

六、无形资产思维训练习题

（一）单项选择题

1. 关于无形资产研发，以下说法错误的是（　　）。

A. 自行研发无形资产分为研究阶段和开发阶段

B. 处于研究阶段时，无形资产研发的结果具有较大的不确定性，所以相关的支出需要费用化，计入当期损益

C. 当进入开发阶段时，形成无形资产的基本条件已经具备，可以将相关的支出资本化计入无形资产的成本

D. 若企业无法区分是研究阶段还是开发阶段的支出，应当在相关支出发生时资本化

2. 关于无形资产投资，以下说法错误的是（　　）。

A. 无形资产同有形资产一样，通过营运都可以实现资本增值

B. 企业只能使用自行研发的无形资产

C. 优质的无形资产能创造超额利润

D. 以技术型无形资产为核心的市场竞争越来越得到市场的认可和社会的认同

（二）多项选择题

1. 以下项目中，属于无形资产的是（　　）。

A. 货币资金　　B. 专利权

C. 专利技术　　D. 企业自创商誉

2. 企业取得无形资产的方式有（　　）。

A. 股东投入　　　　B. 购买

C. 模仿并偷偷使用　　　　D. 自行研发

3. 无形资产的作用有（　　）。

A. 可以帮助企业实现经营目标

B. 是企业形成核心竞争力的源泉

C. 可以带来独家垄断优势，带来超额利润

D. 可以用于筹资和投资

4. 拥有无形资产思维的企业采取的经营方针有（　　）。

A. 确信无形资产是企业实现经营目标的战略性资源，注重无形资产的研发和取得

B. 确信无形资产更能使企业形成核心竞争力，注重拥有优质的无形资产

C. 了解无形资产可以给企业带来领先于对手的能力，会使用无形资产赚取超额利润

D. 有需要的时候，会使用无形资产进行筹资和投资

（三）判断题

1. 与拥有有形资产相比，拥有无形资产的企业更能形成核心竞争力。(　　)

2. 无形资产难以评估其价值，所以不能作为取得银行贷款的抵押物。(　　)

3. 土地是有形的，所以土地使用权不是无形资产。(　　)

4. 企业可以使用无形资产对外进行投资。(　　)

5. 拥有先进生产设备的企业，不一定比拥有先进的生产技术等无形资产的企业盈利能力强。(　　)

6. 无形资产是企业实现经营目标的战略性资源，企业在取得无形资产的时候不需要考虑取得成本和效率。(　　)

7. 有形资产容易被模仿，无形资产难以被模仿。(　　)

8. 无形资产在企业经营中的作用越来越核心，以至于一些企业面临着因丧失无形资产而停工和无法销售产品的危险境地。(　　)

9. 企业一旦拥有了先进的技术就可以高枕无忧，不需要再做新的技术研发。(　　)

参考答案

（一）单项选择题

1. D　2. B

（二）多项选择题

1. BC　2. ABD　3. ABCD　4. ABCD

（三）判断题

1. √　2. ×　3. ×　4. √　5. √　6. ×　7. √　8. √　9. ×

第四节　节税思维

一、节税思维的整体框架

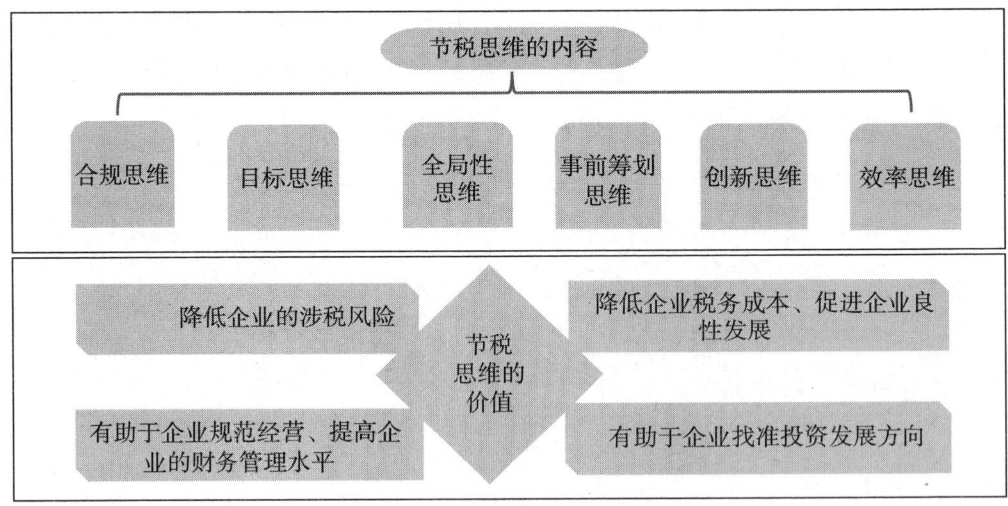

图3.4　节税思维的整体框架

二、节税思维的原理

税收是国家为满足社会公共需要，凭借公共权力，按照法律所规定的标准和程序，参与国民收入分配，强制、无偿地取得财政收入的一种方式。

我国现行税收体系是一个由多税种组成的复税制体系，这个体系可以使我国税收多环节、多层次地发挥作用。我国目前的具体税种架构如下。

流转税制：增值税、消费税、关税。

所得税制：企业所得税、个人所得税。

财产行为税：房产税、城镇土地使用税、城市维护建设税、印花税、资源税、土地增值税、车船税、烟叶税、契税、耕地占用税、环境保护税、车辆购置税。

税费开支是企业在经营过程中所需要面临的成本之一，虽然税收不可避免，但可以在法律允许的情况下，以合法的手段和方式减少缴纳税款，即企业需要具有节税思维，以便享受税收优惠政策，或者减免一部分税款支出，这样就可以有更多的资金用于开展经营活动，为企业的后续发展提供更好的保障。

节税思维即在法律规定许可的范围内，通过对经营、投资、理财活动的事先筹划和安排，尽可能取得节税的经济利益，如节约税款、延期纳税和降低税务风险等。

企业的节税思维主要包括以下几个方面的内容。

（1）合法思维。这是节税思维中最重要、最根本的思维，是指节税要在不违反国家税收法律法规的前提下进行，即纳税人只能通过调整企业的经营、投资、理财等活动，使企业的应税行为不触发纳税义务的发生或者符合享受税收优惠政策的条件，从而达到减轻税负，获取最大经济利益的目的。企业在节税时要知道什么方法可取，什么方法不可取，如阴阳合同等违法行为，是绝对不可取的。

（2）目标思维。企业进行税收筹划和做其他事情一样，应事先制订一个任务目标，这样才能够选择具体实现目标的手段，采用合理方法开展税收筹划。例如，企业制订了享受小型微利企业的企业所得税优惠税率政策的节税目标，就要想办法符合年度应纳税所得额不超过 300 万元、从业人数不超过 300 人、资产总额不超过 5000 万元三个条件。

（3）事前筹划思维。该思维是指企业节税必须在事前进行。这是因为，税的产生根源并不是财务部门算出来的，而是经济业务发生形成的，要从经济业务发生之始就开始筹划。企业经营活动一旦发生，就会触发纳税义务的发生。纳税人若此时觉得税负重，再进行“税收筹划”也是徒劳，只能缴税或发生损失，甚至埋下涉税隐患。因而，企业要在日常业务发生之前就做好相关的节税方案。例如，税法规定，房产税的征税范围是城市、县城、建制镇和工矿区的房产，而对于房产界定为房屋，即有屋面和围护结构，能够遮风挡雨，可供人们在其中生产、学习、娱乐、居住或者储藏物资的场所；独立于房屋之外的建筑物，如围墙、停车场、室外游泳池、喷泉等，不属于房产，若企业拥有以上建筑物，则不成为房产税的纳税人，不需要缴纳房产税。企业在进行税收筹划时可将停车场、游泳池等建成露天的，并且把这些资产的造价同厂房和办公用房等分开，在会计中单独核算，从而避免为停车场、游泳池等缴纳房产税。

（4）全局性思维。企业不仅要缴纳增值税，还要缴纳企业所得税、印花税等其他税种，某项税额的降低有可能导致其他税额的升高。因此，节税时要从整体的角度考虑企业总体税负。在进行一种税的节税筹划时，还要考虑与之有关的其他税种的税负效应，进行整体筹划、综合衡量，以求整体税负最轻、长期税负最轻，防止顾此失彼、前轻后重。

（5）创新思维。在具体税务筹划中要善于发现存在的问题，不能触碰法律明确规定不可逾越的红线，改变模式，转变思想，从法律允许或没有违法的地方打开突破口。

（6）效率思维。开展节税活动需要花费很多的时间、精力和金钱，所以需要考虑投入产出效率。如果花费了大量的人力、物力、财力，最后却节税失败，就得不偿失了。所以，节税时效率很重要，最好能做到省时、精准、高效节税。

三、节税思维的价值

（一）降低企业的涉税风险

纳税人都希望减轻税负，有些企业为了减少税款支出，在明知违法的情况下采取虚开发票、阴阳合同等手段进行偷税。

节税思维为纳税人提供了合法的渠道节约税收开支，减少企业“偷、欠、骗、抗”税等税收违法行为的发生，这在客观上减少了企业税收违法的可能性，降低了企业的涉税风险。

（二）降低企业税务成本、促进企业良性发展

合理节税有利于企业降低税务成本，增加企业利润，提升企业的竞争力。企业经营收入中有更多的资金留存在企业，可以为企业发展壮大提供更好的资金支持，用于更新设备、增加研发投入、加强员工培训等方面，从而提高企业的竞争力和生命力，促进企业良性发展。

（三）有助于企业规范经营、提高企业的财务管理水平

节税是一项专业的财务经营管理活动，是围绕资金运动展开的，目的是使企业整体税负最小化。企业要达到合法“节税”的目的，必须依靠规范自身的经营管理、加强财务核算和财务管理，这样才能将节税方案更好地落地执行。例如，我国税务实行的是“以票控税”，企业所有的支出都要取得合法凭证即发票，否则不能在企业所得税前作为成本或费用列支。这就要求企业所有的采购活动和费用支出活动都是有依据的、规范的，从而减少了不当支出。

（四）有助于企业找准投资发展方向

对于一些特殊行业以及专门的生产企业来说，国家给出了很多税收上的引导性优惠政策，从而能够引导和帮助这些企业更快地发展壮大。节税是在遵守国家法律法规的前提下，依靠政策优惠导向进行业务结构调整、投资结构调整的，在客观上符合国家鼓励引导的行业方向，有利于企业获取更好的发展空间。例如，国家近年来对于软件企业和集成电路企业有很多税收优惠政策，有软件产品增值税超税负即征即退、集成电路生产企业生产设备缩短折旧年限等，有助于相关高新技术企业找准投资发展方向。

四、节税思维的应用案例

1. 母子公司之间让渡土地使用权，是直接转让还是追加投资

假设A企业是盈利企业，其城镇土地使用税税率和教育费附加税率分别为7%和3%，企业所得税税率为25%。

A企业拥有100亩土地的使用权，此土地使用权系A企业从政府出让取得，账面价值为3000万元，评估价值为5000万元。其全资子公司B企业由于业务拓展，需要此块土地来新建一栋厂房，A企业应该通过哪种方式将土地使用权让渡给B企业呢?

方法一是转让，即A企业将土地使用权直接转让给B企业。但按照我国税法规定，A企业需要缴纳增值税、土地增值税、印花税、企业所得税、城镇土地使用税及教育费附加等税，且根据有关规定，转让定价必须公允。A企业的税费支出如表3.10所示。

表3.10　转让土地使用权相关税费支出明细　　单位：万元

税种	计税依据	计税依据	税率	应纳税额	备注
增值税	转让价格（评估价值）	5000.00	9%	450.00	
城镇土地使用税及教育费附加	增值税应纳税额	450.00	10%	45.00	
印花税	转让价格（评估价值）	5000.00	0.05%	2.50	
土地增值税	转让土地的增值额		40%	648.88	5%的速算扣除数
企业所得税	转让土地的所得（收入扣除成本和税费）		25%	325.91	
合计				1472.29	

从表3.10中可以看到，若采用直接转让土地使用权的方式，A企业需要发生1472.29万元的税费支出。

方法二是采用投资的方式，即A企业以土地使用权这一无形资产对B企业追加投资，则按照我国有关的税收优惠政策，投资联营的一方以土地作价入股进

行投资或作为联营条件，将土地转让到所投资或联营的企业中时，暂免征收土地增值税，即A企业土地增值税是免税的。此时，A企业相关税费支出如表3.11所示。

表3.11　以土地使用权投资的方式相关税费支出明细　　单位：万元

税种	计税依据	计税依据	税率	应纳税额	备注
增值税	转让价格（评估价值）	5000.00	9%	450.00	
城镇土地使用税及教育费附加	增值税应纳税额	450.00	10%	45.00	
印花税	转让价格（评估价值）	5000.00	0.05%	2.50	
企业所得税	转让土地的所得（收入扣除成本和税费）		25%	488.13	
合计				985.63	

从表3.11中可以看到，若采用投资方式转让土地使用权，A企业一共需要发生985.63万元的税费支出，比直接转让方式少了486.66万元。

综上，A企业应采用以土地使用权投资的方式将土地使用权变更到B企业名下。

2. 电梯生产企业销售电梯的同时提供安装服务，合同应如何定价

阳光公司是一家电梯生产企业，销售自产电梯的同时提供电梯安装服务。阳光公司与吉祥公司签订合同，销售一台电梯给吉祥公司同时提供安装服务，设备款与安装费合计20万元（不包含增值税的价格），阳光公司在销售合同中应如何定价呢？

阳光公司在销售合同中要分别注明电梯的销售价款和安装服务价款。因为按目前税法规定，一般纳税人销售自产机器设备的同时提供安装服务，应分别核算机器设备和安装服务的销售额，安装服务可以按照提供工程选择适用简易计税方法计税。

电梯销售适用13%的增值税税率，而安装服务按照简易计税方法，适用3%的增值税税率。如果合同中注明电梯销售价款为15万元，安装费为5万元，则阳光公司应纳增值税额为（15×13%+5×3%=）2.1万元。

如果不单独注明安装服务收费，而是将安装服务隐含在电梯的售价中，就只能全额按照13%缴纳增值税，即阳光公司应纳增值税额为（20×13%=）2.6万元，增加了税负。

五、本节关键知识点

（1）节税思维即在法律规定许可的范围内，通过对经营、投资、理财活动的事先筹划和安排，尽可能取得节税的经济利益。

（2）节税思维包括合规思维、目标思维、事前筹划思维、全局性思维、创新思维、效率思维6个方面的内容，其中合规思维是节税思维中最重要、最根本的思维，是指节税要在不违反国家税收法律法规的前提下进行。

（3）节税思维可以降低企业的涉税风险，降低企业成本、促进企业良性发展，有助于企业规范经营、提高企业的财务管理水平，有助于企业找准投资发展方向。

六、节税思维训练习题

（一）单项选择题

关于节税思维，以下说法错误的是（　　）。

A. 节税是合规合法的

B. 节税讲究效率，需要考虑投入产出比

C. 为了节税，企业除了要熟悉税法规定，还得规范自身的经营管理

D. 企业要减少税款支出，需要采取“偷、欠、骗、抗”税等方法

（二）多项选择题

1. 以下关于税收的说法，正确的有（　　）。

A. 税收具有强制性

B. 税收要按照规定的标准和程序征收

C. 税收具有无偿性

D. 税收是为了满足社会公共需要

2. 以下属于我国开征税种的有（　　）。

A. 增值税
B. 城镇土地使用税
C. 环境保护税
D. 房产税

3. 合法节税的含义包括（　　）。

A. 节约税款支出
B. 延期纳税
C. 不支付任何税款
D. 降低税务风险

4. 节税思维的价值有（　　）。

A. 降低企业的涉税风险

B. 降低企业税务成本

C. 有助于企业规范经营、提高企业的财务管理水平

D. 有助于企业找准投资发展方向

5. 关于节税思维的说法，正确的是（　　）

A. 合法思维是节税思维中最重要、最根本的思维

B. 目标思维是指企业要先制订节税目标，再考虑如何采用合理的方法开展税收筹划

C. 事前筹划思维是指企业要在日常业务发生之前就做好相关的节税方案

D. 全局性思维是指节税时要从整体的角度考虑企业总体税负，只要税负最低即可，可以逾越税法规定的红线

（三）判断题

1. 税费的产生根源并不是财务部门算出来的，而是经济业务发生形成的，即经济业务触发纳税义务的发生。（　　）

2. 企业的节税活动由于减少了税款支出，所以会增加企业的涉税风险。（　　）

3. 我国现行税收体系是一个由多税种组成的复税制体系。（　　）

4. 税费开支是企业在经营过程中所需要面临的最大成本之一，企业应该不择手段地不交税、少交税。（　　）

5. 节税需要在税法许可的范围内进行。（　　）

6. 由于增值税是我国第一大税种，企业进行节税筹划的时候，只需要降低

增值税税负即可。(　　)

7. 节税时，效率很重要，最好能做到省时、精准、高效节税。(　　)

8. 节税思维为纳税人提供了合法的渠道来节约税收开支，可以降低税务风险。(　　)

9. 节税有利于企业降低税务成本，增加企业利润，提升企业的竞争力。(　　)

10. 企业“节税”的目的是减少税款支出，只要能找到办法少缴税款，就不必规范自身的经营管理。(　　)

（四）案例分析题

案例一：阳光公司为电脑配件生产企业，急需一项生产专用技术，但是其自身不具备相应的研发力量，现了解到某高校正准备进行相关的技术开发。有两种方案可供阳光公司进行选择：一是跟该高校约定，待该技术研发成功后以300万元购入；二是立即与该高校签订委托开发合同，委托其开发此项技术，在技术开发成功后支付开发费300万元给该高校，阳光公司即可按照合同获得该新技术的所有权。

问题：阳光公司应该选择哪种方案呢？

案例二：如意公司是一家销售办公用品的企业，年销售额为200万元，购进项目金额为120万元。按照我国税法规定，一般纳税人的增值税税率为13%，小规模纳税人的增值税税率为3%。

如意公司若选择做一般纳税人，则每年应纳增值税额=销项税额-进项税额=200×13%-120×13%=10.4（万元）。

若如意公司选择做小规模纳税人，则每年应纳增值税额=200×3%=6（万元）。

问题：如意公司是否应该选择做小规模纳税人？

案例三：飞虎公司拥有一个汽车交易市场，以对外出租汽车展厅为主营业务，为了吸引租户，飞虎公司同时提供相应的保安、保洁等服务。

按照我国税法规定，房产租赁收入需要按照不动产租金额缴纳9%的增值税以及相应的城市维护建设税、教育费附加费用，还需按照相关租金收入的12%缴纳房产税。假设飞虎公司所在地的城市维护建设税税率为7%，教育费附加费率为3%。

2020年飞虎公司展厅租金收入1000万元，经计算，需要缴纳增值税90万元，城市维护建设税和教育费附加共9万元，房产税120万元，总金额为219万元。在不考虑企业所得税的前提下，总体税负已达到租金收入的21.9%。飞虎公司认为税负较重。

任务：帮助飞虎公司找到减轻税负的办法。

参考答案

（一）单项选择题

D

（二）多项选择题

1. ABCD　2. ABCD　3. ABD　4. ABCD　5. ABC

（三）判断题

1. √　2. ×　3. √　4. ×　5. √　6. ×　7. √　8. √　9. √　10. ×

（四）案例分析题

案例一：

采用方案一：

按我国会计制度和税法相关规定，阳光公司从其他单位或个人处购买技术，应当作为无形资产入账，在该合同约定的使用期限或者该技术受法律保护的期限内将购买成本平均分期扣除，即按照该无形资产的受益年限对购买成本进行摊销。假设阳光公司此项无形资产按照十年摊销，则每年税前扣除的费用金额为30万元。

采用方案二：

阳光公司可以将支付给高校的300万元作为技术开发费用列支到研发支出中。按我国目前税法相关规定，制造业企业开展研发活动中实际发生的研发费用，未形成无形资产的计入当期损益，在按规定据实扣除的基础上，自2021年1月1日起，再按照实际发生额的100%在税前加计扣除；形成无形资产的，自2021年1月1日起，按照无形资产成本的200%在税前摊销。

假设阳光公司此项无形资产按照十年摊销，则每年税前扣除的费用金额为

30万元的200%，即60万元。

结论：阳光公司应采用方案二，与高校签订委托开发合同。这样可以享受研发费用加计扣除，节省企业所得税支出。

案例二：

节税思维是指纳税人在遵守现行税收法规制度的前提下，当存在多种纳税方案可供选择时，纳税人以减轻税负为目的，选择税负最低的方案。其实，纳税筹划作为企业财务管理的一个重要组成部分，其目的不只是使企业税负减轻，也是在纳税约束的市场环境下，使企业税后利润最大化或者企业价值最大化，即节税时要有全局性思维。这要求企业节税时至少做到如下两点。

首先，纳税人在节税时不能只考虑个别税种税负的高低，而应着眼于整体税负的轻重。不能只注重所得税的高低而忽视流转税的轻重，不能只注重资源税的高低而忽视所得税的轻重。纳税人在税收筹划时不能对节税原理进行片面理解，要对原理进行有效的组合。例如，一般人认为，利用存货的后进先出法或固定资产的加速折旧法会使纳税延期，从而无偿占有国家税款的货币时间价值，但事实并非如此。

其次，要从全局的角度考虑筹划。即纳税人进行税收筹划时，不仅要考虑筹划的费用与效益，更要考虑筹划的效果。

以如意公司为例，选择成为小规模纳税人与成为一般纳税人相比，每年可以少交（10.4-6=）4.4万元的增值税，单从税负上看，应选择成为小规模纳税人。

但是，如果选择成为小规模纳税人，那么只能开出税率为3%的增值税专用发票或开具普通发票，致使该产品的购买方可抵扣的进项税额减少甚至消失，从而增大购买方的税负。因为一般纳税人若是从另一个一般纳税人处购货，可以取得税率为13%的增值税专用发票，即若购买价格为100元，有13元的进项税额可以抵扣。而一般纳税人若是从小规模纳税人处购买商品，就只能取得普通发票或税率为3%的增值税专用发票，同样采购100元的商品，可抵扣的进项税额为0或者3元。若此商品的销售价格为120元，则销项税额为（120×13%=）15.6元。可以看出，从另一个一般纳税人处购买货物并取得增值税专用发票时需要缴纳的增值税金额为（15.6-13=）2.6元；而从小规模纳税人处购买货物，至少需要缴纳（15.6−3＝）12.6 元的增值税，增值税负担大大增加。

当如意公司是小规模纳税人时，如果购买方考虑税负因素，肯定会终止购销关系。那么对于如意公司来说，产品卖不出去，节税再多，也等于画饼充饥，于事无补。

结论：如意公司是否选择成为小规模纳税人，不仅要考虑增值税负的高低，还要综合考虑购买方对于增值税进项税额抵扣的需求。若是下游客户对于进项税额需求较大，为了可以开出税率为13%的增值税专用发票给购买方，即使多缴纳增值税，如意公司也应选择成为一般纳税人，以便扩大销量，使企业税后利润最大化；如果下游客户对于增值税进项税额的需求不高，为了减少应纳增值税支出，如意公司可以选择做小规模纳税人。

案例三：

目前，对于房产租赁收入，无论是企业还是个人，都普遍反映税负较重。在税法体系保持稳定的政策背景下，企业减轻税负的出路只能是通过创新思维进行相关的筹划，合理节税。

根据我国税法规定，物业管理费需缴纳增值税，税率为较低的6%，且不涉及房产税。考虑到飞虎公司不仅提供了不动产租赁服务，还提供了相应的保洁、保安等物业服务，因此可以调研飞虎公司所在地的一般物业管理收费标准，对年租金收入进行拆分，在与租户签订租赁合同的同时，另外签订一份物业服务合同，例如，规定租赁费400万元，物业管理费600万元。此时，飞虎公司的年应纳增值税额为（400×9%+600×6%＝）72万元，城市维护建设税及教育费附加金额为7.2万元，应纳房产税金额为（400×12%＝）48万元。应缴纳的税金总额为（72+7.2+48＝）127.2万元。与将1000万元全部确认为租金收入而需要缴纳219万元税款相比，节省了91.8万元。

另外，需要注意的是由于物业管理费的认定不能只反映在会计账目上，还需经主管税务机关的批准，且企业要取得物业管理的相关经营资质。

结论：飞虎公司应取得物业管理相关经营资质，对租金进行拆分，将保安、保洁等服务纳入，单独签订物业服务合同，以便减少增值税和房产税等税款支出，达到节税目的。

第四章

企业合规师的战略成本思维

第一节　成本战略思维

一、成本战略思维的整体框架

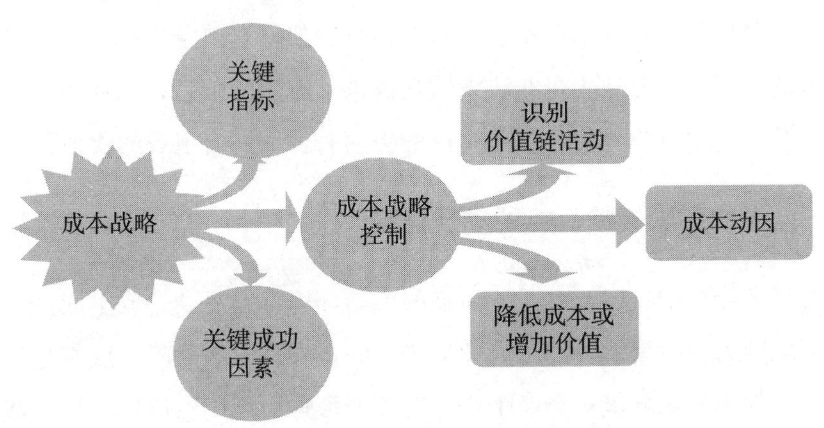

图 4.1　成本战略思维的整体框架

二、成本战略思维的原理

成本战略是指企业基于市场环境与其自身实际发展状况，利用财务和非财务、数量和非数量战略性成本信息进行战略选择，在不同的竞争战略下正确组织成本管理，从而形成竞争优势和构建成本持续降低环境。它是战略管理与成本管理有机融合的产物，集中体现了企业的经营能力和管理制度。

从企业价值链的角度对成本进行分析，企业内外部的各项经营活动各自独立运作并且相互关联地共同实现企业增值，通过对企业内外部的成本信息进行分析，可以为企业战略决策提供所需的信息。

成本战略思维的核心是利用成本信息进行战略选择以获取持续竞争优势。在成本战略思维下，企业主要通过运用价值链分析、战略定位分析、成本动因分析，准确把握自身、上下游企业以及竞争者的发展现状，适时地调整和改进战略定位，从而将成本管理提升到企业战略层面，使企业成本要素与企业战略要素相协调，有效建立和保持长期竞争优势。这种思维具有管理开放、内容全面、目标长远、策略科学等特点，可以帮助企业提升战略地位、降低生产运营成本，进而从中获得持续竞争优势，为实现企业可持续发展创造有利条件。

三、成本战略思维的价值

成本战略思维将企业的成本管理与长期发展战略有效结合起来，在加强企业成本管理的同时，充分地为企业决策管理提供了有用的信息，从而促进企业在经营过程中获取持续竞争优势，对于企业的生存和发展具有重要的价值。

（一）企业实现战略目标的重要途径

随着经济社会的发展，企业所面临的市场环境日趋复杂，成本成为企业在竞争中能否取胜的关键因素，而影响竞争成本的核心是成本战略。成本战略更加关注企业所处的内外部环境对企业生产和管理的影响，运用价值链分析、战略定位分析、成本动因分析等科学的分析方法，将成本管理延伸到战略层面，帮助企业通过产品差异战略、成本领先战略等战略的选择，强化不同战略下的成本管理，培育企业核心竞争力，实现企业的战略目标。

（二）有利于实现企业的整体目标

一方面，成本战略思维实现了企业全员、全过程、全环节、全方位的管理，打破了单纯价值管理的束缚，提高企业管理能动地适应市场环境的能力，促使企业统筹兼顾，以局部利益服从整体利益，当前利益服从长远利益，并努力改变自身现状，减少环境对企业的不利影响，从而更好地实现企业经营和发展的整体目标。

另一方面，成本战略扩展了成本管理的范围，将成本管理向前拓展到市场，向后扩展到企业原材料的供应，促使企业通过对生产、采购关联、技术、财务、竞争对手现状中所包含的成本信息进行分析，正确作出成本预测和决策，从而正确地选择经营战略，提高企业整体的竞争实力。

（三）有利于更新成本管理的理念

随着市场环境的不断变化，企业要在市场上取得竞争优势关键在于以同样的成本为客户提供更优质的商品或以较低的成本为客户提供相同的优质商品。成本战略创新性地将成本管理与企业的经营战略结合起来，强调以尽可能少的成本支出，获得尽可能多的使用价值，为赚取利润奠定坚实的基础，进而增强企业的竞争能力，改良和发展成本管理的理念。

四、成本战略思维的应用案例

某公司成本管理问题治理

某公司是一家专注于智能硬件和电子产品研发的全球化移动互联网企业，同时也是一家专注于智能手机、互联网电视及智能家居生态链建设的创新型科技企业。某公司依托其独特的互联网发展模式，在短短 10 年间迅速跻身成为国内外排名前列的智能手机品牌企业。然而，在当前市场经济快速变化发展的背景下，某公司的成本管理也暴露出了管理模式落后、供应链不协调、缺乏质量管理等问题。为解决上述问题，某公司运用成本战略分析方法对企业进行了系统分析。

具体做法：

（1）基于内外部价值链分析，明确企业的价值链活动，寻找企业的增值与非增值项目。

运用价值链分析，识别出某公司在研发、采购、生产及销售等方面的增值与非增值环节。其中能够为企业带来价值增值的活动主要体现在：开放式研发设计方式；采购委员会对组织内部的协调；生产外包方式减少的资金占用；保证分销率的双渠道销售模式；对生态链企业的投资孵化；进行海外市场的扩张等方面。无法为企业带来价值提升的非增值环节活动主要归集为：研发工艺设计不足及设备的无效浪费；库存积压、物料损耗；生产过程中的物料浪费和质量成本；线下销售渠道场景的单一化以及售后服务效率低下、客户投诉、逆向物流等方面。

（2）基于不同成本驱动因素对企业价值活动的影响不同，以促进企业价值增加为目的，寻找影响企业价值链战略成本管理的关键成本动因。

利用成本动因分析，识别出影响某公司价值活动的关键成本驱动因素，具体表现为技术、整合程度、员工参与度以及规模经济。

（3）基于外部战略环境和内部企业资源的分析，为企业成本管理确定战略发展定位，为企业实施基于价值链的战略成本管理明确战略方向。

采用战略定位分析，明晰了某公司外部面临的机会和威胁，内部具备的优势和劣势，为企业确定了成本领先和差异化相结合的战略定位。具体针对不同品类的产品确定了不同的战略定位，智能手机主要坚持成本领先战略，而物联网（IoT）产品则以差异化战略为主导，避免企业因单独实施差异化或成本领先战略而忽视企业成本效益或产品质量。

在成本战略分析的基础上，某公司为提高竞争优势提出了以下对于成本管理的优化策略。

（1）基于内部价值链活动，建立技术联盟，优化研发流程；优化采购供应商信息管理，降低库存和提高物流效率；注重产品全过程的质量成本管理。

（2）针对外部价值链活动，建立供应商战略联盟，整合上游供应链；优化下游顾客价值链，加强售后服务。

通过运用成本战略思维，某公司准确把握自身所处的内外部环境，适时地根据成本战略分析结果改进了战略定位，企业的竞争优势得到提升。

五、本节关键知识点

（1）成本战略是指企业基于市场环境与其自身实际发展状况，利用战略性成本信息进行战略选择，在不同的竞争战略下正确组织成本管理，从而形成竞争优势和构建成本持续降低环境。

（2）成本战略思维的核心是利用成本信息进行战略选择以获取持续竞争优势。

（3）成本战略思维以价值链分析、战略定位分析、成本动因分析为主要的分析方法。

（4）成本战略思维具有开放性、全局性、长期性、竞争性等特点。

（5）成本战略思维是企业实现战略目标的重要途径。

（6）成本战略思维有利于实现企业的整体目标。

（7）成本战略思维有利于更新成本管理理念。

六、成本战略思维训练习题

（一）单项选择题

1. 甲企业是国内大型乳制品企业，国内奶制品的市场环境发生了一些变化，为使企业在行业内保持持续竞争优势，该企业需要重新制订成本战略，那么该企业需要做的第一步工作是（　　）。

A. 战略分析　　B. 战略选择

C. 战略实施　　D. 战略控制

2. 成本战略思维的核心是（　　）。

A. 利用财务信息进行战略分析以提高企业盈利

B. 利用财务信息进行战略调整以提高企业盈利

C. 利用成本信息进行战略调整以获取持续竞争优势

D. 利用成本信息进行战略选择以获取持续竞争优势

3. 下列有关价值链的说法中不正确的是（　　）。

A. 要优化价值链，首先要尽可能消除所有不增加价值的作业

B. 每个价值链既产生价值，又要消耗资源

C. 企业内部价值链分析的目的是从战略上明确企业在行业价值链中的位置

D. 价值链分析最重要的作用是揭示企业与竞争对手相比的相对成本地位

（二）多项选择题

1. 成本战略思维通常采用（　　）分析方法。

A. 价值链分析　　B. 战略地图分析

C. 成本动因分析　　D. 战略定位分析

2. 战略定位的具体方法包括（　　）。

A. 优劣分析（SWOT 分析）　　B. 波士顿的矩阵分析

C. 产品生命周期分析　　D. 目标成本分析

3. 下列各项中属于可增加价值的作业有（　　）。

A. 产品设计　　B. 加工制造

C. 产品营销　　D. 产品包装

（三）判断题

1. 成本战略要求企业基于市场环境，仅利用财务和非财务成本信息进行战略选择，在不同的竞争战略下正确组织成本管理。（　　）

2. 成本战略集中体现了企业的经营能力和管理制度。（　　）

3. 成本战略思维可以帮助企业提升战略地位，降低生产运营成本，进而从中获得持续竞争优势。（　　）

4. 价值链分析的主要目的是通过控制成本动因或重新优化价值链，构建具有自身特色的价值链，以取得竞争优势。（　　）

5. 每一个成本动因都可能成为企业独特的竞争优势来源。（　　）

6. 所有作业的实施最终均能使“顾客价值”增加。（　　）

7. 一个企业的成本优势或劣势的地位不会因市场的变化而变化。（　　）

8. 执行性成本动因分析所要求的战略强化是针对“最佳”的效果目标，最终可归纳为一个“选择”的问题。（　　）

（四）简答题

1. 什么是成本战略？

2. 成本战略思维的核心是什么？

3. 简述成本战略思维的价值。

参考答案

（一）单项选择题

1. B　2. D　3. C

（二）多项选择题

1. ACD　2. ABCD　3. ABCD

（三）判断题

1. ×　2. √　3. √　4. √　5. √　6. ×　7. ×　8. ×

（四）简答题

1. 成本战略是指企业基于市场环境与其自身实际发展状况，利用财务和非财务、数量和非数量战略性成本信息进行战略选择，在不同的竞争战略下正确组织成本管理，从而形成竞争优势和构建成本持续降低环境。

2. 成本战略思维的核心是利用成本信息进行战略选择以获取持续竞争优势。在成本战略思维下，企业主要通过运用价值链分析、战略定位分析、成本动因分析，准确把握自身、上下游企业以及竞争者的发展现状，适时地调整和改进战略定位，从而将成本管理提升到企业战略层面，使企业成本要素与企业战略要素相协调，有效建立和保持长期竞争优势。

3. 成本战略思维是实现战略目标的重要途径。成本战略更加关注企业所处的内外部环境对企业生产和管理的影响，运用价值链分析、战略定位分析、成本动因分析，将成本管理延伸到战略层面，帮助企业通过产品差异战略、成本领先战略等战略的选择，强化不同战略下的成本管理，培育企业核心竞争力，实现企业的战略目标。

成本战略思维有利于实现企业的整体目标。一方面，成本战略实现了企业全员、全过程、全环节、全方位的管理，打破了单纯价值管理的束缚，提高企业管理能动地适应市场环境的能力，从而更好地实现企业经营和发展的整体目标。另一方面，成本战略扩展了成本管理的范围，将成本管理向前拓展到市场，向后扩展到企业原材料的供应，促使企业通过对生产、采购关联、技术、财务、竞争对手现状中所包含的成本信息进行分析，正确作出成本预测和决策，从而正确地选择经营战略，提高企业整体的竞争实力。

成本战略思维有利于更新成本管理的理念。成本战略创新性地将成本管理与企业的经营战略结合起来，强调以尽可能少的成本支出，获得尽可能多的使用价值，为赚取利润奠定坚实的基础，进而增强企业的竞争能力，改良和发展成本管理的理念。

第二节　成本管理思维

一、成本管理思维的整体框架

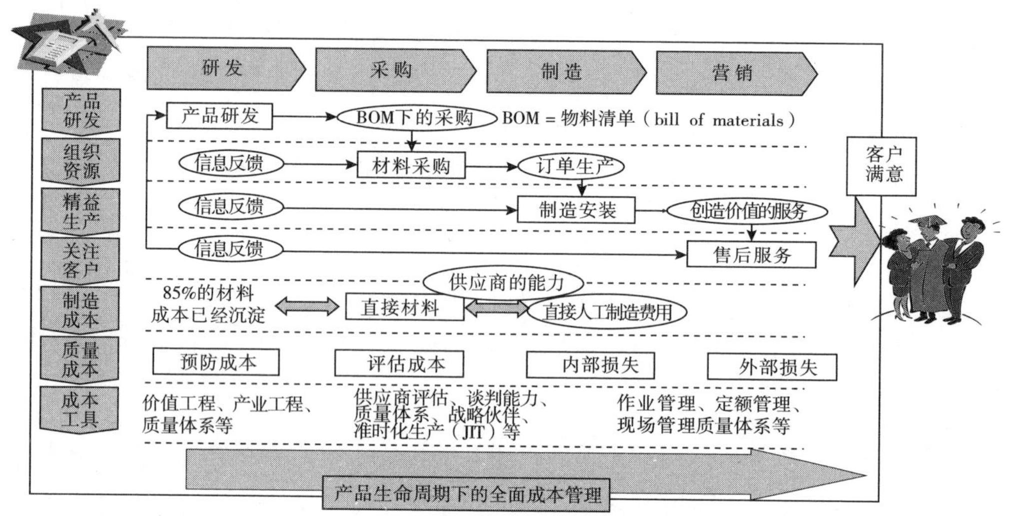

图 4.2　成本管理思维的整体框架

二、成本管理思维的原理

成本是生产经营活动中所发生的费用；是生产经营过程中各种资源利用（耗用）情况的货币表示；是补偿产品生产耗费的尺度和衡量基础；是制订产品价格和目标利润的依据；是企业生产经营决策的依据和基础。对于企业而言，企业存在的目的就是想方设法地扩大产出与投入之间的差额，从而盈利。因此，成本管理具有非常重要的作用。

成本管理是指企业根据其经营目标和经济效益要求，对各项资金耗费进行事前预测，确定控制的标准或目标，然后进行核算，对实际与标准的差异进行分析、评价、考核，并采取相应措施，其目的是保证企业管理目标的顺利实现。

成本管理思维产生于20世纪前，传统的成本管理思维重在成本节省，即力求在生产过程中不徒耗无谓的成本和改进工作方式以节约本将发生的成本支出，具体表现为成本维持和成本改善两种形式。随着经济社会的不断发展和科技水平的不断提高，企业经营环境发生了前所未有的变化，成本管理思维也日趋完善，形成了基于企业经营战略的现代成本管理。现代成本管理强调成本管理中体现全员、全面、全过程的“三全性”。也就是说，从产品的开发、生产管理组织流程以及销售和售后服务等每一个环节、每一个工艺、每一个部门甚至生产现场每一个工位的操作工，都能参与到成本管理中。同时，强调成本管理的科学性与发挥全员参与改善的主动性相结合，通过成本管理的科学性与全员参与改善的主动性，来达到经营层的要求同基层部门追求的一致性。推行现代成本管理体系不但要体现“三全性”，而且要将“科学性、主动性、一致性”融入其中，实现制度创新、管理创新、方法创新。

三、成本管理思维的价值

成本管理思维是企业管理的重要组成部分，要在企业的决策、管理、经营三个层面上根据经营目标和经济效益的要求，全面、科学、合理地对企业生产经营过程中的各项成本进行预测、决策、计划、控制、核算、分析和考核，从而确保企业的持续经营和发展，对于企业增产节支、加强经济核算、改进企业管理、提高企业整体管理水平具有重要的价值。

（一）企业增加盈利的重要途径

成本管理思维的主题是控制。企业基于经营目标，在组织和动员全体人员保证产品质量的前提下，通过成本事前、事中、事后的全过程管控，挖掘降低成本的途径，并帮助企业实现以最小的生产耗费取得最大的生产成果，为企业的长期生存和发展提供保障。

（二）提升企业竞争力的有力保障

成本管理思维通过成本预测、成本决策、成本计划、成本控制、成本核算、成本分析和成本考核等一系列措施对企业成本进行全方位把控，不仅能够帮助企业降低生产成本，取得产品竞争的价格优势，而且能够促进企业合理利用各类资源，将各项业务的目标落实在增值上，从而为企业顺利实现经营目标、提升企业竞争力提供保障。

（三）推动企业经营管理得以改善的动力

成本管理作为企业管理的重要组成部分，其管理水平直接反映了企业经营管理水平。现代成本管理思维一方面着眼于成本形成的全过程，将成本预测、成本决策、成本计划、成本控制、成本核算、成本分析和成本考核均纳入管理体系；另一方面关注企业的经营目标，将成本管理与企业的经营目标结合起来，力争各项业务均体现增值，不仅有利于确保企业经营目标的实现，还有利于促进企业经营管理水平的改善。

四、成本管理思维的应用案例

某公司成本管理的实践探索

某公司是一家电信运营企业，随着电信业务市场逐渐趋于饱和及新技术的分流，电信运营商的利润空间不断缩小，某公司不得不从追求规模发展向实现有效发展转变。针对成本管理过程中存在的成本核算方法传统、成本管控范围局限、成本管理责任不细、成本对标范围不广等问题，某公司进行了全面成本管理分析。

具体做法：

（1）围绕“重构展现”“全面归集”“多维评价”“引导运用”构建某公司全面成本管理的思路。

（2）从按照不同驱动因素划分全面成本管理线、明确全面成本指标的口径和划分标准、搭建全面成本报表与传统报表对接体系、建立网格化的聚类矩阵式对标管理、构建全面成本管理价值提升权责体系、配套全面成本的预算及绩效考评机制、全力构筑全面成本管理的IT支撑体系、全方位组织全面成本管理项目推进八个方面提出某公司全面成本管理的实施方案。

某公司通过全面成本管理分析，明确了成本管理中的瓶颈所在，适时地根据全面成本管理的思路，调整了成本管理的方案，切实实现了成本管理语言维度的对话，全面透视了各类资源全过程利用情况、客观衡量了各类管理线投入产出效能、有效强化了业财一体化管理、配套完善了新型预算及绩效考评体系，企业收入和利润也实现了较高增长。

五、本节关键知识点

（1）成本管理是指企业根据其经营目标和经济效益要求，对各项资金耗费进行事前预测，确定控制的标准或目标，然后进行核算，对实际与标准的差异进行分析、评价、考核，并采取相应措施。

（2）成本管理思维的目的是保证企业管理目标的顺利实现。

（3）成本管理思维包括成本预测、成本决策、成本计划、成本控制、成本核算、成本分析和成本考核等内容。

（4）现代成本管理强调成本管理中体现全员、全面、全过程的“三全性”。

（5）成本管理思维是企业增加盈利的根本途径。

（6）成本管理思维是提升企业竞争力的有力保障。

（7）成本管理思维是推动企业经营管理得以改善的动力。

六、成本管理思维训练习题

（一）单项选择题

成本管理思维的主题是（　　）。

A. 核算　　B. 预测　　C. 控制　　D. 评价

（二）多项选择题

1. 下列关于成本的表述正确的是（　　）。

A. 成本是生产经营活动中所发生的费用

B. 成本是生产经营过程中各种资源利用（耗用）情况的货币表示

C. 成本是制订产品价格和目标利润的依据

D. 成本是企业生产经营决策的依据和基础

2. 现代成本管理思维强调在成本管理中体现（　　）。

A. 全员　　B. 全过程　　C. 全面　　D. 全方位

3. 下列各项中属于成本管理思维内容的有（　　）。

A. 成本预测　　B. 成本决策

C. 成本计划　　D. 成本控制

4. 下列属于成本管理原则的有（　　）。

A. 集中与分散相结合原则

B. 技术与经济相结合原则

C. 专业管理与群众管理相结合原则

D. 全面成本管理原则

（三）判断题

1. 成本的经济实质是企业在生产经营过程中所耗费的资金的总和。（　　）

2. 成本管理思维的目的是保证企业管理目标的顺利实现。（　　）

3. 基于企业经营战略的现代成本管理思维强调成本管理中体现全员、全程、全方位。（　　）

4. 现代成本管理思维同时强调成本管理的科学性与发挥全员参与改善的主动性相结合。（　　）

5. 现代成本管理思维要求从产品的开发、生产管理组织流程以及销售和售后服务等每一个环节、每一个工艺、每一个部门甚至生产现场每一个工位的操作工，都参与到成本管理中。（　　）

6. 成本管理思维对于企业增产节支、加强经济核算、改进企业管理、提高企业整体管理水平具有重要的价值。（　　）

7. 现代成本管理思维着眼于成本形成的全过程，将成本预测、成本决策、成本计划、成本控制、成本核算、成本分析和成本考核均纳入管理体系。（　　）

8. 企业基于经营目标，通过成本事前、事中、事后的全过程管控，可以挖掘降低成本的途径，并帮助企业实现以最小的生产耗费取得最大的生产成果。（　　）

9. 成本管理思维是企业实现战略目标的根本途径。（　　）

10. 成本管理思维关注企业的经营目标，将成本管理与企业的经营目标结合起来，力争各项业务均体现增值。（　　）

（四）简答题

1. 什么是成本管理？

2. 传统成本管理思维与现代成本管理思维的区别是什么？

3. 简述成本管理思维的价值。

参考答案

（一）单项选择题

C

（二）多项选择题

1. ABCD　2. ABC　3. ABCD　4. ABCD

（三）判断题

1. √　2. √　3. ×　4. √　5. √　6. √　7. √　8. √　9. ×　10. √

（四）简答题

1. 成本管理是指企业根据其经营目标和经济效益要求，对各项资金耗费进行事前预测，确定控制的标准或目标，然后进行核算，对实际与标准的差异进行分析、评价、考核，并采取相应措施。

2. 传统成本管理思维与现代成本管理思维的区别在于，传统成本管理思维重在成本节省，即力求在生产过程中不徒耗无谓的成本和改进工作方式以节约本将发生的成本支出，表现为成本维持和成本改善。而现代成本管理思维强调成本管理中体现全员、全面、全过程“三全性”的同时，要求成本管理的科学性与发挥全员参与改善的主动性相结合，通过成本管理的科学性与全员参与改善的主动性，来达到经营层同基层部门追求的一致性。

3. 成本管理思维是企业增加盈利的根本途径。企业基于经营目标，在组织和动员全体人员保证产品质量的前提下，通过成本事前、事中、事后的全过程管控，挖掘降低成本的途径，并帮助企业实现以最小的生产耗费取得最大的生产成果，为企业的长期生存和发展提供保障。

成本管理思维是提升企业竞争力的有力保障。成本管理思维通过成本预测、成本决策、成本计划、成本控制、成本核算、成本分析和成本考核等一系列措施对企业的成本进行全方位的把控，不仅能够帮助企业降低生产成本，取得产品竞争的价格优势，而且能够促进企业合理利用各类资源，将各项业务的目标落实在增值上，从而为企业顺利实现经营目标、提升企业竞争力提供保障。

成本管理思维是推动企业经营管理得以改善的动力。现代成本管理思维一方面着眼于成本形成的全过程，将成本预测、成本决策、成本计划、成本控制、成本核算、成本分析和成本考核均纳入管理体系；另一方面关注企业的经营目标，将成本管理与企业的经营目标结合起来，力争各项业务均体现增值，有利于促进企业经营管理水平的改善。

第三节　目标成本思维

一、目标成本思维的整体框架

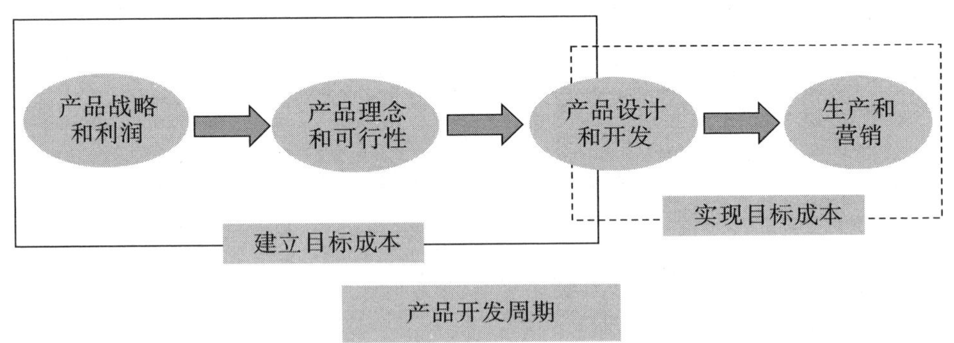

图4.3　目标成本思维的整体框架

二、目标成本思维的原理

目标成本是指企业在新产品开发设计过程中，以市场为导向，运用价值工程与各种市场研究、产品功能分析及成本分析等方法以达到目标利润的成本管理方法。

目标成本起源于20世纪60年代初期。一些公司在制订产品价格时，开创性地引入了市场价格引导成本的机制，避免了产品上市后价格的变化，避免了重新设计产品而受到的损失。随着市场竞争的日趋激烈，公司影响市场价格的能力越来越受限制，目标成本逐渐受到企业的欢迎，成为主流的成本管理方法。

目标成本思维的核心是以市场为导向，制订目标成本，并且通过各种方法不断地改进产品与工序设计，最终使得产品的设计成本小于或等于其目标成本，其目的是在产品的研发及设计阶段确定好产品的成本，而不是试图在制造过程中降低成本。具体而言，目标成本思维可以分为三个步骤。

（1）以市场为导向设定目标成本。首先根据新品计划和目标售价编制新品开发提案，其中，目标售价及预计销量是与业务部门充分讨论后加以确定的。

（2）计算成本差距。目标成本与公司目前估计成本相比较，可以确定成本差距。目标成本与估计成本的差额为成本差距，它是需要通过设计活动降低成本目标值。

（3）在生产阶段运用持续改善成本法以达到设定的目标成本。新品进入生产阶段后，检查目标成本的实际达成情况，进行成本规划实绩的评估，确认责任归属，以评价目标成本规划活动的成果。进入生产阶段后，成本管理即转向成本维持和持续改善，使之能够对成本对象耗费企业资源的状况更适当地加以计量和核算，使目标成本处于正常控制状态。

三、目标成本思维的价值

在全球性竞争日益加剧以及商品市场因消费者的个性化需求而进一步被细化的背景下，企业想要生存，就必须擅长开发新型的并能够满足消费者在质量与功能方面需求的产品。而为了确保产品开发成功并获取足够的利润，企业就必须采用目标成本管理。由此可见，目标成本思维作为降低企业成本的有效方法，对于企业适应竞争环境、取得长足发展具有重要价值。

（一）企业盈利的法宝

目标成本思维以市场为导向，将给定的竞争价格作为基础，决定产品的成本，以保证实现预期的利润。在这种情况下，成本便由价格决定。使用目标成本的企业就必须注重削减成本，对成本形成的全过程进行监控，并把注意力聚焦在新产品设计或生产流程的改进上面，以保证在现行的市场下实现预期的利润。

（二）提升企业竞争力的助推器

目标成本思维是在为适应当代高新技术的制造环境和灵活多变的顾客化生产的需要而形成和发展起来的成本管理方法。它以顾客链为导向，以价值链为中心，对企业的“作业流程”进行了改造，强调协调企业与外部顾客的关系，从企业整体出发，协调各部门、各环节的关系，要求企业物资供应、生产和销售等环节的各项作业形成连续、同步的作业流程，消除一切不能增加价值的作业，使企业处于持续改善状态，促进企业整体的优化和企业竞争力的提升。

（三）有利于强化企业管理者的管理水平

目标成本思维注重事前控制，不仅能够明确成本的责任方，划清权责，而且能够帮助企业管理者更好地利用目标成本提供的信息确定产品和服务的价格、选择产品组合，从而确保预期利润的实现，有利于增强企业管理者的管理水平。

四、目标成本思维的应用案例

某汽车公司运用目标成本思维的实践探索

某汽车公司注册资本为10亿元人民币，主营汽车、发动机底盘及汽车零部件生产和销售业务并提供相关售后服务，兼营实业性投资及自营和代理各类商品及技术的进出口业务。2006年，某汽车公司提出“商乘并举”战略。然而，作为老牌商用车车企，公司在转型乘用车的道路上却处处受阻。与合资品牌及一线自主品牌相比，公司旗下的品牌影响力弱，溢价能力低。而乘用车市场竞争激烈，企业促销投入被迫增加，严重压缩了公司的产品盈利空间。在激烈的竞争背景下，某汽车公司运用目标成本思维开辟了良性发展的道路。

具体做法：

（1）设定目标成本。从两个层次入手，分层设计目标成本的总体实施思路。针对战略层次，按照“产品可允许成本＝预计市场价格－产品目标利润”的原则，保证产品的可营利性和成本可控性；产品层次则遵循“需实现的产品成本降低=产品可允许成本-当前产品预计成本”的原则，明确产品设计的成本降低目标。

（2）分解目标成本。引入矩阵式产品研发项目团队对目标成本进行分解。针对差异分解后的指标，各模块组建专业分析团队，运用价值工程，针对其模块特点开展成本分析工作，寻找优化方案。

（3）进行试制量产。

（4）建立考核机制。核算目标成本完成情况，并落实全员目标考核。

通过运用目标成本思维，某汽车公司准确把握了自身推行目标成本的实际情况，并适时地根据目标分析结果采取加强环境氛围建设、缩短产品开发周期、完善考评体系等一系列措施，企业的经济效益有所提高。

五、本节关键知识点

（1）目标成本是指企业在新产品开发设计过程中，以市场为导向，运用价值工程与各种市场研究、产品功能分析及成本分析等方法以达到目标利润的成本管理方法。

（2）目标成本思维的核心是以市场为导向，制订目标成本，并且通过各种方法不断地改进产品与工序设计，最终使得产品的设计成本小于或等于其目标成本。

（3）目标成本思维可以分为以市场为导向设定目标成本、计算成本差距、在生产阶段运用持续改善成本法以达到设定的目标成本三个步骤。

（4）目标成本思维是企业盈利的法宝。

（5）目标成本思维是提升企业竞争力的助推器。

（6）目标成本思维有利于强化企业管理者的管理水平。

六、目标成本思维训练习题

（一）单项选择题

下列有关成本差距表述正确的是（　　）。

A. 成本差距是作业成本与估计成本的差额

B. 成本差距是目标成本与估计成本的差额

C. 成本差距是作业成本与实际成本的差额

D. 成本差距是目标成本与实际成本的差额

（二）多项选择题

1. 目标成本思维通常可以分为（　　）。

A. 以市场为导向设定目标成本

B. 计算成本差距

C. 在生产阶段运用持续改善成本法以达到设定的目标成本

D. 战略定位分析

2. 决定目标成本的因素有（　　）。

A. 目标产量　　B. 目标销售量

C. 目标价格　　D. 目标利润

（三）判断题

1. 目标成本是主流的成本管理方法。（　　）

2. 目标成本思维是以市场为导向，制订目标成本，并且通过各种方法不断地改进产品与工序设计，最终使得产品的设计成本小于或等于其目标成本。（　　）

3. 目标成本思维的目的是降低制造过程中成本，而不是在产品的研发及设计阶段确定好产品的成本。（　　）

4. 目标成本思维可以分为五个步骤。（　　）

5. 以市场为导向设定目标成本是要根据新品计划和目标售价编制新品开发提案。（　　）

6. 新品进入生产阶段三个月后，成本管理侧重于检查目标成本的实际达成情况，以评价目标成本规划活动的成果。（　　）

7. 新品进入生产阶段后，成本管理则转向成本维持和持续改善，确保目标成本处于正常控制状态。（　　）

8. 目标成本思维以给定的竞争价格为基础，决定产品的成本，从而保证企业实现预期的利润。（　　）

9. 目标成本思维以顾客链为导向，以价值链为中心，对企业的“作业流程”进行了改造，强调协调企业内部各部门间的关系。(　　)

10. 目标成本思维注重事后控制，能够明确成本的责任方，划清权责。(　　)

(四) 简答题

1. 什么是目标成本?

2. 目标成本思维的基本原理是什么?

3. 简述目标成本思维的三个步骤。

参考答案

(一) 单项选择题

B

(二) 多项选择题

1. ABC　2. ABCD

(三) 判断题

1. √　2. √　3. ×　4. ×　5. √　6. √　7. √　8. √　9. ×　10. ×

(四) 简答题

1. 目标成本是指企业在新产品开发设计过程中，以市场为导向，运用价值工程与各种市场研究、产品功能分析及成本分析等方法以达到目标利润的成本管理方法。

2. 目标成本思维的核心是以市场为导向，制订目标成本，并且通过各种方法不断地改进产品与工序设计，最终使得产品的设计成本小于或等于其目标成本，其目的是在产品的研发及设计阶段确定好产品的成本，而不是试图在制造过程中降低成本。

3. 目标成本思维可以分为三个步骤。

第一步是以市场为导向设定目标成本。要根据新品计划和目标售价编制新品开发提案，其中，目标售价及预计销量是与业务部门充分讨论后加以确定的。

第二步是计算成本差距。要把目标成本与公司当期的产品估计成本进行比较，通过二者的差额确定成本差距。

第三步是在生产阶段运用持续改善成本法以达到设定的目标成本。新品进入生产阶段后，检查目标成本的实际达成情况，进行成本规划实绩的评估，确认责任归属，以评价目标成本规划活动的成果。进入生产阶段，成本管理即转向成本维持和持续改善，使之能够对成本对象耗费企业资源的状况更适当地加以计量和核算，使目标成本处于正常控制状态。

第四节　标准成本思维

一、标准成本思维的整体框架

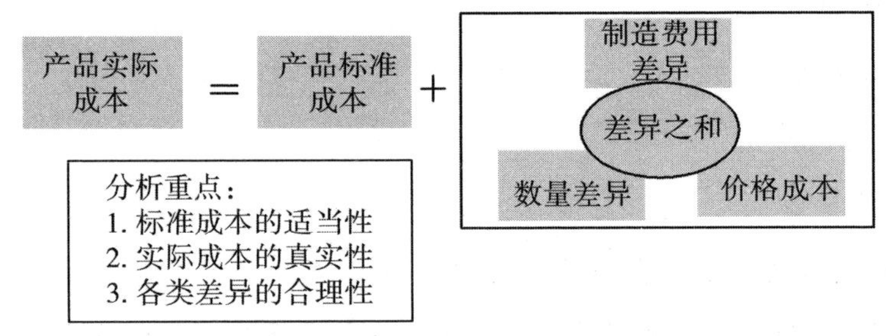

图 4.4　标准成本思维的整体框架

二、标准成本思维的原理

标准成本是指通过调查分析和技术测定后制定的在有效经营条件下应当发生的成本，是区别于实际真实生产经营核算的成本。标准成本思维是围绕标准成本的相关指标（如技术指标、作业指标、计划值等）设计的，将成本的前馈控制、反馈控制及核算功能有机结合而形成的一种成本管理方法。

标准成本思维产生于20世纪20年代，目前已经成为世界主要国家所采用的成本管理方法。随着标准成本理论和实践的发展，标准成本思维已经突破单纯的事中控制，发展成为以事前成本控制为基础、事中控制为纽带的方法体系。

标准成本思维的核心在于预先制订产品成本项目的标准成本，以标准成本作为控制生产过程、成本评价和差异分析的依据，实际成本发生时，计算各成本项目的实际成本与标准成本的各种成本差异，并通过差异分析与报告，揭示成本差异产生的原因，供企业经营管理者采取成本控制措施时参考。标准成本思维的特点表现为便于优化资源配置，确立指导营销决策的成本项目标杆；加强成本过程控制，确立成本管理的系统观和全局观；依靠科技进步和流程优化降低成本三个方面。

三、标准成本思维的价值

标准成本思维作为成本管理的重要方法，通过标准成本的制订、执行、核算、控制、差异分析等一系列环节，将成本的核算、控制、考核、分析融为一体，对于企业根据经营目标，顺利开展成本核算、成本控制和经营决策工作起到重要的作用。

（一）有效进行成本控制的依据

标准成本思维是先进管理思想的体现。在标准成本思维下，事前成本计划、事中成本控制、事后成本分析环环相扣紧密相连，提高了成本管理的系统化，为企业有效进行成本控制活动，实现经营目标奠定了坚实的基础。

（二）企业实现经营目标的重要途径

标准成本思维一方面能够对产品、产成品和销货成本进行计价，可以简化成本核算的账务处理工作，提高成本控制的工作效率；另一方面能够灵活地与其他种类的成本管理方法有机结合使用，有利于企业根据不同产品、不同生命周期、不同战略选择不同的成本管理方法，从而促进企业竞争力的提升和经营目标的实现。

（三）有利于提高企业的管理效率

在标准成本思维下，通过标准成本分析，企业管理者可以依据所确定的标准成本，对照实际成本进行比较，及时发现实际成本与标准成本的差异和差异产生的原因，从而有利于对成本管理工作进行科学考核，提高企业的管理效率。

标准成本是经营决策的重要依据。采用标准成本对产品、产成品和销货成本进行计价，可以简化成本核算的账务处理工作。

四、标准成本思维的应用案例

A 公司标准成本分析的实践探索

A 公司是一家中国汽车零部件企业，长期为某汽车公司提供零部件。随着市场经济的不断发展，行业环境的瞬息万变，某汽车公司销量下滑，在汽车市场份额缩小，无疑给 A 公司带来沉重的打击。面对突如其来的打击，为了在价格战中稳占一席之地，保持长期持续健康发展，A 公司进行了标准成本分析。

具体做法：

（1）分析 A 公司标准成本法的应用情况，包括标准成本法在 A 公司企业资源管理（SAP）系统中的设置、A 公司产品标准成本的计算方法、A 公司确定标准成本的流程。

（2）分析 A 公司标准成本法应用过程中存在的问题。

（3）提出 A 公司标准成本法应用的改进措施，包括事前成本控制、事中控制、事后控制等。

通过运用标准成本思维，A 公司准确把握了在现行成本管理模式中存在的成本管理范围狭窄、成本信息扭曲失真、预算制订不合理、成本控制不当导致经营行为短期化、成本绩效考评机制不合理等问题；找出了上述问题的原因，包括产品设计开发前期成本控制缺失、费用分配标准单一且不合理、生产资源消耗可追溯性差、成本管理停留在较低级阶段没有上升到战略高度、成本责任考评责权模糊没有落实到个人；明确了推行标准成本管理的重点和难点所在；提出了从产品设计到销售整条价值链进行事前、事中及事后成本控制，从而更加有效地应对激烈的市场竞争及成本压力；根据作业消耗资源、资源消耗产品的逻辑合理选择成本动因，解决了由于分配标准单一造成的产品成本扭曲失真的问题，确保成本信息更加真实准确且成本追溯还原性强；明确了作业及作业中心的成本责任的划分，避免成本责任模糊，完成成本责任考评体系等应对措施。A 公司根据标准成本分析结果，适时改进事前、事中、事后的成本控制，成本得到改进和优化。

五、本节关键知识点

（1）标准成本思维是围绕标准成本的相关指标（如技术指标、作业指标、计划值等）而设计的，将成本的前馈控制、反馈控制及核算功能有机结合而形成的一种成本管理方法。

（2）标准成本思维的核心在于预先制订产品成本项目的标准成本。

（3）标准成本思维的基本原理是以预先制订的标准成本作为控制生产过程、成本评价和差异分析的依据，实际成本发生时，计算各成本项目的实际成本与标准成本的各种成本差异，并通过差异分析与报告，揭示成本差异产生的原因，供企业经营管理者采取成本控制措施时参考。

（4）标准成本思维是有效进行成本控制的依据。

（5）标准成本思维是企业实现经营目标的重要途径。

（6）标准成本思维有利于提高企业的管理效率。

六、标准成本思维训练习题

（一）单项选择题

1. 下列各项中，属于标准成本控制系统前提和关键的是（　　）。

A. 标准成本的制订　　　　B. 成本差异的计算

C. 成本差异的分析　　　　D. 成本差异账务处理

2. 标准成本控制主要是对（　　）进行控制。

A. 产品预算阶段　　　　B. 产品入库阶段

C. 产品销售阶段　　　　D. 产品生产阶段

3. 以资源无浪费、设备无故障、产出无废品、工时都有效的假设前提为依据而制订的标准成本是（　　）。

A. 基本标准成本　　　　B. 理想标准成本

C. 正常标准成本　　　　D. 现行标准成本

（二）多项选择题

1. 标准成本思维是围绕标准成本的相关指标而设计的，将成本的（　　）有机结合而形成的一种成本管理方法。

A. 前馈控制　　B. 反馈控制

C. 监督功能　　D. 核算功能

2. 在制订标准成本时，根据所要求达到的效率不同，所采取的标准有（　　）。

A. 正常标准成本　　B. 现实标准成本

C. 一般标准成本　　D. 理想标准成本

3. 下列各项中属于标准成本思维价值的有（　　）。

A. 标准成本思维是有效进行成本控制的依据

B. 标准成本思维是企业实现经营目标的重要途径

C. 标准成本思维有利于提高企业的管理效率

D. 标准成本思维有利于对企业经营活动的监督

（三）判断题

1. 标准成本思维是体现事中控制的成本管理方法。(　　)

2. 标准成本思维的核心在于预先制订产品成本项目的标准成本。(　　)

3. 在标准成本思维之下，企业需要计算各成本项目的实际成本与标准成本的差异，并通过差异分析，揭示成本差异产生的原因，供企业经营管理者采取成本控制措施时参考。(　　)

4. 标准成本是正常生产经营条件下应该实现的，可以作为控制成本开支、评价实际成本、衡量工作效率的依据和尺度的一种目标成本。(　　)

5. 在经济形势变化无常的情况下，最为合适的标准成本是现实标准成本。(　　)

6. 在生产技术和经营管理条件变动不大的情况下，正常标准是一种可以较长时间采用的标准成本。(　　)

7. 如果出现不利差异，企业必须采取措施减少不利差异。(　　)

8. 正常标准成本与现实标准成本不同的是，它需要根据现实情况的变化不断进行修改，而现实标准成本则可以保持较长一段时间固定不变。(　　)

9. 标准成本法产生于机械化大生产的时代，其通常适用于大批量稳定生产的企业或产品。(　　)

10. 标准成本法可以为企业的例外管理提供数据，可以简化存货的计价及成本核算的账务处理工作。(　　)

(四) 简答题

1. 什么是标准成本和标准成本思维?

2. 标准成本思维的基本原理是什么?

3. 简述标准成本思维的价值。

(五) 案例分析题

案例一：华强公司 2021 年 10 月生产甲产品的单位标准成本如表 4.1 所示。

表 4.1　华强公司甲产品单位标准成本

成本项目	用量标准（千克）	价格标准（元）	标准成本（元）
直接材料	25	9	225
直接人工	20	4	80
变动制造费用	20	3	60
固定制造费用	20	2	40
合计			405

该公司甲产品正常生产能力为 450 小时，制造费用按人工工时分配。

2021 年 10 月实际产量为 20 件，实际耗用材料 480 千克，实际人工工时 420 小时，实际成本如表 4.2 所示。

表 4.2　华强公司甲产品实际成本　　单位：元

成本项目	金额
直接材料	4800
直接人工	1596
变动制造费用	1344
固定制造费用	1100
合计	8840

问题：1. 计算2021年10月甲产品成本差异总额。

2. 将成本差异总额分解为九种差异，分别计算产品标准成本差异（固定制造费用成本差异按三因素分析法计算）。

案例二：A公司是中国汽车零部件企业，长期为某汽车公司提供零部件。面对某汽车公司销量下滑，在汽车市场份额缩小，为了在价格战中稳住一席之地，保持长期持续健康发展，A公司进行了标准成本分析。对于标准成本法在SAP系统中的设置、标准成本的计算方法、标准成本的流程进行了系统分析，指出标准成本应用过程中存在的成本管理范围狭窄、成本信息扭曲失真、预算制订不合理、成本控制不当导致经营行为短期化、成本绩效考评机制不合理等问题，并从事前成本控制、事中控制、事后控制三方面提出了从产品设计到销售整条价值链进行成本控制；根据作业消耗资源、资源消耗产品的逻辑合理选择成本动因，解决由于分配标准单一造成的产品成本扭曲失真的问题；明确了作业及作业中心的成本责任的划分，避免成本责任模糊，完成成本责任考评体系等改进措施。

通过运用标准成本思维，A公司准确把握在现行成本管理模式中存在的成本管理问题，适时改进事前、事中、事后的成本控制，成本得到改进和优化。

问题：根据资料分析本案例中A公司如何运用标准成本思维改进和优化成本管理。

参考答案

（一）单项选择题

1. A　2. D　3. B

（二）多项选择题

1. ABD　2. ABD　3. ABC

（三）判断题

1. ×　2. √　3. √　4. √　5. √　6. √　7. ×　8. ×　9. √　10. √

（四）简答题

1. 标准成本是指通过调查分析和技术测定后制定的在有效经营条件下应当发生的成本，有别于实际真实生产经营核算的成本。

标准成本思维是围绕标准成本的相关指标（如技术指标、作业指标、计划值等）设计的，将成本的前馈控制、反馈控制及核算功能有机结合而形成的一种成本管理方法。

2. 标准成本思维的核心在于预先制订产品成本项目的标准成本，以标准成本作为控制生产过程、成本评价和差异分析的依据，实际成本发生时，计算各成本项目的实际成本与标准成本的各种成本差异，并通过差异分析与报告，揭示成本差异产生的原因，供企业经营管理者采取成本控制措施时参考。

3. 标准成本思维是有效进行成本控制的依据。标准成本思维将事前成本计划、事中成本控制、事后成本分析环环相扣紧密相连，提高了成本管理的系统化，为企业有效进行成本控制活动，实现经营目标奠定了坚实的基础。

标准成本思维是企业实现经营目标的重要途径。标准成本思维一方面能够对产品、产成品和销货成本进行计价，可以简化成本核算的账务处理工作，提高成本控制的工作效率；另一方面能够灵活地与其他种类的成本管理方法有机结合使用，有利于企业根据不同产品、不同生命周期、不同战略选择不同的成本管理方法，从而促进企业竞争力的提升和经营目标的实现。

标准成本思维有利于提高企业的管理效率。通过标准成本分析，企业管理者可以依据所确定的标准成本，对照实际成本进行比较，及时发现实际成本与标准成本的差异和差异产生的原因，从而有利于对成本管理工作进行科学考核，提高企业的管理效率。

（五）案例分析题

案例一：1. 本月产品成本差异总额=8840−405×20=740（元）

2. 直接材料价格差异=（4800/480−9）×480=480（元）

直接材料用量差异=（480−20×25）×9=−180（元）

直接人工工资率差异=（1596/420−4）×420=−84（元）

直接人工效率差异=（420−20×20）×4=80（元）

变动制造费用耗费差异=（1344/420−3）×420=84（元）

变动制造费用效率差异=（420−20×20）×3=60（元）

固定制造费用耗费差异=1100−2×450=200（元）

固定制造费用效率差异=（420-20×20）×2=40（元）

固定制造费用闲置能量差异=（450-420）×2=60（元）

案例二：A公司通过运用标准成本思维，系统分析了标准成本法在SAP系统中的设置、标准成本的计算方法、标准成本的流程等，从中挖掘了标准成本应用过程中存在的问题。具体表现为成本管理范围狭窄、成本信息扭曲失真、预算制订不合理、成本控制不当导致经营行为短期化、成本绩效考评机制不合理等。在此基础上，从事前成本控制、事中控制、事后控制三个方面强化成本控制，采取合理选择成本动因、明确权责、完善成本责任考评等措施，从而改进和优化了公司的成本管理。

第五章

企业合规师的财务准则思维

第一节　风控思维

一、风控思维的整体框架

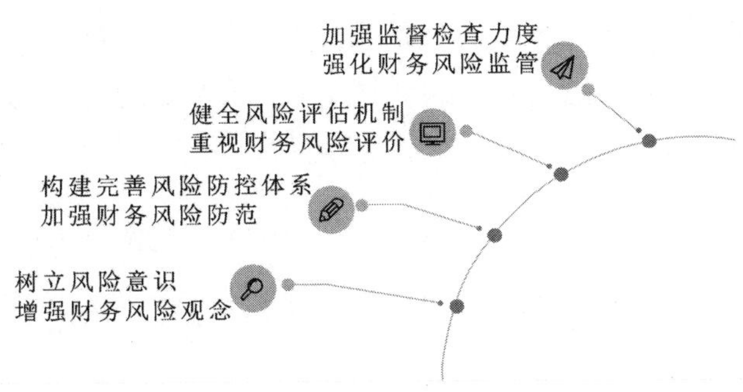

图 5.1　风控思维的整体框架

二、风控思维的原理

财务风险产生的原因主要有以下四点：一是缺失财务风险防范意识。忽视了内控管理的重要性，对财务风险缺乏防范意识，财务风险防控能力不足。二是财务风控体系不健全。没有健全的财务风控体系，风险防控手段不足，防控措施不到位。三是缺乏健全的风险评估机制。无法结合以往经验运用科学方法进行有效评估与科学预防。四是风险防控力度小。没有配建风控部门，成立风控专班，加强风险防控工作，导致风险防控无人抓。

财务风险有以下四个特点：一是客观性。财务风险是客观存在的，面对财务风险时，企业不应回避，应当采取应对措施，加强防范，积极化解。二是广泛性。在企业经营管理的每个环节，什么财务风险都有可能出现。三是无法确定性。人们对财务风险无法预计，无法提前知晓风险在何时、何地、何种情况下出现，发生或不发生无法确定。四是共存性。风险与收益之间存在一定的关联性，有可能高风险对应的收益也高，如果没有风险，企业的收益就会较低。

风控全称为“风险控制”，是指风险管理者采取各种措施和方法，消灭或减少风险事件发生的各种可能性，或者把可能的损失控制在一定的范围内，以避免在风险事件发生时带来难以承担的损失。风控主要包括四种方法：风险回避、损失控制、风险转移和风险保留。风控归根结底就是在资金风险、团队风险、市场风险、国家政策等方面实施对公司经营风险的管控。

这几年风投盛兴，是很多企业出于自身的发展需要，为应对现金流缺口、金融机构贷款难等问题，选择出让部分股权换取风投进入。如不能认识和把握投资项目中涉及的条款存在的风险点，会对公司的经营带来很大的影响。

企业为管控风险，要对同行的产品和规模了如指掌，时刻关注自己行业市场的动向。对于将要发生的或潜在的风险及时地作出应对措施，增加企业在激烈的市场竞争中存活的概率。企业要严格控制内部的资金风险、法律风险、流程风险、授权风险、审计风险等。

三、风控思维的价值

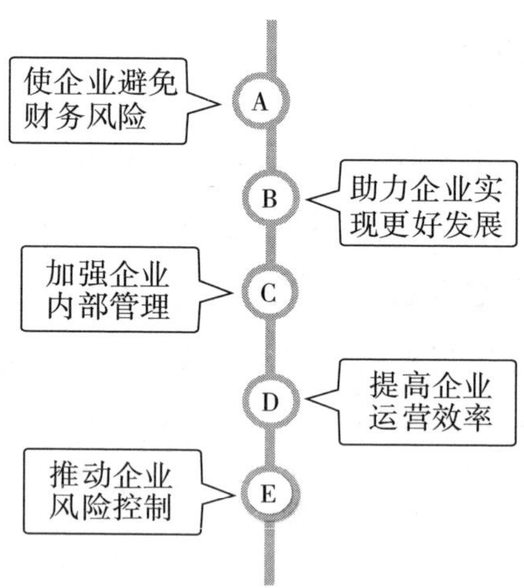

图 5.2　风控思维价值的整体框架

（一）使企业避免财务风险

利用相关的信息和特定的手段，可对企业财务活动进行干预，使企业实现所设定的财务目标，规避财务风险。这不仅有利于保证企业财务和资产的安全、完整，还有利于避免资产的流失和损害。企业在应对来自内外的财务风险时，应充分利用风控思维，加强政策解读，做好市场研判，选择好合作伙伴，做好财务风险的预防。在企业结合自身现状的前提下，把握市场发展趋势，制订科学的发展战略，发挥优势，补齐短板，规避风险。

（二）助力企业实现更好发展

企业财务是企业发展的命脉，企业财务状况的好坏会影响企业的生存和发展。如果能对财务风险进行有效的控制，企业将能够获得较大的盈利。风险处理不好，甚至会影响到企业的生存。利用风控，对各种风险进行管理有利于企业作出正确的决策，有利于实现企业的经营活动目标。不少企业充分利用发展中的确定性因素，面对风险时抓住机遇，不仅没有影响企业发展，反而使企业的发展取得了重大进展。

（三）加强企业内部管理

企业规模庞大，就会造成管理体系复杂，若企业发展步调不一致，企业各部门之间缺少协调性，会给公司发展带来风险。企业通过风控思维的影响，强化内控管理，规范集团内部的运营行为，保障经济活动正常合理运营，构建安全稳定的财务内控体系，加强规避和防范财务风险的力度，促进财务内控质量提升，保证实现企业财务管理目标。

（四）提高企业运营效率

通过风控思维，企业将自身优势发挥出来，提升运营效率，有利于企业内部资源整合，提升资产利用效率，加强财务管理，保证财务安全。在财务风险管理、风险防范、配置资源、资产利用率方面下硬功夫，可使企业资产得到增值，企业实力不断得以增强。

（五）推动企业风险控制

企业对市场进行研判，与自身经营发展相结合，制订风险防控措施，做好财务风险防范。企业上下应认清财务风险的危害，采取风险防范措施。制订好风险管理制度，划分财务风险责任。重视风控责任体系建设，不仅要加强内部防控，还要重视外部风险。重视企业人员管理的风险，改善管理制度上的缺陷，严格执行制度，提升风险控制管理效率。

（六）风控思维的实施方法

1. 树立风险意识，增强财务风险观念

防范财务风险是复杂的系统工程，企业内部上下应共同努力。企业面对市场发展的变化，应当保持高度警惕，树立风控思维，增强财务风险观，加强企业员工对财务风险的重视程度。一方面，财务工作人员要加强财务业务学习，掌握风险管理知识，认清财务风险危害，了解财务风险防范方法；另一方面，有针对性地开展业务培训，提高财务人员对财务风险的控制水平，增强财务风险防范能力。企业要加强沟通与联系，增强整体联动性，时刻关注市场行情的变化，做好财务风险防范预案，以便及时应对财务风险，提供应急保障。

2. 构建完善风险防控体系，加强财务风险防范

企业应不断分析潜在风险因素，构建完善风险防控体系，加强财务风险的防范。加强对市场信息的收集与反馈，对与企业相关的政策进行分析，评估市场行情，为企业决策提供依据。对业务运营风险与财务管理风险实施防控，排查管理漏洞，加强风险排查。运用财务管理系统平台，设计财务项目，优化配套风险防范系统。运用系统给予防范对策，有效应对财务风险，制订风险控制指标，在企业经营、管理、筹资、投资等业务活动中加以应用。

3. 健全风险评估机制，重视财务风险评价

高度重视经营管理和投资活动，考虑收益最大化，重视风险评估，加强风险预防。健全风险评估机制，做好财务风险评价。重视业务的风险评估。对所有投资活动都进行风险评估，全面分析投资项目的优势、劣势、机会与风险。做好经营风险评估。构建完善的风险评估机制，跟踪评价经营风险，保证防控常态化，提防经营风险发生，管理筹资风险。为保持集团正常运营，加大对筹资规模、预算筹资成本和资金调度的管理力度。

4. 加强监督检查力度，强化财务风险监管

企业需保持警惕，做好防护工作，预防财务风险。企业需加强财务风险监督体系建设，加强监督检查力度，强化对财务风险的监管。一方面，完善管理架构，健全制约机制，按公司章程各司其职；另一方面，实行全面审计监督，加强财务监督，运用系统功能提升风控效率，防范风险，为公司稳健发展保驾护航。

四、风控思维的应用案例

电网企业资金安全风险问题治理

近年来，在国内经济下行压力加大、金融政策趋紧的条件下，很多企业出现了资金安全风险问题。电网资金安全直接影响到企业运营，因此在电网实施资金集约化管理体系，进行风险识别、管控和监测，保证体系正常运转，确保资金安全防控非常重要。

具体做法：

（1）加强资金集中管控，保障资金运行安全，运用信息化技术进行风险监测和防控。

（2）分析出电网管理潜在风险，对风险进行同步防控，显著提升风控效率。提升系统管理能力，保证资金集约化。

（3）负责建立有效的风险管理体系，制订相应的风险管理政策。

（4）定期向公司领导层提示财务风险，完成具体风险管理报告。

（5）及时提交客观专业的财务报表和资产情况给管理者，作为投资决策的参考。

（6）从财务状况、投资回报等多角度提供投资前的风险警示和把控。

（7）从财务角度监督投资资金的合理规范使用，定期财务报告反馈，提示经营风险提示。

实施成效：

电网企业利用风控思维，通过以上七种措施，已建立起财务预警机制和财务风险管理，实行全面预算管理，确立财务分析指标体系。

五、本节关键知识点

（1）缺失财务风险防范意识会导致忽视内控管理的重要性，对财务风险缺乏防范意识，财务风险防控能力不足。

（2）财务风险是客观存在的，面对财务风险时，企业不应回避，而应当采取应对措施，加强防范，积极化解。

（3）风控全称为“风险控制”，是指风险管理者采取各种措施和方法，消灭或减少风险事件发生的各种可能性，或者把可能的损失控制在一定的范围内，以避免在风险事件发生时带来难以承担的损失。

（4）风控主要包括四种方法：风险回避、损失控制、风险转移和风险保留。

（5）高度重视经营管理和投资活动，考虑收益最大化，重视风险评估，加强风险预防。健全风险评估机制，做好财务风险评价。

（6）加强资金集中管控，保障资金运行安全，运用信息化技术进行风险监测和防控。

（7）应建立起财务预警机制和财务风险管理，实行全面预算管理，确立财务分析指标体系。

六、风控思维训练习题

（一）单项选择题

1. 风控全称为（　　）。

A. 智能风控　　B. 风控审核

C. 风险成本　　D. 风险控制

2. 利用（　　），从财务角度监督投资资金的合理规范使用，定期作出财务报告反馈，提示经营风险。

A. 风控思维　　B. 谨慎思维

C. 认真思维　　D. 进取思维

3. 在企业经营管理的每个环节，什么财务风险都有可能出现，体现了财务风险的（　　）。

A. 无法确定性　　B. 共存性

C. 广泛性　　D. 客观性

（二）多项选择题

1. 财务风险产生的原因为（　　）。

A. 缺失财务风险防范意识　　B. 财务风控体系不健全

C. 缺乏健全的风险评估机制　　D. 风险防控力度小

2. 企业通过风控思维的影响，强化内控管理，可以做到（　　），促进财务内控质量提升，保证实现企业财务管理目标。

A. 规范集团内部的运营行为　　B. 保障经济活动正常合理运营

C. 构建安全稳定的财务内控体系　　D. 加强规避和防范财务风险的力度

3. 这几年风投盛兴，是由于很多企业出于自身的发展需要，为应对（　　）等问题，选择出让部分股权换取风投进入。

A. 资金充足　　B. 项目选择多

C. 资金流缺口　　D. 金融机构贷款难

（三）判断题

1. 没有配建风控部门，成立风控专班，加强风险防控工作，导致风险防控无人抓，反映了企业缺乏健全的风险评估机制。（　　）

2. 利用风控思维，对各种风险进行管理有利于企业作出正确的决策，有利于实现企业的经营活动目标。（　　）

3. 企业在应对来自内外的财务风险时，应充分利用风控思维，加强政策解读，做好市场研判，选择好合作伙伴，做好财务风险的预防。（　　）

4. 企业通过风控思维的影响，强化内控管理，规范集团内部的运营行为，可以保障经济活动正常合理运营，构建安全稳定的财务内控体系。（　　）

5. 有针对性地开展业务培训，提高财务人员对于财务风险控制水平，增强财务风险防范能力。（　　）

6. 通过优化配套风险防范系统，运用系统给予防范对策，有效应对财务风险，制订风险控制指标。（　　）

7. 实行全面审计监督，加强财务监督，运用系统功能提升风控效率，杜绝

风险的发生，为公司稳健发展保驾护航。（　）

8. 即使在面对风险时抓住机遇，也会影响企业发展。（　）

9. 利用相关的信息和特定的手段，可对企业财务活动进行干预，使企业实现所设定的财务目标，规避财务风险，不仅有利于保证企业财务和资产的安全、完整，还有利于避免资产的流失和损害。（　）

（四）案例分析题

案例一：运用风控思维提升银行风险管理能力。银行的高级管理人员现在面临的任务是把握市场发展机遇，接受更高挑战。要利用大数据背景与金融发展环境，推动银行智能风控体系的建设与完善，最终实现银行风险管理能力的稳步提升。

问题：1. 市场出现了什么变化，促使银行必须重视对风险的管理和把控？

2. 请分析如何利用风控思维加强银行对风险的管理和把控，具体有哪些方法？

案例二：请运用风控思维提升中小企业风险管理能力。众所周知，中小企业是我国社会主义市场经济的重要组成部分，在带动居民就业、繁荣市场经济、促进科技发展等层面发挥着不可替代的价值与作用。但中小企业由于资本、人力、科技等要素非常匮乏，市场环境适应能力相对偏弱，自身经营绩效与状况极易受到国内外宏微观环境的影响，如何加强财务风险防控意识与能力成为中小企业有效应对各项市场风险的重要举措，受到学术界与实务界的广泛关注。

中小企业必须加强自身财务风险的防控管理，立足财务管理水平的提升来防控自身在经营管理活动中的各项风险，提高自身的管理效率与效能，继而避免企业经营转型过程中所出现的风险。

问题：1. 中小企业加强财务风险防控有什么必要性？

2. 中小企业加强财务风险防控的策略是什么？

参考答案

（一）单项选择题

1. D　2. A　3. C

（二）多项选择题

1. ABCD　2. ABCD　3. CD

（三）判断题

1. ×　2. √　3. √　4. √　5. √　6. √　7. ×　8. ×　9. √

（四）案例分析题

案例一：

1. 分析技术优化升级，对数据收集的要求增高。近年来，大数据革新发展进度加快，技术体系不断完善，要求银行在传统分析技术基础上飞速实现自我升级，突破固有瓶颈，在风控管理中能够进一步扩大分析对象范围。银行必须找出风险隐藏规律，提高对风险管理和把控的精准性。

风控模式创新加快，风控技能储备要求增高。受大数据技术发展趋势影响，银行在传统风控模式基础上不断突破，创新进程开始加快。银行要从根本上推动风控模式的创新升级，进一步提升内部技术储备，向不同方向的技术转型挑战，对银行在数据分析、战略建设等方面的技能储备提出了更高的要求。

2. （1）完善数据获取渠道，优化智能风控质量

完善数据获取渠道，推动风控体系质量的优化，整理内部信息数据，银行内部建立起统一的数据管理体系，以一致标准进行规范治理，开发业务价值、附加价值，推动数据管理，提升获取质量。综合统筹内外部数据，处理内部数据信息，引进和开发外部数据，纳入统一管理目标。

（2）灵活构建风控模型，强化智能感知效应

融入数据挖掘算法，完成汇总分析。展开用户信用风险评定，不断提升评定准确度，优化适用性。借助新技术，建立动态决策机制，提高风险筛选效率，促进风控体系智能感知效应的提升。

（3）发挥场景融合功能，提升内在驱动力量

主动开发融合功能，促使风控力量提升。凭借大数据技术优势，充分挖掘风险特征，找出潜在风险，提高风控效率。降低信用风险，建立内部风险监察体系，进行统筹识别管理，及时化解内部风险。

案例二：

1. 在宏观层面，经济环境日趋复杂，通过加强财务风险的管理与防控，可以高效地降低中小企业的经营风险；在中观层面，随着行业竞争越发激烈，中小企业的经营环境日趋恶化，通过强化财务风控，可以有效应对市场挑战；在微观层面，中小企业内部管理亟待优化，强化财务风控可以高效地提升自身综合实力，以期有效应对市场竞争。

（1）宏观层面：强化财务风控可以有效降低中小企业经营风险

中小企业的经营管理既面临着国内供给侧结构性改革，也面临着国外产品与服务新增需求不足的产能过剩局面，中小企业的盈利能力难以提升，资金链条紧张，必须强化财务风险防控来降低企业经营危机发生的概率。

（2）中观层面：行业竞争越发激烈，强化财务风控应对市场挑战

中小企业在市场份额竞争中难以占据优势，中小企业财务风险急剧提升。因此中小企业必须加强财务风险防控，降低行业竞争对中小企业经营发展的负面影响。

（3）微观层面：内部管理亟待优化，强化财务风控提升综合实力

尚未建立规范的现代化财务管理制度，没有认识到财务管理在企业经营决策中的战略性地位。加强财务风险的防控可以有效地提升中小企业的决策科学度，堵住企业的相关管理漏洞，提升企业的综合实力。

2. 中小企业应该以转变经营认知为基础，以加速科技赋能为支撑，以注重人才培育为保障，实现中小企业经营理念的革新、转型方向的迭代、人才队伍的强化，全面提升中小企业财务风险防控的能力。

（1）转变经营认知，突出财务管理在企业经营管理中的重要价值

中小企业管理层提高对财务管理重要性的认知，借助财务风险防控来支撑企业经营决策的不断优化。切实提升中小企业全体员工的财务风控意识，加强企业内部控制体系建设，进一步对企业经营活动实现科学的制度约束，降低企业的经营风险。

（2）加速科技赋能，持续提升中小企业财务管理的信息化水平

中小企业要注重财务管理部门相关技术设备的更新与优化，提高中小企业财务管理部门的会计核算、监督的工作效率与效能，也要在信息化建设硬件条件逐步完善的基础上，加速信息化理念的转变，抓住发展机遇。

(3) 注重人才培育，构建一支业务素养与道德品质兼具的人才队伍

中小企业要加强财务风险防控，必须注重财务管理队伍的建设。中小企业要注重对内部优质会计人才的挖掘与培育，注重外部优质人才的引入，提高人才队伍的发展活力，既要注重业务素质，也要注重道德品质。

第二节　合并报表思维

一、合并报表思维的整体框架

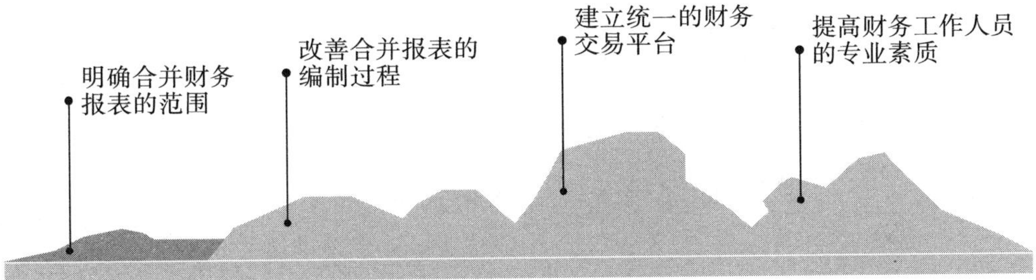

图 5.3　合并报表思维的整体框架

二、合并报表思维的原理

随着我国社会经济的快速发展，金融投资市场发展迅速，企业竞争压力变大。企业想要获得稳定、持续的发展，应重视财务报表及其中的合并报表。

合并财务报表也称为合并会计报表，反映的是企业运营和资金流转财务的真实情况，是企业会计的重点工作内容。合并财务报表的核算内容包括资产负债表、利润表和现金流量表等。

(一) 合并财务报表的特点

一是资料的真实有效性，这是企业整体运营情况的真实反馈，可以反映出企

业实际运营现状；二是资金流转及运行成果的整体性，可以反映出企业的整体情况；三是编制的主体性，合并财务报表方案编制由母公司进行即可，编制的主体是母公司。

编制合并报表可帮助会计报表使用者了解企业的盈利能力和偿债能力，通过将企业内部相互交易的利润和成本进行抵销，最终反映企业整体向外部提供服务时所产生的利润，确保投资者通过合并报表能够了解企业整体的经济实力，作出相应决策。

（二）合并财务报表存在的不足

图 5.4　合并财务报表存在的不足框架

1. 范围不清晰

企业合并财务编制范围要根据企业控制情况确定。因为没有明确的范围，企业进行合并财务报表时会受到多种因素影响，使合并财务报表发生疏漏、差错和缺陷，导致报表信息的不准确。

2. 会计方法不同

企业扩大规模会涉及不同行业、不同领域，企业在不同经营范围、不同经营领域有不同的会计准则，存在差异，很难将有差异的会计报表进行合并。这就要求企业在合并过程中，应重新改用核算方式，重新编制，但这样会导致会计信息的准确度下降，报表编制难度增加，财务管理成本上升。

3. 会计核算方法不一致

企业需要用合并财务报表来反映企业整体财务情况和经营情况、现金流量情况，需要企业资产负债和所有者权益变动、现金流量、企业利润的财务内容一致。但大多数情况下，企业所采用的会计核算方式在不同财务情形下可能不同，导致不同企业的合并财务报表很难进行比较，难以保证财务合并报表和企业实际财务情况相一致。

三、合并报表思维的价值

（一）明确合并财务报表的范围

良好的财务控制管理需要对合并财务报表范围有明确的规定，只有明确合并财务报表的范围，才可按照相关标准来编制财务报表。各企业根据自身情况合理选择不同的合并手段，形成合并财务报表后，报表使用者可以清晰地知道利益情况和财务问题。因此，企业的相关利益者能进行重要决策的前提是合并财务报表的范围具有规范性、清晰性。

（二）改善合并财务报表的编制过程

财务管理上可以利用先进技术和大数据帮助财务工作者优化和改善合并财务报表的程序。在具体的财务工作中，财务人员需要加强财务相关软件的学习，做到与时俱进，通过人工和先进技术双重复核，通过系统自动审核功能，提取内部数据，进一步提高数据的核对效率和准确率。重视编制合并报表过程中调整分录的环节，做到抵销分录的正确。

（三）建立统一的财务交易平台

完整的财务系统能够帮助企业进行财务管理，企业可以利用现代化信息技术来搭建统一财务平台，以平台为基础，建立合并财务核算体系，编制规范的合并财务报表。

（四）提高财务工作人员的专业素质

在信息化和大数据时代的背景下，财务会计人员不仅要提升专业会计核算能力，还要提升学习主动性和学习能力，加强对财务信息软件的技能学习。企业也要对财务工作人员专业水平加以重视，通过财务会计人员和企业的共同努力，整体提高企业的财务管理水平。

四、合并报表思维的应用案例

A1集团合并财务报表问题治理

随着市场经济不断发展、变化，企业面临的各项因素日益复杂，通过与已经成熟或者有相关优势的企业进行合并，进而壮大企业规模、扩大产能、进行多元化经营，是更加经济和稳妥的方式。

A1集团注册资本为50亿元，是一家大型企业，年产值超千亿元，其业务包括建筑施工、研发、物流、投融资等。A1集团有多个子公司，B1股份公司、B2资管是A1集团的子公司，A1集团通过B1股份公司定向增发，需将B1股份公司下的房地产公司转让剥离，定向增发。A1集团和B1股份公司存在合并财务报表问题。

A1集团利用合并报表思维，处理企业财务问题，具体做法如下。

（1）运用有效方法，明确合并范围，强化管理体系，注重人才专业性培养，借助先进技术的便利性，提升会计业务水平，做好财务管理。

（2）保持企业的稳健发展，基于有效性和准确性的财务数据，降低问题发生概率，保证企业的健康稳定发展。

（3）建立健全会计信息系统内部控制体系，加强系统利用和开发，考虑系统的科学性与经济性。

（4）不断努力获得企业管理人员的认可，获得领导对合并报表财务管理的授权。

（5）对系统操作人员进行专业培训，促使系统操作人员了解更多的会计信息，熟练掌握系统操作技术，规范会计信息系统内部控制流程。

（6）减少修改成本，努力提升系统的延展性，充分体现出会计信息管理体系的有效性。

实施成效：

A1集团经过上述举措，适应了合并财务报表的内容转变，调整财务合并报表的范围，提升了财务管理的经验水平，满足会计准则下企业财务管理的要求。

不论是同一控制下企业合并还是非同一控制下企业合并，都面临企业合并财务报表的问题。在如今日益复杂多变的市场中，企业合并报表面临更多的新业务和问题，应当通过合理化利用合并报表思维，依法依规处理各项业务，进行准确的账务、报表处理和信息披露，为企业发展壮大保驾护航。

五、本节关键知识点

（1）编制合并报表可帮助会计报表使用者了解企业的盈利能力和偿债能力，通过将企业内部相互交易的利润和成本进行抵销，最终反映集团整体向外部提供服务时所产生的利润。

（2）企业在合并过程中，应重新改用核算方式，重新编制，但这样会导致会计信息的准确度下降，报表编制难度增加，财务管理成本上升。

（3）良好的财务控制管理需要对合并财务报表范围有明确的规定，只有明确合并财务报表的范围，才可按照相关标准来编制财务报表。

（4）财务管理上可以利用先进技术和大数据帮助财务工作者优化和改善合并报表的程序。

（5）通过建立财务交易平台，企业母公司与子公司之间的内部交易可以简化合并财务报表编制程序，提高企业财务会计核算的准确性和财务管理能力，有效配置财务资源。

（6）企业要对财务工作人员专业水平加以重视，通过财务会计人员和企业的共同努力，整体提高企业的财务管理水平。

（7）企业通过与已经成熟或者有相关优势的企业进行合并，进而壮大企业规模、扩大产能、进行多元化经营，是更加经济和稳妥的方式。

六、合并报表思维训练习题

（一）单项选择题

1. 合并会计报表方案编制由母公司进行即可，编制的主体是（　　）。

A. 母公司　　　　B. 子公司

C. 总公司　　　　D. 分公司

2. 企业需要不断努力获得（　　）的认可，获得领导对合并报表财务管理的授权。

A. 财务报表使用者　　B. 专业技术人员

C. 企业管理人员　　D. 政府管理部门

（二）多项选择题

通过建立财务交易平台，企业（　　）与（　　）之间的内部交易可以简化合并财务报表编制程序，提高企业财务会计核算的准确性，提高企业的财务管理能力，有效配置财务资源。

A. 母公司　　B. 子公司

C. 大公司　　D. 小公司

（三）判断题

1. 企业想要获得稳定、持续的发展，应重视财务报表，重视其中的合并报表。（　　）

2. 企业合并财务编制的范围可以由企业自行制定。（　　）

3. 企业在不同经营范围、不同经营领域有不同的会计准则，存在差异，将有差异的会计报表进行合并，难度降低。（　　）

4. 企业合并财务编制的范围要根据企业控制情况来定。（　　）

5. 减少修改成本，努力提升系统的延展性，充分体现出会计信息管理体系的有效性。（　　）

6. 在如今日益复杂多变的市场中，企业合并报表面临更多的新业务和问题，应当通过合理化利用合并报表思维，依法依规处理各项业务，进行准确的账务、报表处理和信息披露，为企业发展壮大保驾护航。（　　）

7. 企业不能通过与已经成熟或者有相关优势的企业进行合并，进而壮大企业规模、扩大产能、进行多元化经营。（　　）

8. 企业要对财务工作人员专业水平加以重视，通过财务会计人员和企业的共同努力，整体提高企业的财务管理水平。（　　）

9. 通过系统自动审核功能，提取内部数据，进一步提高数据的核对效率和准确率。重视编制合并报表过程中调整分录的环节，做到抵销分录的正确。（　　）

（四）案例分析题

案例一：运用合并报表思维解决A1集团和子公司B1股份公司之间合并财务报表问题。随着市场经济不断发展、变化，企业面临的各项因素日益复杂，企业通过与已经成熟或者有相关优势的企业进行合并，进而壮大企业规模、扩大产能、进行多元化经营，是更加经济和稳妥的方式。

A1集团注册资本为50亿元，是一家大型企业，年产值超千亿元，其业务包括建筑施工、研发、物流、投融资等。A1集团有多个子公司，B1股份公司、B2资管公司是A1集团的子公司，A1集团通过B1股份公司定向增发，需将B1股份公司下的房地产公司转让剥离，定向增发。A1集团和B1股份公司存在合并财务报表问题。

问题：1. 如何解决A1集团和B1股份公司存在合并财务报表问题?

2. 运用合并报表思维，完成企业的合并报表业务后，对企业的发展有哪些好处?

案例二：运用合并报表思维解决连锁集团公司合并财务报表问题。连锁集团公司是现代企业普遍采用的经营组织形式，集团总部通常通过下设各分、子公司进行作业。子公司独立的财务报表仅能反映独立个体的业务范围、经营管理，无法反映连锁集团公司整体经营情况和财务状况。需要将连锁集团公司总部及各分、子公司财务报表进行合并。合并财务报表包括合并资产负债表、合并利润表、合并现金流量表以及所有者权益变动表。

高质量的合并财务报表能够对连锁集团公司整体财务状况进行整理和归纳，能为连锁集团公司决策层作出重大财务决策提供支撑和依据。然而随着连锁集团公司规模不断扩大以及业务多元化，合并财务报表的编制也越发复杂，数据的准确性和合理有效性越发重要。

问题：连锁集团公司合并财务报表编制中存在哪些问题?

参考答案

（一）单项选择题

1. A　2. C

（二）多项选择题

AB

（三）判断题

1. √ 2. × 3. × 4. √ 5. √ 6. √ 7. × 8. √ 9. √

（四）案例分析题

案例一：

1.（1）运用有效方法，明确合并范围，强化管理体系，注重人才专业性培养，借助先进技术的便利性，提升会计业务水平，做好财务管理。

（2）保持企业的稳健发展，基于有效性和准确性的财务数据，降低问题发生概率，保证企业的健康稳定发展。

（3）建立健全会计信息系统内部控制体系，加强系统利用和开发，考虑系统的科学性与经济性。

（4）不断努力获得企业管理人员的认可，获得领导对合并报表财务管理的授权。

（5）对系统操作人员进行专业培训，促使系统操作人员了解更多的会计信息，熟练掌握系统操作技术，规范会计信息系统内部控制流程。

（6）减少修改成本，努力提升系统的延展性，充分体现出会计信息管理体系的有效性。

2.（1）有利于会计主体掌握母公司和子公司整体财务状况和经营成果，有效避免企业集团利用内部控股关系，人为操纵财务报表，制造虚假会计信息。

（2）使投资者可以了解企业全部财务情况，不会导致投资者不知道母公司赚钱，子公司却亏钱的情况出现。

（3）有利于集团公司管理，统筹规划所有企业，便于后续统一制订经济政策。

案例二：

（1）总、分、子公司会计政策及核算方法不统一

连锁集团公司各分、子公司业务多元，复杂且充满不确定性，在对经济业务进行会计处理时，需要财务人员进行专业判断。

合并财务报表编制并不是简单的报表数据相加，如果连锁集团公司总、分、子公司不在相同的会计核算基础和会计政策下，容易导致合并报表数据不足以支撑集团决策。总、分、子公司之间存在多种控制关系，分、子公司业务多元化，差异较大；且大部分的分、子公司与总公司处于不同省份，特别是新并入连锁集团公司的分、子公司，会计政策和核算方法选择容易出现不统一，最终影响合并财务报表的编制质量。

（2）连锁集团公司合并财务报表范围界定标准不统一

①连锁集团公司直接或间接拥有被投资单位半数以上表决权，代表连锁集团公司能控制被投资单位，拥有被投资单位绝对控制权，被投资单位应该纳入合并报表的合并范围。

②控制权采取实质重于形式原则，但是在判断是否实质控制时，不同会计人员对同一情况的主观判断不同，导致纳入财务报表合并范围的子公司不同。

（3）连锁集团公司合并财务报表内部交易抵销不充分

由于业务单据滞后性，对于同一事项交易双方，各公司期末余额进行内部交易抵销会导致合并抵销不充分，直接影响合并财务报表的编制准确度。

内部交易特殊事项的存在也会影响内部交易抵销。内部交易抵销在编制跨年合并会计报表时更容易出现遗漏，对财务人员有更高的专业要求。

（4）连锁集团公司会计信息化建设不充分

连锁集团公司管理层级和业务关联相对复杂，合并财务报表抵销烦琐、量大，流程冗长。连锁集团公司内部的财务信息并未实现准确反映、及时共享，企业财务部门的信息化建设程度不高，不能有效稽核，失误率比较高。

第三节　或有事项思维

一、或有事项思维的整体框架

政府加强监管

企业加强自身内部控制建设

审计师强化职业修养

投资者提升专业知识和分析能力

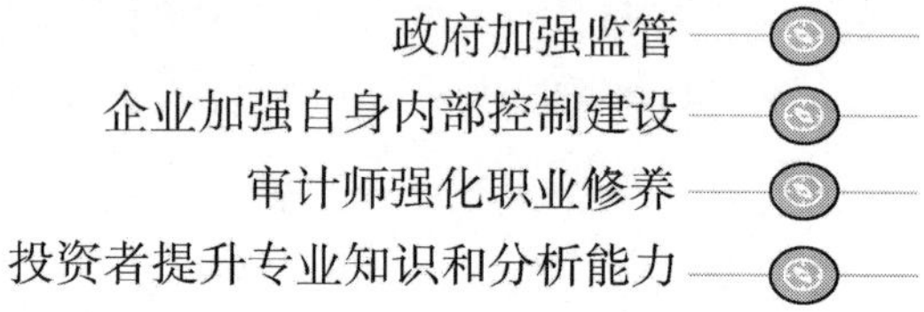

图 5.5　或有事项思维的整体框架

二、或有事项思维的原理

或有事项是指过去的交易或者事项形成的，由未来事件的发生或不发生来决定的不确定事项。或有事项有以下四个特点：第一，未来发生的事件对企业当期的财务状况并无影响。第二，或有事项的结果在未来是否发生、何时发生、发生时需支付的金额数量不确定。第三，结果由未来事项发生与否决定。企业不能预知未来结果，只能依据经验或类似事件作出估计。第四，企业不能掌控引发或有事项的不确定因素。引发或有事项不完全是企业自身原因所致，只能被动接受。

（一）或有事项的种类

1. 未决诉讼或未决仲裁：当事人之间发生经济纠纷，选择通过法院进行审判或仲裁机构进行裁决，经过等待期才能得到结果，之前的义务和资产都是潜在的。

2. 债务担保：上市公司对其他公司担保时，当被担保方不能偿还到期债务时，担保企业就要承担连带责任，形成担保企业的一项或有负债。

3. 产品质量保证：产品质量保证是企业潜在的负债。厂商在销售产品或提供劳务后，在限期内对消费者作出质量保证的承诺。

4. 亏损合同：企业之间签订的销售合同、劳务合同由于某些原因转变为亏损合同时，就形成企业的一项或有事项。

5. 重组义务：为资产效能最大化发挥，调整和组合内部资源、组织机构，支付员工的遣散费，厂房的租赁撤销费。

6. 环境污染整治：要支付排污费、环境恢复费、复垦费等环境污染整治费用。环保支出是企业潜在的或有负债，会对企业的财务状况带来影响。

（二）或有事项面临的主要风险

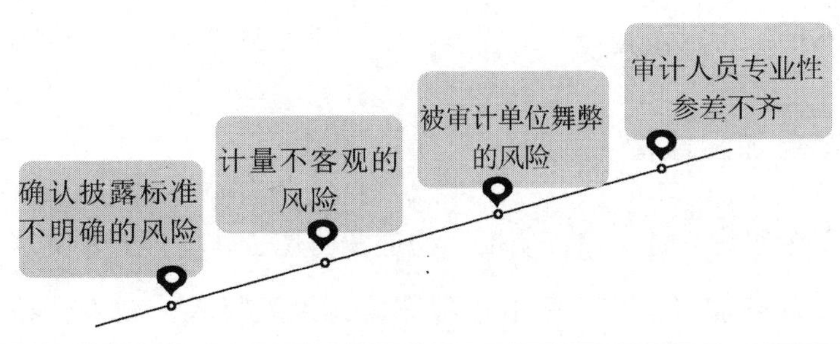

图 5.6　或有事项面临主要风险的框架

1. 确认披露标准不明确的风险

或有事项会影响企业持续经营能力，所以企业会对相关事项披露不充分，如仅披露形成原因，而不披露造成的影响；不披露或有负债，只愿意披露或有资产；对或有事项预估不足、披露不完整。

2. 计量不客观的风险

或有事项只能合理估计，不能可靠计量，或有事项发生的概率大小不同，金额大小不同。存在财务人员主观判断的情况，可能会导致会计估计判断、计量不客观，增加因不确定性导致风险的概率。

3. 被审计单位舞弊的风险

当企业的经营成果和财务指标达不到相关要求时，企业会选择财务舞弊。一般通过蓄意作假，不提供真实情况和资料等，隐瞒信息，呈报虚假信息，加大审计难度，人为对审计施加限制阻碍，妨碍审计人员进行正常的检查等行为，使审计人员无法获取充分适当的审计证据，产生审计风险。

4. 审计人员专业性参差不齐

审计风险的特点是客观存在和不可避免。审计人员的专业胜任能力、专长和专业素养参差不齐，判断或有事项的角度不同、认识不同，对同一会计事项得出的处理方法也存在差异。在对或有事项的审计过程中广泛存在职业判断，加大了或有事项审计工作的错误概率。

三、或有事项思维的价值

对企业财务报表或有事项中暴露出的信息披露不规范、披露不全面的问题，从四个主体角度出发提出建议。

（一）政府加强监管

政府帮助企业建立健全内控制度，沟通和协调工作，严把质量关，加大监管力度，对审计业务加强审查。采取谨慎态度，加强投入，减少错报和漏报的发生。加强对准则的培训学习力度，确立或有事项披露的统一标准，细化具体内容，明确披露要求。要定期对审计对象进行走访、回访，完善审计意见和审计工作。对担保事项应加强监控，设定担保金额的警戒线，降低担保后对财务影响的可能。

（二）企业加强自身内部控制建设

企业制订科学合理、便于操作的内控制度，加强内部控制建设和完善的力度，提高内部控制策略的执行力。加强企业内部管理，树立全面风险管理的意识，严格完善内控制度，更新观念，强化管理，保证企业有良好的内部控制环境。明确各部门职责，因事设人、分离授权职务，定期对内控制度进行评估，关注重点领域内控的设计和执行。在企业积极倡导廉洁正直的企业文化，注重企业员工职业道德品质的教育。选择道德水平高、工作能力强的员工，防范和规避财务作假行为的发生。

（三）审计师强化职业修养

加大对或有事项的审计力度，严格按照独立审计准则发表审计意见，保证审计人员对或有事项判断的公允性，发表充分和准确的审计意见，为投资者决策提供有效信息，帮助其作出正确的投资决策。

（四）投资者提升专业知识和分析能力

为获取准确的上市公司会计信息，投资者要用理性、客观的态度来分析企业披露的或有事项信息，避免小道消息的干扰，通过关注行业的最新新闻以及参考专业机构的评估意见作出正确的投资决策，最大限度地规避风险和降低损失。

四、或有事项思维的应用案例

航空公司或有事项问题治理

我国经济发展不断向前，居民的消费能力也持续提升，越来越追求高品质的生活，我国航空业也实现了蓬勃发展。但与之形成鲜明对比的是，航空公司的财务处理问题没有得到重视，忽视了或有事项的解决。

有些航空公司不仅出现了把常旅客计划中里程兑换而产生的负债看作或有负债，导致实施常旅客计划可能负担的义务越来越重的问题；还出现了将里程兑换产生的负债看作或有负债而不进行表内确认，仅在报表附注中进行披露的问题，使财务报表传递的信息出现偏差。

航空公司为解决出现或有事项的财务报表问题，具体步骤如下。

（1）全面准确地了解客户信息和业务。分析、判断、评估潜在风险，制订和企业相适应的计划和发展策略。

（2）获取证据，了解和掌握本公司是否存在或有事项。

（3）加强内部控制和风险管理，防止部分财务人员利用或有事项进行利润操纵，保证会计信息的真实性，健全公司治理结构。

（4）加强对或有事项信息披露的审查，降低财务报告错报或漏报的可能性。

（5）向信息使用者披露真实的信息，提高信息披露的质量，便于投资者作出合理决策，降低企业违约风险，制订科学合理、便于操作的内控制度。

（6）对财务人员进行专业培训和继续学习，培养财务人员的专业胜任能力和职业素养。

（7）使财务人员理解和掌握会计准则，熟悉财经法规，提升职业判断，注重职业道德修养，逐步提升或有事项披露的透明度和可靠性。

五、本节关键知识点

（1）或有事项是指过去的交易或者事项形成的，由未来事件的发生或不发生来决定的不确定事项。

（2）或有事项只能合理估计，不能可靠计量，或有事项发生的概率大小不同，金额大小不同。

（3）存在财务人员主观判断的情况，可能会导致会计估计判断、计量不客观，增加因不确定性导致风险的概率。

（4）帮助企业建立健全内控制度，沟通和协调工作，严把质量关，加大监管力度，对审计业务加强审查。

（5）企业制订科学合理、便于操作的内控制度，加强内部控制建设和完善的力度，提高内部控制策略的执行力。

（6）为获取准确的上市公司会计信息，投资者要用理性、客观的态度来分析企业披露的或有事项信息，避免小道消息的干扰。

（7）使财务人员理解和掌握会计准则，熟悉财经法规，提升职业判断，注重职业道德修养，逐步提升或有事项披露的透明度和可靠性。

六、或有事项思维训练习题

（一）单项选择题

1. 上市公司为其他公司提供担保时，当被担保方不能偿还到期债务时，担保企业就要承担连带责任，形成了担保企业的一项或有负债，体现了（　　）的特点。

A. 债务担保　　B. 产品质量保证

C. 重组义务　　　　　　　　　　　　D. 未决诉讼或未决仲裁

2. 结合（　　），使财务人员理解和掌握会计准则，熟悉财经法规，提升职业判断，注重职业道德修养，逐步提升或有事项披露的透明度和可靠性。

A. 负责思维　　　　　　　　　　　　B. 谨慎思维

C. 认真思维　　　　　　　　　　　　D. 或有事项思维

（二）多项选择题

1. 或有事项特点包括（　　）。

A. 未来发生的事件，对企业当期的财务状况并无影响

B. 需支付的金额数量不确定

C. 结果由未来事项发生与否决定

D. 企业不能掌控引发或有事项的不确定因素

2. 对我国企业财务报表或有事项中暴露出的信息披露不规范、披露不全面的问题，主要从（　　）主体角度出发提出建议。

A. 政府　　　　　　　　　　　　　　B. 企业

C. 审计师　　　　　　　　　　　　　D. 投资者

（三）判断题

1. 或有事项能合理估计、可靠计量，或有事项发生的概率大小不同，金额大小不同。（　　）

2. 存在财务人员主观判断的情况，可能会导致会计估计判断、计量不客观，增加因不确定性导致风险的概率。（　　）

3. 审计风险的特点是客观存在和可以避免的。（　　）

4. 一般财务舞弊通过蓄意作假，不提供真实情况和资料等，隐瞒信息，呈报虚假信息，加大审计难度，人为对审计施加限制阻碍，妨碍审计人员进行正常的检查。（　　）

5. 在对或有事项的审计过程中广泛存在职业判断，加大了或有事项审计工作的错误概率。（　　）

6. 审计人员的专业胜任能力、专长和专业素养参差不齐，判断或有事项的角度不同、认识不同，对同一会计事项得出的处理方法相同。（　　）

7. 政府帮助企业建立健全内控制度，沟通和协调工作，严把质量关，加大监管力度，对审计业务加强审查。(　　)

8. 加强对准则的培训学习力度，确立或有事项的披露统一标准，细化具体内容，明确披露要求。要定期对审计对象进行走访、回访，完善审计意见和审计工作。(　　)

9. 加大对或有事项的审计力度，严格按照联合审计准则发表审计意见，保证审计人员对或有事项判断的公允性，发表充分和准确的审计意见，为投资者决策提供有效信息，帮助其作出正确的投资决策。(　　)

（四）简答题

或有事项主要指什么？有哪些特征？

（五）案例分析题

运用或有事项思维进行航空公司的财务处理。当下我国经济发展不断向前，居民的消费能力也持续提升，越来越追求高品质的生活，我国航空业也实现了蓬勃发展。但与之形成鲜明对比的是，航空公司的财务处理问题没有得到重视，忽视了或有事项的解决。

有些航空公司不仅出现了把常旅客计划中里程兑换而产生的负债看作或有负债，导致实施常旅客计划可能负担的义务越来越重的问题；还出现了将里程兑换产生的负债看作或有负债而不进行表内确认，仅在报表附注中进行披露的问题，使财务报表传递的信息出现偏差。

问题：1. 航空公司出现对于或有事项计量的偏差，主要是什么原因？

2. 航空公司为解决出现或有事项的财务报表问题，应作何努力？

3. 绝大部分出现或有事项的企业，内控制度都很不完善。请结合或有事项思维，谈一谈企业如何规范内控制度？

参考答案

（一）单项选择题

1. A　2. D

（二）多项选择题

1. ABCD 2. ABCD

（三）判断题

1. × 2. √ 3. × 4. √ 5. √ 6. × 7. √ 8. √ 9. √

（四）简答题

或有事项是指由过去的交易或者事项形成，其结果须由某些未来事项的发生或不发生才能决定的不确定事项。常见的或有事项包括未决诉讼或未决仲裁、债务担保、产品质量保证（含产品安全保证）、亏损合同、重组义务和环境污染整治等。

或有事项具有3个特征：由过去的交易或者事项形成、结果具有不确定性、结果须由未来事项决定。

（五）案例分析题

1.（1）确认披露标准不明确

或有事项会影响企业持续经营能力，所以企业会对相关事项披露不充分，如仅披露形成原因，而不披露造成的影响；不披露或有负债，只愿意披露或有资产；对或有事项预估不足，披露不完整。

（2）计量不客观

或有事项只能合理估计，不能可靠计量，或有事项发生的概率大小不同，金额大小不同。存在财务人员主观判断的情况，可能会导致会计估计判断、计量不客观，增加因不确定性导致风险的概率。

（3）被审计单位舞弊

当企业的经营成果和财务指标达不到相关要求时，企业会选择财务舞弊。一般通过蓄意作假，不提供真实情况和资料等，隐瞒信息，呈报虚假信息，加大审计难度，人为对审计施加限制阻碍，妨碍审计人员进行正常的检查等行为。使审计人员无法获取充分适当的审计证据，产生审计风险。

（4）审计人员专业性参差不齐

审计风险的特点是客观存在和不可避免。审计人员的专业胜任能力、专长和专业素养参差不齐，判断或有事项的角度不同、认识不同，对同一会计事项得出的处理方法也存在差异。在对或有事项的审计过程中广泛存在职业判断，会加大或有事项审计工作的错误概率。

2.（1）全面准确地了解客户信息和业务。分析、判断、评估潜在风险，制订和企业相适应的计划和发展策略。

（2）获取证据，了解和掌握本公司是否存在或有事项。

（3）加强内部控制和风险管理，防止部分财务人员利用或有事项进行利润操纵，保证会计信息的真实性，健全公司治理结构。

（4）加强对或有事项信息披露的审查，降低财务报告错报或漏报的可能性。

（5）向信息使用者披露真实的信息，提高信息披露的质量，便于投资者作出合理决策，降低企业违约风险，制订科学合理、便于操作的内控制度。

（6）对财务人员进行专业培训和继续学习，培养财务人员的专业胜任能力和职业素养。

（7）使财务人员理解和掌握会计准则，熟悉财经法规，提升职业判断，注重职业道德修养，逐步提升或有事项披露的透明度和可靠性。

3. 企业制订科学合理、便于操作的内控制度，加强内部控制建设和完善的力度，提高内部控制策略的执行力。加强企业内部管理，树立全面风险管理的意识，严格完善内控制度，更新观念，强化管理，保证企业有良好的内部控制环境。明确各部门职责，因事设人、分离授权职务，定期对内控制度进行评估，关注重点领域内控的设计和执行。

第四节　公允价值思维

一、公允价值思维的整体框架

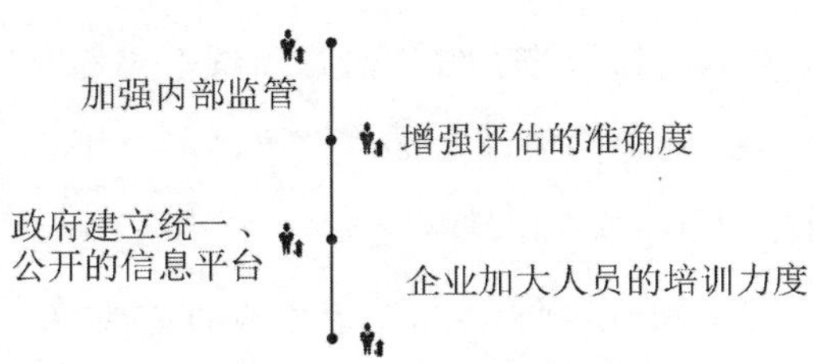

图 5.7　公允价值思维的整体框架

二、公允价值思维的原理

公允价值是指市场参与者在交易中，出售一项资产能收到或转移一项负债所需支付的价格。保证其在会计操作中合理应用的基础和保障有三点：交易双方对交易信息是对称的；交易双方自愿进行交易；交易双方进行的是公平交易。

（一）公允价值的特征

公允性，双方交易是公平的；时效性，资产或负债的公允价值是变动的；估计判断性，公允价值不是以实际成交金额确定，而是由估值方法估计的。

（二）公允价值面临的困境

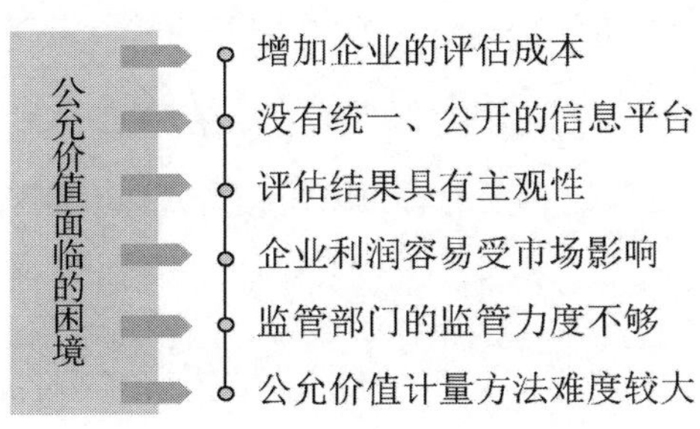

图 5.8　公允价值面临困境的框架

1. 增加企业的评估成本

有的资产评估工作需要中介机构，由其提供专业的评估技术。因此支付中介机构评估费用增加了企业的成本，限制了企业选择采用公允价值。

2. 没有统一、公开的信息平台

公允价值评估资产时，出现了没有同类型资产、市场不活跃、市场价格数据不充分的情况。没有统一、公开的平台，信息出现不对称，使相同类型资产参照的信息具有差异化，导致公允价值计量准确性不高。

3. 评估结果具有主观性

公允价值估量具有主观性，评估人员会根据评估对象、价值类型、数据来源，以及资料收集情况来选择适当的评估方法。估计方法的选择考虑因素多，不同人有不同的考量方法，造成不同的评估结果，评估结果具有一定的主观性，对财务报告造成影响。

4. 企业利润容易受市场影响

市场效益好时，资产价格上升，企业利润增长；市场效益差时，资产价格下降，企业利润下降。公允价值的变动幅度较大时，企业利润不稳定，利润波动较大，造成企业业绩不稳定，不利于树立公司的良好形象，降低了投资者对公司的信心，难以吸引新的投资者。

5. 监管部门的监管力度不够

部分企业为改善企业业绩，利用公允价值计量模式的不足，作出影响计量结果的行为，影响资产市场的竞争，不利于整个市场发展。市场监管部门、财政部门需要共同监督信息披露的准确性、相关性。

6. 公允价值计量方法难度较大

企业财务人员对公允价值运用持保守态度，在这方面经验相对欠缺。大部分企业的会计人员不具备处理这种复杂事项的能力，使企业排斥公允价值会计处理方法。

三、公允价值思维的价值

1. 提高会计信息的时效性和相关性

账面价值以历史成本为计量属性，虽可靠性高，但不能反映实际价值。账面价值有时会与市场价值出现较大的偏差，影响资产价值的准确性。公允价值计量是用最新的评估结果调整资产的账面价值，从根本上改变静态计量结果，实现资产价值变化的动态反映，提高会计信息质量。

2. 改善企业的资本结构

在资产账面价值远低于其实际市场价值的情况下，计量模式转变为公允价值计量模式，降低了企业的资产负债率，有利于企业筹集资金，增强投资者的信心，改善企业的资本结构，吸引市场投资者投资企业，推动企业发展。

3. 为决策者提供有效信息

公允价值计量能为决策者提供有效全面的信息，不受客观因素的影响，能准确地反映公司在当前经济形势下的现金流、销售能力和偿付能力；能更抓住交易实质，准确地估计金融工具的未来现金流，有效地反映金融工具当前所包含的价值和面临的风险；为决策者提供准确的会计信息，制订正确的投资决策。

4. 帮助企业加强内部监管

提升企业财务与审计人员的专业能力，提高从业人员对公允价值的重视程度。建立相互制约的结构、职务分离控制，建立完善的内部控制，创造良好的内部环境，使财务从业人员认识到公允价值保障金融体系平稳发展、促进金融创新的重要性。不断增加使用、评估公允价值的技能。

5. 增强评估的准确度

建立公平、自愿的市场交易，使财务管理者充分认识和改善会计风险，建立完善的风险管理体系。尽快建立统一、具体的公允价值计量指引，改进公允价值的估值技术，运用科技手段，加强风险防控与管理。选取信用高、资质好的评估机构组成评估机构库，降低评估成本，提高评估结果的准确性。

6. 促使政府建立统一、公开的信息平台

加强法律建设，健全监督体系，加大企业违法成本。制订惩罚措施，如果企业没有按照规定进行公允价值计量，人为干预公允价值的，一经发现，处以罚金并公示违规记录。构建统一、公开的信息平台，定期更新资产信息，有利于企业和评估机构统一信息基础，使数据更加公开透明，减少出错的概率，提高准确性。

7. 促使企业加大人员的培训力度

加大评估执业人员和员工的专业和素质培训。评估人员保持评估工作的独立性，不受企业影响，不帮助企业操纵利润。企业应选择职业道德高、专业能力强的员工，加强员工培训和继续教育，不断提升员工素质和专业能力。

定期每年开展专业知识和职业道德继续教育，丰富培训形式，使其多样化。增加财务人员培训次数和学习时长。鼓励财务人员进行会计学习活动，参加职业资格考试。

四、公允价值思维的应用案例

房地产市场公允价值计量问题治理

随着我国房地产市场的发展，公允价值计量模式更能及时反映市场价值。虽然现在使用公允价值计量还存在很多问题，如应用时间较短，使用的公司少；使用风险高；财务使用者缺乏运用公允价值的经验；我国房地产市场还不是很成熟，不活跃，不具备良好的基础条件等。

要想在房地产市场应用公允价值计量，需要政府部门、企业和评估机构共同努力，不断探索和完善，鼓励和推动公允价值计量应用。

具体措施：

（1）完善适合我国国情的房地产公允价值计量理论体系，增强其可操作性，建立科学的理论体系，分阶段完善公允价值计量操作方法。

（2）规范房地产信息披露制度，增加市场信息透明度。

（3）加大监督力度，消除原有房地产行业公允价值计量的缺陷，提高公允价值的可信度。

（4）加大公允价值计量知识的培训力度，提高房地产行业从业人员的职业技能。

虽然公允价值计量在实践中还有一些问题需要解决，但随着我国市场化经济的不断成熟和发展，已逐步完善了公允价值计量的理论体系和监管制度。相信随着公允价值计量技术的日益成熟，房地产行业使用公允价值计量在未来能得到广泛应用。

五、本节关键知识点

（1）公允价值是指市场参与者在交易中，出售一项资产能收到或转移一项负债所需支付的价格。

（2）没有统一的公开的平台，信息出现不对称，使相同类型资产参照的信息具有差异化，导致公允价值计量准确性不高。

（3）公允价值估量具有主观性，评估人员会根据评估对象、价值类型、数据来源，以及资料搜集情况来选择适当的评估方法。

（4）加强法律建设，健全监督体系，加大企业违法的成本。

（5）尽快建立统一、具体的公允价值计量指引，改进公允价值的估值技术，运用科技手段，加强风险防控与管理。

（6）评估人员保持评估工作的独立性，不受企业影响，不帮助企业操纵利润。

（7）房地产市场应用公允价值计量，需要政府部门、企业和评估机构共同努力，不断探索和完善，鼓励和推动公允价值计量应用。

六、公允价值思维训练习题

（一）多项选择题

随着我国房地产市场发展，公允价值计量模式更能及时反映市场价值。虽然现在使用公允价值计量还存在很多问题，如（　　）。

A. 应用时间较短，使用的公司少

B. 使用风险高

C. 财务使用者缺乏运用公允价值的经验

D. 我国房地产市场还不是很成熟，不活跃

（二）判断题

1. 有的资产评估工作需要中介机构，由其提供专业的评估技术。因此支付中介机构评估费用增加了企业的成本，限制了企业选择采用公允价值。(　　)

2. 没有统一的公开的平台，信息出现不对称，使相同类型资产参照的信息具有差异化，导致公允价值计量准确性变高。(　　)

3. 公允价值估量具有主观性，评估人员会根据评估对象、价值类型、数据来源，以及资料搜集情况来选择适当的评估方法。(　　)

4. 公允价值计量方法难度较小。企业财务人员对公允价值运用持保守态度，在这方面经验相对欠缺。大部分企业的会计人员不具备处理这种复杂事项的能力，使企业排斥公允价值会计处理方法。(　　)

5. 市场监管部门、财政部门需要共同监督信息披露的准确性、相关性。(　　)

6. 账面价值以历史成本为计量属性，有可靠性高的特点，也能反映实际价值。(　　)

7. 账面价值有时会与市场价值出现较大的偏差，影响资产价值的准确性。(　　)

8. 在资产账面价值远低于其实际的市场价值的情况下，计量模式转变为公允价值计量模式，提升了企业的资产负债率，有利于企业筹集资金。(　　)

9. 构建统一、公开的信息平台，定期更新资产信息，有利于企业和评估机构统一信息基础，使数据更加公开透明，减少出错的概率，提高准确性。(　　)

10. 加大评估执业人员和员工的专业和素质培训。评估人员保持评估工作的独立性。(　　)

（三）简答题

1. 当今财务制度下，使用公允价值计量会面临什么困境?

2. 当今财务制度下，使用公允价值计量会有哪些优势?

（四）案例分析题

运用公允价值思维分析房地产市场的案例。随着我国房地产市场发展，公允价值计量模式更能及时反映市场价值。虽然现在使用公允价值计量还存在很多问题，如应用时间较短，使用的公司少；使用风险高；财务使用者缺乏运用公允价值的经验；我国市场还不是很成熟，不活跃，不具备良好的基础条件等问题。

要想在房地产市场应用公允价值计量，需要政府部门、企业和评估机构共同努力，不断探索和完善，鼓励和推动公允价值计量应用。

问题：应用公允价值思维，应如何改善房地产行业的发展现状？

参考答案

（一）多项选择题

ABCD

（二）判断题

1. √　2. ×　3. √　4. ×　5. √　6. ×　7. √　8. √　9. √　10. √

（三）简答题

1. （1）增加企业的评估成本

有的资产评估工作需要中介机构，由其提供专业的评估技术。因此支付中介机构评估费用增加了企业的成本，限制了企业选择采用公允价值。

（2）没有统一、公开的信息平台

公允价值评估资产时，出现了没有同类型资产、市场不活跃、市场价格数据不充分的情况。没有统一、公开的平台，信息出现不对称，使相同类型资产参照的信息具有差异化，导致公允价值计量准确性不高。

（3）评估结果具有主观性

公允价值估量具有主观性，评估人员会根据评估对象、价值类型、数据来源，以及资料搜集情况来选择适当的评估方法。估计方法的选择考虑的因素多，不同人有不同的考量方法，造成不同的评估结果，评估结果具有一定的主观性，对财务报告造成影响。

（4）企业利润容易受市场影响

市场效益好时，资产价格上升，企业利润增长；市场效益差时，资产价格下降，企业利润下降。公允价值的变动幅度较大时，企业利润不稳定，利润波动较大，造成企业业绩不稳定，不利于树立公司的良好形象，降低了投资者对公司的信心，难以吸引新的投资者。

（5）监管部门的监管力度不够

部分企业为改善企业业绩，利用公允价值计量模式的不足，作出影响计量结果的行为，影响资产市场的竞争，不利于整个市场发展。市场监管部门、财政部门需要共同监督信息披露的准确性、相关性。

（6）公允价值计量方法难度较大

企业财务人员对公允价值运用持保守态度，在这方面经验相对欠缺。大部分企业的会计人员不具备处理这种复杂事项的能力，使企业排斥公允价值会计处理方法。

2.（1）提高会计信息时效性和相关性

账面价值以历史成本为计量属性，虽有可靠性高的特点，但不能反映实际价值。账面价值有时会与市场价值出现较大的偏差，影响资产价值的准确性。公允价值计量是用最新的评估结果调整资产的账面价值，从根本上改变静态计量结果，实现资产价值变化的动态反映，提高会计信息质量。

（2）改善企业的资本结构

在资产账面价值远低于其实际市场价值的情况下，计量模式转变为公允价值计量模式后，降低了企业的资产负债率，有利于企业筹集资金，增强投资者的信心，改善企业的资本结构，吸引市场投资者投资企业，推动企业发展。

（3）为决策者提供有效信息

公允价值计量能为决策者提供有效全面的信息，不受客观因素的影响，能准确地反映公司在当前经济形势下的现金流、销售能力和偿付能力，能更抓住交易实质，准确地估计金融工具的未来现金流，有效地反映金融工具当前所包含的价值和面临的风险，为决策者提供准确的会计信息，制订正确的投资决策。

（四）案例分析题

（1）完善适合我国国情的房地产公允价值计量理论体系，增强其可操作性，建立科学的理论体系，分阶段完善公允价值计量操作方法。

（2）规范房地产信息披露制度，增加市场信息透明度。

（3）加大监督力度，消除原有房地产行业公允价值计量的缺陷，提高公允价值的可信度。

（4）加大公允价值计量知识的培训力度，提高房地产行业从业人员的职业技能。

第五节　资产减值思维

一、资产减值思维的整体框架

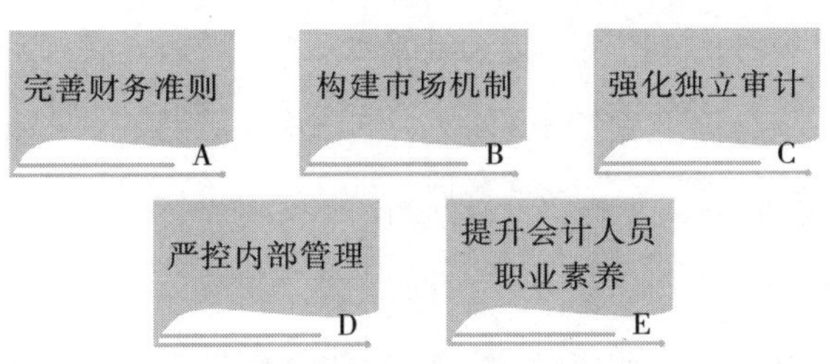

图 5.9　资产减值思维的整体框架

二、资产减值思维的原理

资产减值是指资产的可收回金额低于其账面价值。资产，包括单项资产和资产组。资产减值准备操作保证了企业财务报表的真实性，体现了资产处置谨慎性原则，也避免了资产的虚增导致企业利润的虚增。

当前对于资产减值操作确实出现了一些问题，遭遇了一些现实困境。要积极利用资产减值思维改变现实困境，进而使企业都能合法规范地进行资产减值，符合财务准则。

1. 资产减值未确立标准

当企业无法估算资产可回收金额时，不仅必须找到资产的归属，分门别类，为资产可回收金额找到依据，还要考虑企业管理层生产经营管理的决策方式。但是在实际的资产减值中，由于没有建立资产可回收金额的确认标准，无法准确找到资产的归属，导致无法估算资产可回收金额，影响资产减值。

2. 不能全面披露资产减值信息

大多数财务人员并不能准确把握资产减值计算方法和标准，无从知晓资产减值工作的程序和使用者所接收的信息是否完善，导致不能在资产减值时，对资产的金额、类型、原因以及影响进行全面披露，不能在面对重大资产减值问题时，在可回收金额信息披露中对如何确定可回收金额进行详细说明。

3. 公司借助资产减值调控利润

公司借助资产减值，保证来年的生产经营实现"扭亏为盈"。通过多计提固定资产减值准备，少计提折旧，提升下一年度企业利润。在资产置换过程中，达到利用具体政策来调控利润的目的。

4. 不能及时了解企业利润收益

根据我国《企业会计准则第8号——资产减值》规定，企业资产在确认资产减值损失后不得进行归转。但在我国财务行业实际操作中，个别企业并没有按照准则规定执行，而是将资产减值准备转回，资产变现，增加企业利润总额。如果企业对已计提资产减值准备不适当转回，企业真实资产情况信息将会失真，不能及时控制和了解企业实际所获得的利润收益。

5. 资产减值检查缺乏规范性

企业应对各项资产定期开展一次检查，同时预计资产损失，合理计提资产减值准备。未对资产减值定义规范化，没有对"定期"这一概念进行详细说明，没有实现定量化检查，导致企业在财务操作过程中针对资产减值核查工作很随意，资产减值检查也缺乏有效规范。

三、资产减值思维的价值

（一）完善财务准则

逐步完善资产减值准则，规范资产，控制利润可操作性，解决企业资产高估等问题。针对企业不同类型的款项要进一步明确，使其符合会计成本效益原则，实现最大化控制企业成本。严格对坏账风险进行有效控制，充分结合行业自身的发展特征，以及企业产品的具体特性，明确规定产品计提方式和具体原则，进一步简化会计核算工作。

（二）构建市场机制

目前我国资产信息市场和价格市场机制不完善，应该深入分析各个行业市场价格，构建起具有实际指导意义的市场价格体系，为企业资产减值计提提供依据。保障可靠、准确的资产减值评估，进一步压缩企业利润操作空间，降低企业资产减值核算中的主观因素，提升企业会计信息的可靠性和真实性。

（三）强化独立审计

为使企业经营发展得更好，提升企业管理质量，要强化独立审计。为防止资产减值成为利润调节的手段，企业需通过引入外部监督不断强化独立审计。但随着独立审计的工作量变多，财务工作难度和审计成本也将进一步增加，从而带来一定的行业发展风险和企业成本。因此，企业要建立内审制度，先要从内部开始制订出相应的独立审计准则，明确减值准备程序，推动企业内部开展审计活动，充分发挥审计审查能力；保障企业资产减值财务操作的顺利开展，保证企业会计信息的可靠性。

（四）严控内部管理

企业财务在结算之前应针对资产账面价值和市场价格差异进行充分评估，提出议案分析。如果资产减值准备总额超过某一限值，要提出书面报告，同时对提取依据、提取方法、提取金额等进行详细说明，公司监事会要严格监督企业计提资产减值准备的全过程，保障计提资产减值准备时做到合理化监督。

（五）提升会计人员的职业素养

资产减值确认和计量对于财务人员的职业素养要求很高，因此会计人员必须具备较高综合素养和职业判断力，才能保障资产减值确认和计量的精确性。为应对行业内部会计人员职业判断力水平高低不一的问题，企业在会计人员聘用过程中要强化考核力度，加强财务人员的继续教育工作，全面提升会计人员的综合素养。财务人员在日常工作中要端正学习态度，更新自身知识体系来适应行业发展，积极主动参加公司各类培训学习活动。

四、资产减值思维的应用案例

两银行资产减值问题治理

2021年前三季度A银行营业支出中资产减值损失为48.48亿元，上半年为29.97亿元，占营业支出的比例持续维持在59%之上。无独有偶，B银行因存在严重违反审慎经营规则、违规接受第三方金融机构信用担保等违法违规事实，被责令改正并处以30万元罚款。这两个公司的经营状况出现问题，有一部分原因是公司在资产减值方面处理不当。减值准备的计提在实际操作中有一定的难度，通过研究、分析，总结了这两个企业在资产减值准备规定和核算中共同存在的一些问题。

（1）禁止资产减值损失转回的规定不符合实际

当减值资产的可收回金额大于其账面价值时，账面价值就应增加，将已计提的资产减值损失中的部分返回，才能准确地反映资产的真实价值。而现有准则不允许再次转回，导致资产价值被低估，企业的基本盈利能力在财务报告中体现得不全面，未确保会计信息的相关性。

（2）资产减值准备确认的基础难以确定

在现实业务中，资产组的确认不仅与企业实际运营状况有关，还与企业的内部管理关系密切，更容易受会计人员主观思想的影响，由多种因素导致很难确认资产减值准备确认的基础。

（3）企业存在利润操纵的问题

资产存在可随意操纵的空间，资产确认存在困难，并出现企业利用不同资产计提减值、操纵利润的情况。

企业在发现上述资产减值的问题后，应在后续发展中注意以下方面。

（1）进一步完善企业减值的规定。参考国际资产减值标准，借鉴其他国家在资产减值准备财务操作方面的成功经验。考虑国内经济发展的现有情况和未来趋势，积极地和企业发展的实际情况相结合，加强对企业资产减值准备计量工作的把控。最大限度地减少会计人员主观判断，避免资产减值准备的计提变成企业操纵利润的工具。

（2）提高会计人员业务水平、职业道德和自律性。定期或者不定期地安排会计人员进行技能学习，积极培养其爱岗敬业、无私奉献的精神。提高会计人员的职业道德，提升财务人员的专业技能，保证会计人员的职业素养，使每一位财务人员都能在做资产减值准备工作时保持客观立场，实事求是，减少会计信息失真现象。

相对来说，我国关于资产减值准备的理论研究与实践应用处于初级阶段，还存在一些现实问题。企业应结合我国的实际情况，逐步探索出适合我国经济和社会发展现状的资产减值措施。

五、本节关键知识点

（1）资产减值是指资产的可收回金额低于其账面价值。

（2）当企业无法估算资产可回收金额时，不仅必须找到资产的归属，分门别类，为资产可回收金额找到依据，而且还要考虑企业管理层生产经营管理的决策方式。

（3）公司借助资产减值，保证来年的生产经营实现“扭亏为盈”，这种行为是不合规的。

（4）企业要建立内审制度，先要从内部开始制订出相应的独立审计准则，明确减值准备程序，推动企业内部开展审计活动，充分发挥审计审查能力。

（5）企业在会计人员聘用过程中要强化考核力度，加强财务人员的继续教育工作，全面提升会计人员的综合素养。

（6）每一位财务人员在做资产减值准备工作时都要保持客观立场，实事求是，减少会计信息失真现象。

（7）企业应结合我国的实际情况，逐步探索出适合我国经济和社会发展现状的资产减值措施。

六、资产减值思维训练习题

（一）单项选择题

1. 企业要建立（　　），先要从内部开始制订出相应的独立审计准则，明确减值准备程序，推动企业内部开展审计活动，充分发挥审计审查能力。

A. 内审制度　　B. 外审制度

C. 财务制度　　D. 审查制度

2. 当减值资产的可收回金额大于其账面价值时，账面价值就应（　　）。

A. 降低　　B. 不变

C. 增加　　D. 无法确定

3. 加强对企业资产减值准备计量工作的把控。最大限度地（　　）会计人员主观判断，避免资产减值准备的计提变成企业操纵利润的工具。

A. 保持　　B. 减少

C. 提高　　D. 无法确定

（二）判断题

1. 资产减值是指资产的可收回金额高于其账面价值。(　　)

2. 大多数财务人员并不能准确把握资产减值计算方法和标准，无从知晓资产减值工作的程序和使用者所接收的信息是否完善，导致不能在资产减值时对资产的金额、类型、原因以及影响全面进行披露。(　　)

3. 公司借助资产减值，保证来年的生产经营实现“扭亏为盈”。这种行为是正确的。(　　)

4. 企业并没有按照准则规定执行，而是将资产减值准备转回，资产变现，增加企业利润总额。这种行为是正确的。(　　)

5. 企业需通过引入外部监督来不断强化独立审计。但随着独立审计的工作量增加，财务工作难度和审计成本也将进一步增加，带来一定的行业发展风险和企业成本。(　　)

6. 严格对坏账风险进行有效控制，充分结合行业自身的发展特征，以及企业产品的具体特性，明确规定产品计提方式和具体原则，进一步简化会计核算工

作。( )

7. 资产减值确认和计量对于财务人员的职业素养要求很高，因此会计人员必须具备较高的综合素养和职业判断力，才能保障资产减值确认和计量的精确性。( )

8. 目前我国资产信息市场和价格市场机制不完善，应该深入分析各个行业市场价格，构建起具有实际指导意义的市场价格体系，为企业资产减值计提提供依据。( )

9. 构建统一、公开的信息平台，定期更新资产信息，有利于企业和评估机构统一信息基础，使数据更加公开透明，减少出错的概率，提高准确性。( )

（三）简答题

当前资产减值思维遭遇了哪些困境？

参考答案

（一）单项选择题

1. A 2. C 3. B

（二）判断题

1. × 2. √ 3. × 4. × 5. √ 6. √ 7. √ 8. √ 9. √

（三）简答题

（1）资产减值未确立标准

当企业无法估算资产可回收金额时，不仅必须找到资产的归属，分门别类，为资产可回收金额找到依据，还要考虑企业管理层生产经营管理的决策方式。但是在实际资产减值中，由于没有建立资产可回收金额的确认标准，无法准确找到资产的归属，导致无法估算资产可回收金额，影响资产减值。

（2）不能全面披露资产减值信息

大多数财务人员并不能准确把握资产减值计算方法和标准，无从知晓资产减值工作的程序和使用者所接收的信息是否完善，导致不能在资产减值时，对资产的金额、类型、原因以及影响全面进行披露；不能在面对重大资产减值问题时，在可回收金额信息披露中，对如何确定可回收金额进行详细说明。

（3）公司借助资产减值调控利润

公司借助资产减值，保证来年的生产经营实现“扭亏为盈”。通过多计提固定资产减值准备，少计提折旧，提升下一年度企业利润。在资产置换过程中，达到利用具体政策来调控利润的目的。

（4）不能及时了解企业利润收益

根据我国《企业会计准则第8号——资产减值》规定，企业资产在确认资产减值损失后不得进行归转。但在我国财务行业实际操作中，个别企业并没有按照准则规定执行，而是将资产减值准备转回，资产变现，增加企业利润总额。如果企业对已计提资产减值准备不适当转回，企业真实资产情况信息将会失真，不能及时控制和了解企业实际所获得的利润利益。

（5）资产减值检查缺乏规范性

企业应对各项资产定期开展一次检查，同时预计资产损失，合理计提资产减值准备。未对资产减值定义规范化，没有对“定期”这一概念进行详细说明，没有实现定量化检查。导致企业在财务操作过程中针对资产减值核查工作很随意，资产减值检查也缺乏有效规范。

第六节　谨慎思维

一、谨慎思维的整体框架

提供正确报表信息

维护多方面利益

助力企业良好经营

图5.10　谨慎思维的整体框架

二、谨慎思维的原理

财务准则是为了规范财务账目核算、财务报告，力图把财务处理建立在公允、合理的基础上。在进行财务核算时，遵守财务准则，可以保证和提高财务信息的可靠性，指导和规范经济业务。财务准则的设立有以下三个方面的作用。

第一，可以规范会计单位审计，强化国家资产管理。对资产进行清算及盘点，有利于财产的计算准确，提升财务会计管理水平，客观真实地反映资产管理水平。

第二，规范财务会计行为，保障运行成本。财会管理方向更加明确，管理范围更加清晰，能对财会管理水平进行有效控制。有效减少资金挪用问题及资金损耗问题，大大规范资金的使用控制管理水平。

第三，统一财会准则体系，保障会计管理效果。保障资金核算及资产管理水平。把绩效纳入人员管理体系当中，有效促进人员绩效评价，提升员工工作积极性，设立相关奖惩措施，保障日常工作顺利开展，运行稳定高效进行。

财务准则思维中一个重要的思维是谨慎思维。谨慎思维也叫作稳健思维。谨慎思维在大的层面可以使企业在遇到市场经济变化的不确定因素时，提出稳定的处理方式；在小的层面可以使会计财务人员在处理账务时，以谨慎的态度去面对问题，尽最大努力做到零失误，在后期核算过程中计算到可能产生的损失，不高估资产，不低估负债。

过度运用谨慎思维时，财务人员容易形成惯性的思维模式，容易受谨慎思维的影响，影响正确的财务操作，最终造成财务报表并没有真实反映企业的实际状况，低估利润与企业资产状况。

过度谨慎地分析利润及资产，会导致分析结果与市场实际资产利润不符，财务报表失去精准性，容易造成企业内部资金的浪费，无法提升企业的经济发展，造成资金缺少流动性，导致企业的发展受到影响。

三、谨慎思维的价值

（一）提供正确报表信息

通过资产计提折旧，考虑负债是否能全额收回，是否存在负债的方式，不高估资产，不低估负债。去除企业利润中的水分，保障财务报表真实不伪造，账目清晰易懂。

（二）助力企业良好经营

运用谨慎思维能够帮助企业提升警觉度，第一时间进行预警，应对未知的困难。通过多个层面的会计信息，总结所有相关信息，引领建立良好的规章制度，提升管理的强度。帮助企业领导人客观公正地分析利弊，以便进行较高的科学性、合理性、准确性的抉择。

（三）维护多方面利益

财务利益相关者不仅包括企业内部员工，也包括股东。谨慎性可以保护更多人的权益，为所有报表使用者提供正确的信息，降低投资风险；助力企业权益良好分配，科学管理，降低诉讼风险，保证企业未来的发展。

四、谨慎思维的应用案例

运用谨慎思维管理某公司

目前某公司正处于快速发展阶段，所要运行的项目比较多，资金的使用量也比较大。某公司资金在其融资的渠道和方式中存在不确定因素和潜在风险，甚至出现了盲目扩张的问题。因此，应严格利用谨慎思维来管理某公司。

具体做法：

（1）提高财务管理人员素质

对于财务报表使用者来说，分析某公司的发展状况主要依靠财务报表。财务报表的正确披露，离不开严密的财务管理工作和高素质的财务人员。在新的会计制度管理模式下，只有在实际财务操作中合理利用谨慎思维，才能适应日渐提升的时代经济发展要求，充分适应现代经济的发展变化，把握现代社会的经济发展。

（2）助力某公司完善财务管理计划

如何根据某公司自身的发展情况，结合谨慎思维，制订完善的财务管理计划，规划某公司整体的经济发展模式是财务人员迫切的要求。有了财务管理计划，某公司才能在激烈的竞争下保持优势，赢取更大的利益，为某公司的发展掌握正确的方向。

（3）准确认知某公司外部环境

为确保某公司良好发展，应不断强化谨慎思维，进一步确定社会经济发展的大方向。谨慎感知某公司的外部环境，为某公司今后的发展做好打算，确保某公司的发展战略稳步健康发展。

（4）保证财务管理透明化

财务管理工作如果出现纰漏，将会对某公司的发展造成影响。如果财务人员工作时进行造假，将给某公司带来不可避免的损失。为将谨慎思维贯穿于每一项财务工作中，务必将财务管理信息进行透明化处理。管理人员必须负责落实各笔款项的去向，明确财务人员的工作职责，采用相应的奖罚措施，实行激励政策，为某公司更好地发展打下坚固的基础。

经过以上四种措施的调整，某公司制订具备可行性的发展计划，依照计划确定资金的使用量和融资的渠道。一方面，不仅避免因为资金不足而影响某公司发展的状况发生，也避免出现资金闲置。另一方面，控制融资时间，根据长远规划，严格管理规划的实施细节，合理安排融资时间和资金使用时间，多措并举，共同保障某公司资金的长期良好运转，科学降低融资的成本。

五、本节关键知识点

（1）在进行财务核算时，遵守财务准则，可以保证和提高财务信息的可靠性，指导和规范经济业务。

（2）过度谨慎地分析利润及资产，会导致分析结果与市场实际资产利润不符，财务报表失去精准性，容易造成企业内部资金的浪费，无法提升企业的经济发展，资金缺少流动性，导致企业的发展受到影响。

（3）运用谨慎性原则能够帮助企业提升警觉度，第一时间进行预警，应对未知的困难。

（4）控制融资时间，根据长远规划，严格管理规划的实施细节，合理安排融资时间和资金使用时间，保障公司资金的长期良好运转，科学降低融资的成本。

（5）谨慎性可以保护更多人的权益，为所有报表使用者提供正确的信息，降低投资风险；助力企业权益良好分配，科学管理，降低诉讼风险，保证企业的未来发展。

（6）管理人员必须负责落实各笔款项的去向，明确财务人员的工作职责，采用相应的奖罚措施，实行激励政策，为公司更好地发展打下坚固的基础。

六、谨慎思维训练习题

（一）单项选择题

1.（　　）可以使企业在遇到市场经济变化的不确定因素时，提出稳定的处理方式，使会计财务人员在处理账务时，尽最大努力做到零失误，在后期核算过程中计算到可能会产生的损失。

A. 风险思维　　B. 谨慎思维

C. 预判思维　　D. 稳定思维

2. 根据公司自身的发展情况，结合谨慎思维，制订完善的（　　），规划公司整体的经济发展模式是财务人员迫切的要求。

A. 财务管理计划　　B. 利润计划

C. 资金控制要求　　D. 资金需求计划表

3. 对于财务报表使用者来说，分析公司的发展状况主要依靠（　　）。

A. 财务报表　　B. 规划蓝图

C. 评估报告　　D. 项目分析

（二）判断题

1. 过度运用谨慎思维时，财务人员容易形成惯性的思维模式，容易受谨慎

思维的影响，影响正确的财务操作。所以，应合理运用谨慎思维。(　　)

2. 谨慎思维能使企业提升警觉度，第一时间进行预警，起到应对未知困难的作用。(　　)

3. 谨慎思维可助力企业权益良好分配，科学管理，降低诉讼风险，保证企业的未来发展。(　　)

4. 过度谨慎地分析利润及资产，不会导致分析结果与市场实际资产利润不符，影响财务报表的准确性。(　　)

5. 谨慎思维通过多个层面的会计信息，总结所有相关信息，引领建立良好的规章制度，提升管理的强度。(　　)

6. 即使不规范会计单位审计，不强化国家资产管理，不对资产进行清算及盘点，也不会对财产的计算准确量及确定和财务会计管理水平造成影响。(　　)

7. 利用谨慎思维可有效减少资金挪用问题及资金损耗问题，大大规范资金的使用控制管理水平。(　　)

8. 有些公司出现了盲目扩张的问题，因此应严格利用谨慎思维来管理公司。(　　)

9. 在新的会计制度管理模式下，只有在实际财务操作中合理利用谨慎思维，才能适应日渐提升的时代经济发展要求，充分适应现代经济的发展变化，把握现代社会的经济发展。(　　)

（三）简答题

用谨慎思维进行财务分析时，能提升财务的准确度，但过度使用谨慎思维，是否也会对财务分析造成影响？

（四）案例分析题

运用谨慎思维管理某公司。目前某公司正处于快速发展阶段，所要运行的项目比较多，资金的使用量也比较大。某公司资金在其融资的渠道和方式中存在不确定因素和潜在风险，甚至出现了盲目扩张的问题。

问题：1. 运用谨慎思维管理某公司，有哪些具体措施？

2. 运用谨慎思维分析问题，会对某公司的发展带来哪些益处？

参考答案

（一）单项选择题

1. B　2. A　3. A

（二）判断题

1. √　2. √　3. √　4. ×　5. √　6. ×　7. √　8. √　9. √

（三）简答题

过度运用谨慎思维时，财务人员容易形成惯性的思维模式，容易受谨慎思维的影响，影响正确的财务操作，最终造成财务报表并没有真实反映企业的实际状况，低估利润与企业资产状况。

过度谨慎地分析利润及资产，会导致分析结果与市场实际资产利润不符，财务报表失去精准性，容易造成企业内部资金的浪费，无法提升企业的经济发展，造成资金缺少流动性，导致企业发展受到影响。

（四）案例分析题

1.（1）提高财务管理人员素质

对于财务报表使用者来说，分析某公司的发展状况主要依靠财务报表。财务报表的正确披露，离不开严密的财务管理工作和高素质的财务人员。在新的会计制度管理模式下，只有在实际财务操作中合理利用谨慎思维，才能适应日渐提升的时代经济发展要求，充分适应现代经济的发展变化，把握现代社会的经济发展。

（2）助力某公司完善财务管理计划

如何根据某公司自身的发展情况，结合谨慎思维，制订完善的财务管理计划，规划某公司整体的经济发展模式是财务人员迫切的要求。有了财务管理计划，某公司才能在激烈的竞争下保持优势，赢取更大的利益，为某公司的发展掌握正确的方向。

（3）准确认知某公司外部环境

为确保某公司良好发展，应不断强化谨慎思维，进一步确定社会经济发展的大方向。谨慎感知某公司的外部环境，为某公司今后的发展做好打算，确保某公司的发展战略稳步健康发展。

（4）保证财务管理透明化

财务管理工作如果出现纰漏，将会对某公司的发展造成影响。如果财务人员工作时进行造假，将给某公司带来不可避免的损失。为将谨慎思维贯穿于每一项财务工作中，务必将财务管理信息进行透明化处理。管理人员必须负责落实各笔款项的去向，明确财务人员的工作职责，采用相应的奖罚措施，实行激励政策，为某公司更好地发展打下坚固的基础。

2. 某公司制订具备可行性的发展计划，依照计划确定资金的使用量和融资的渠道。一方面，不仅避免因为资金不足而影响某公司发展的状况发生，也避免出现资金闲置。另一方面，控制融资时间，根据长远的规划，严格管理规划的实施细节，合理安排融资时间和资金使用时间，多措并举，共同保障某公司资金的长期良好运转，科学降低融资的成本。

第六章 企业合规师的财务结构思维

第一节　结构思维

一、结构思维的整体框架

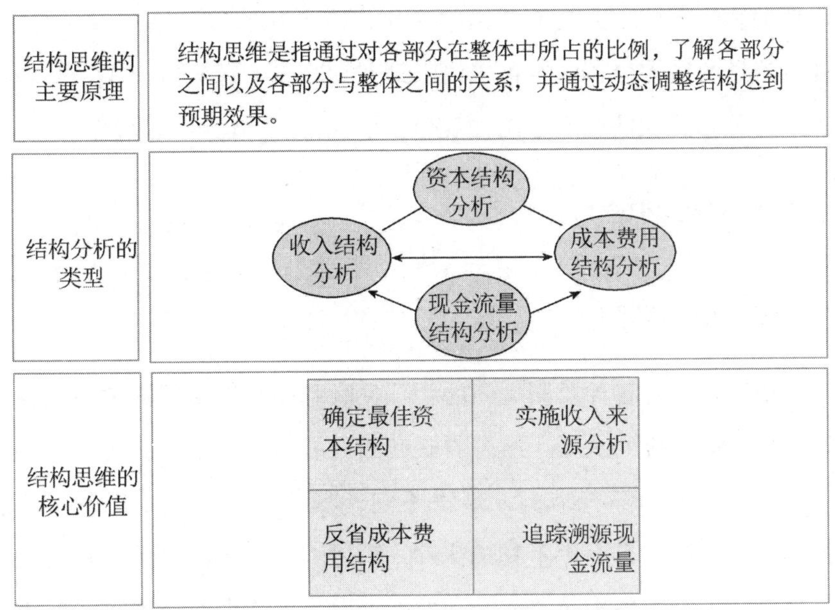

图 6.1　结构思维的整体框架

二、结构思维的原理

结构思维是指通过对各部分在整体中所占比例的分析，了解各部分之间以及各部分与整体之间的关系，并通过动态调整结构达到预期效果的一种思维模式。

就财务分析而言，结构分析往往借助结构百分比这一财务指标来进行，即用百分比表示某一报表项目的内部结构。结构百分比反映该项目内各组成部分的比例关系，代表了企业某一方面的特征、属性或能力。结构百分比实际上是一种特殊形式的财务比率，它排除了规模的影响，使不同比较对象建立起可比性，可以用于与本企业历史比较、与其他企业比较和与预算比较。

不同行业的企业，往往具有不同的资产结构以及不同的负债结构，对资产和负债结构的分析，可以审视企业的资产配置是否恰当，资本结构是否合理，是否充分使用了财务杠杆而又不至于将企业置于举债过度的危险境地。

对收入的结构分析，则有助于企业找出最盈利的产品和业务线，从而为经营决策提供参考。

对成本费用的结构分析，则能帮助企业检讨生产流程是否合理、费用控制是否到位，帮助企业压缩不必要的开销，提升盈利能力。

对现金流量的结构分析，则可以清晰地对现金流的源头进行溯源，及时发现企业的现金管理和流动性风险，增强现金获取能力，降低财务风险。

三、结构思维的价值

（一）生活中的结构

结构是指事物自身各种要素之间的相互关联和相互作用的方式，包括构成事物要素的数量比例、排列次序、结合方式和因发展而引起的变化等。结构是事物的存在形式，一切事物都有结构，事物不同，其结构也不同。原子、细胞、植物、动物、天体、社会，不论事物的大小，存在即有结构。有结构就会有层次，有层次就会产生级别。事物能够成长和发展，取决于其内部结构的稳定性和数量比例、排列顺序的协调性和统一性。因此，学习结构，有助于理解事物，促进协调发展。

（二）结构思维要素应用

结构思维是指以事物的结构为思考对象，来引导思维和表达过程的一种思考方法，包括如下三个思维要素。

1. 清晰的思维主题或目标。先寻找清晰明确的中心，然后对其进行多个切面、多个层次的思考和分析，抓住问题出现的原因，统筹制订解决问题的计划和方案。

2. 归类分组。换言之，归类分组即结合实际情况对实现目标所需资源进行归纳提炼、高度概括。

3. 系统地制订解决问题的详细计划和方案。

总之，结构思维在人的潜意识层面不自觉地被使用，但由于没有受过系统训练，所以面对自身缺乏经验的领域时，难以以理论为指导而灵活使用。其实，只要能掌握结构思维的三个明确特征，即目标清晰、对资源归类分组并利用这些资源制订出具体计划和方案，就能自觉、全面地运用结构思维。

（三）结构思维在财务上的应用

1. 确定最佳资本结构

企业在生产经营过程中周转使用的资金包含两部分，分别是从债权人借入和企业自有的资金，二者又以不同的形态分配和使用。可以说，资本结构是否合理直接关系到企业的偿债能力和自身的盈利能力，这与企业的抗风险能力直接相关。因此，分析资本结构对企业的经营者、投资者或债权人都具有十分重要的意义。

资本结构的安排体现了盈利能力与偿债能力之间的权衡。一方面，适度举债，利用财务杠杆，有利于增强企业的净资本收益率，增加股东回报；另一方面，如果投资收益率不能超过债务利率，那么财务杠杆撬动股东回报的功能就无法发挥作用，企业的债务将成为企业的财务负担，影响企业的偿债能力，形成较大的财务风险。

另外，就整体资产结构而言，企业实际资产结构的安排更多地取决于所处行业的特征。例如，公用事业类公司的固定资产比重往往达到70%，而银行的固定资产比重则经常不到2%，这说明行业特征在一定程度上决定着企业的资产结构。目前企业管理的趋势是流动资产所占比例逐步下降，企业通过零库存管理、缜密的应收账款管理、现金浮游量和锁箱法等财务管理方法的运用，均可有效降低流动资产的占用。

2. 实施收入来源分析

对企业收入的分析不仅要研究其总量，而且应分析其结构及变动情况，以了解企业的经营方向和会计政策选择。收入结构分析主要从主营业务收入与其他收入，现销收入与赊销收入两个方面进行。

（1）主营业务收入与其他收入分析

企业收入包括主营业务收入、其他业务收入、投资收入和营业外收入等。一般认为，主营业务收入是公司经营业务的“晴雨表”。通过查看公司主营业务收入、其他业务收入、投资收入和营业外收入，可以了解与判断企业的经营方向、投资方向及效果，进而可预测企业的可持续发展能力。如果一个企业的主营业务收入占比较低或呈下降趋势，其发展潜力显然是值得怀疑的。

（2）现销收入与赊销收入分析

现销收入是指销售商品收取现金的业务收入款。值得一提的是，这里的现金指的是现款，而非传统意义上的纸币。赊销收入是指没有立即收到货款的业务收入。企业收入中的现销收入与赊销收入构成，一方面受所属行业的行业规则、相关会计政策的影响，另一方面也和企业产品本身的竞争力（适销程度）有关。通过对两者结构及变动情况进行分析，可了解与掌握企业产品销售情况及战略选择，分析判断其合理性。

3. 反省成本费用结构

结构分析同样适用于财务分析中成本费用的分析。企业利润的提升，除了不断拓展利润来源，也离不开对不必要的成本费用的控制。前者“开源”，后者“节流”。只有开源节流都到位了，才能稳步提升企业的利润水平。

通过分析各项成本和费用在收入中的占比，与行业内可比（头部）企业进行比较，可以有效帮助经营管理层评估企业的成本和费用的合理性。例如，如果发现研发成本在整个成本费用中的占比过高，就要评估相应研发项目的投入是否带来了同期主营业务收入的同步增加，如果答案是否定的，则要进一步考虑分析研发成本的构成及产生效益的时间周期。如果该研发投入周期较长，则需考虑是否与公司长期战略匹配吻合；同时适当缩减研发成本中的人员投入。

4. 追踪溯源现金流量

财务记账的本质是权责发生制，而非现金收付制，一家在利润表中有盈余的企业也可能出现现金入不敷出的窘境。因此，对现金流量表溯源分析的重要性在于帮助企业及时规划现金管理，规避流动性风险。

现金流量表由经营活动产生的现金流、投资活动产生的现金流和筹资活动产生的现金流组成。每一部分又分为流入量、流出量和净流量三个维度。通过对三大部分共九个维度的现金流量进行结构性分析，可以有效发现诸多信号。例如，企业的经营活动现金净流量突然变成负值，同时企业的筹资活动现金净流量较前期有所上升，这时，企业经营管理层就应当警觉，因企业的主营业务流动性呈恶化态势，持续供血依赖金融性活动。而相关金融活动的持续性本质上强依赖于公司的主营业务，一旦终止，公司将出现流动性危机。又如，金融机构的放贷对企业来说属于筹资性现金流，而银行等金融机构放贷的前提是公司的主营业务持续向好，若公司主业产生波动导致经营性现金流长期恶化，则企业将面临金融机构抽贷的风险，从而断绝公司唯一的现金来源。因此，经营管理层应当重点关注企业本身的经营性现金流情况，努力提升经营活动的现金制造能力，辅助拓展融资渠道，提升融资能力，使公司整体现金流情况处于良性状态。

四、结构思维的应用案例

现金流量结构分析揭示某网为何陷入财务危机

2010 年，某网在中国创业板上市。某网上市后，其实际控制人进行了大规模的业务扩张，除视频业务之外，还广泛涉猎手机、电视以及无人驾驶汽车领域。

2017 年，某网发布公告，表示无力履行无息借款与增持承诺。2019 年，因某网涉嫌信息披露违法违规等行为，证监会决定对某网立案调查。之后，某网一直深陷债务和诉讼纠纷，资金链断裂，最终被终止上市。

某网的资金流危机其实在 2015 年股价最辉煌之时就已经埋下伏笔，通过对某网 2015 年及 2016 年的现金流量进行结构分析，即能看到危机端倪。

具体做法：

对某网 2015 年及 2016 年的现金流量分别进行结构分析，结果如表 6.1 所示。

第一步，计算 2015 年经营活动产生的现金流量、投资活动产生的现金流量以及筹资活动产生的现金流量占现金净增加额的比例。

第二步，通过 2015 年的现金流量结构分析，进行现金流溯源，发现 2015 年净现金余额主要来自筹资，投资消耗了132%的现金余额，日常经营活动带来的现金流量仅占39%。这说明，在表面风光的投资背后，已经隐藏了极大的财务风险。一旦投资项目回报率低于融资利率，某网将陷入严重的财务危机。

第三步，计算2016年经营活动产生的现金流量、投资活动产生的现金流量以及筹资活动产生的现金流量占现金净增加额的比例。

第四步，2016年某网的净现金流量由2015年的22亿元下滑至负12亿元。根据结构分析，发现消耗现金最大的是投资，占比高达777%。祸不单行的是，经营活动产生的现金流量也变为负数。这时，筹资活动仍在力挽狂澜，继续四处借钱以支撑企业现金流的活动，筹资活动产生的现金流量占比也达到761%。

第五步，通过2015年以及2016年的现金流量结构分析，可以很清楚地看到：某网现金流的恶化源于其大规模的投资活动，某网的筹资能力很强，2016年还在支撑着局面，尚未到不可收拾的地步。但如果投资迟迟没有回报，或者投资回报率低于筹资利率，那么，该来的财务危机一定会来，只是时间问题。

表6.1　某网现金流量结构对比分析

单位：元

项目	2016年发生额	占比	2015年发生额	占比	2016年较2015年变化
经营活动产生的现金流量净额	-1068060768.96	86%	875701876.46	39%	-222%
投资活动产生的现金流量净额	-9675379592.26	777%	-2984750156.60	-132%	224%
筹资活动产生的现金流量净额	9477499774.00	-761%	4365349107.00	193%	117%
汇率变动对现金及现金等价物的影响	20370447.08	-2%	11128692.65	0.5%	83%
现金及现金等价物净增加额	-1245570140.14	100%	2267429519.51	100%	-155%

实施成效：通过对某网2015年以及2016年两年的现金流量进行结构分析，可以很清晰地对某网的现金流进行溯源，发现某网的现金主要来自筹资活动，投

资活动消耗了大量资金，经营活动产生的现金却在减少，这说明该公司没有形成一个健康的资金循环，其外部虽然在高调扩张，但内里实际已经被“掏空”，可以说，某网于2020年的结局早在2015年就已经埋下了伏笔。

五、本节关键知识点

（1）结构思维是指通过对各部分在整体中所占比例的分析，了解各部分之间以及各部分与整体之间的关系，并通过动态调整结构达到预期效果的一种思维模式。

（2）结构分析往往借助结构百分比这一财务指标来进行。结构百分比反映该项目内各组成部分的比例关系，代表了企业某一方面的特征、属性或能力。结构百分比实际上是一种特殊形式的财务比率，它排除了规模的影响，使不同比较对象建立起可比性，可以用于与本企业历史比较、与其他企业比较和与预算比较。

（3）不同行业的企业，往往具有不同的资产结构以及不同的负债结构，对资产和负债结构的分析，可以审视企业的资产配置是否恰当，资本结构是否合理，是否充分使用了财务杠杆而又不至于将企业置于举债过度的危险境地。

（4）对收入的结构分析，则有助于企业找出最盈利的产品和业务线，从而为经营决策提供参考。

（5）对成本费用的结构分析，则能帮助企业检讨生产流程是否合理、费用控制是否到位，帮助企业压缩不必要的开销，提升盈利能力。

（6）对现金流量的结构分析，则可以清晰地对现金流的源头进行溯源，及时发现企业的现金管理和流动性风险，增强现金获取能力，降低财务风险。

六、结构思维训练习题

（一）多项选择题

1. 结构思维在财务分析领域可用于（　　）。

A. 确定最佳资本结构　　B. 实施利润来源分析

C. 反省成本费用结构　　D. 追踪溯源现金流量

2. 结构思维排除了规模的影响，使不同比较对象建立起可比性，可以用于以下方面的比较（　　）。

A. 与本企业历史比较　　B. 与其他企业比较

C. 与预算比较　　D. 与行业比较

3. 对成本费用的结构分析，则能帮助企业（　　）。

A. 检讨生产流程是否合理　　B. 评估费用控制是否到位

C. 压缩不必要的开销　　D. 提升盈利能力

4. 企业有效降低流动资产占用的措施有（　　）。

A. 零库存管理　　B. 缜密的应收账款管理

C. 现金浮游量　　D. 锁箱法

5. 企业收入中的现销收入与赊销收入构成受（　　）因素影响。

A. 企业的产品适销程度　　B. 企业竞争战略

C. 会计政策选择　　D. 企业管理人员的性格

（二）判断题

1. 结构思维是指通过对各部分在整体中所占比例的分析，了解各部分之间以及各部分与整体之间的关系，并通过动态调整结构达到预期效果的一种思维模式。（　　）

2. 对现金流量的结构分析，可以清晰地对现金流的源头进行溯源，及时发现企业的现金管理和流动性风险，增强现金获取能力，降低财务风险。（　　）

3. 就财务分析而言，结构分析往往借助结构百分比这一财务指标来进行，即用百分比表示某一报表项目的内部结构。（　　）

4. 结构百分比实际上是一种特殊形式的财务比率。（　　）

5. 对成本费用的结构分析，则能帮助企业检讨生产流程是否合理、费用控制是否到位，帮助企业压缩不必要的开销，提升盈利能力。（　　）

6. 对资产负债的结构分析，可以清晰地对现金流的源头进行溯源，及时发现企业的现金管理和流动性风险，增强现金获取能力，降低财务风险。（　　）

7. 资本结构的安排体现了盈利能力与偿债能力之间的权衡。（　　）

8. 如果企业的主要利润长期来自非主营业务，则企业必须检讨自身的战略，及时调整生产线和销售策略。（　　）

9. 如果广告费用在销售费用中占比最高，则要完全去除广告费用，通过其他投入产出比更高的促销手段来增加收入。(　　)

10. 对现金流量进行溯源分析，有利于企业及时发现经营风险，及时改进经营管理，及时规避流动性风险。(　　)

(三) 简答题

1. 结构思维如何应用于企业资本结构的确定?

2. 结构思维如何应用于企业现金流的溯源分析?

参考答案

(一) 多项选择题

1. ABCD　2. ABC　3. ABCD　4. ABCD　5. ABC

(二) 判断题

1. √　2. √　3. √　4. √　5. √　6. ×　7. √　8. √　9. ×　10. √

(三) 简答题

1. 资本结构的安排体现了盈利能力与偿债能力之间的权衡。一方面，适度举债，利用财务杠杆，有利于增强企业的净资本收益率，增加股东回报；另一方面，如果投资收益率不能超过债务利率，那么财务杠杆撬动股东回报的功能就无法发挥作用，企业的债务将成为企业的财务负担，影响企业的偿债能力，形成较大的财务风险。

另外，就整体资产结构而言，企业实际资产结构的安排更多地取决于所处行业特征。例如，公用事业类公司的固定资产比重往往要达到70%，而银行的固定资产比重则经常不到2%，这说明行业特征在一定程度上决定着企业的资产结构。目前企业管理的趋势是流动资产所占比例逐步下降，企业通过零库存管理、缜密的应收账款管理、现金浮游量和锁箱法等财务管理方法的运用，均可有效降低流动资产的占用。

2. 对现金流量进行溯源分析的一个重要方法就是现金流量结构分析，即分析由经营活动、投资活动、筹资活动所形成的各种不同来源的现金流量结构组合，加上上述三种活动流入量、流出量、净流量的二维组合，计算各个活动所产生的现金流量占全部现金流量的比重，可以发现诸多信号。例如，企业的经营活动现金净流量突然变成负值，而同时企业的筹资活动现金净流量较前期有所下降，这时，企业经营管理层就应当警觉，因企业的流动性已经在明显恶化。因此，企业经营管理层应当进一步检讨流动性恶化的原因，努力提升经营活动的现金制造能力，并拓展融资渠道，提升融资能力，及时化解流动性风险。

第二节　资产结构思维

一、资产结构思维的整体框架

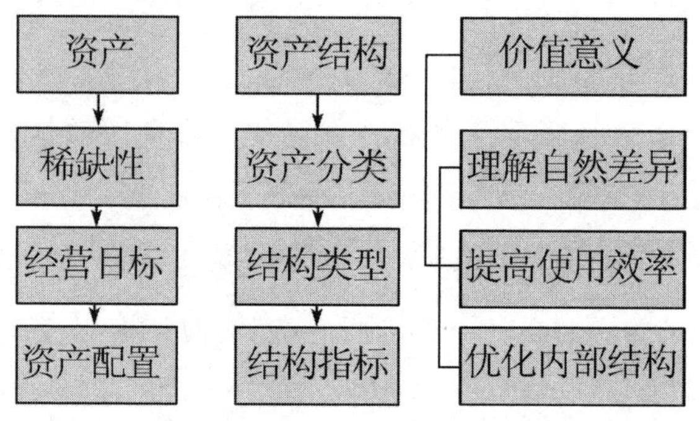

图 6.2　资产结构思维的整体框架

二、资产结构思维的原理

资产结构和资本结构是企业财务结构的核心指标。从资产负债表中不难发现，资产负债表左边对应的是资金的运用情况，也就是常说的资产结构；资产负债表右边对应的是资金的来源说明，即资本结构。

1. 资产的定义

《企业会计准则——基本准则》第二十条第一款规定：“资产是指企业过去

的交易或者事项形成的、由企业拥有或者控制的、预期会给企业带来经济利益的资源。”

上述所指的“企业过去的交易或者事项”仅包括过去购买、生产、建造行为或其他交易或者事项，也就是说，未来发生的交易或者事项不形成资产。

“由企业拥有或者控制”是指企业享有某项资源的所有权，或者虽然不享有某项资源的所有权，但该资源能被企业所控制。

“预期会给企业带来经济利益”是指直接或者间接导致现金和现金等价物流入企业的潜力。

根据资产的定义，资产是由企业拥有或控制的资源。一个企业的资源是有限的，具有稀缺性。企业使用资产的目的是在生产经营过程中收获经济利益，因此，最大化经济利益是其目标。结合资产的稀缺性和企业经营的经济利益最大化特点，企业必须在有限的资产条件下，将资产有效地运用于满足企业最重要的目标上。因此，研究资产内部配置、资产结构优化问题成为财务管理的重要问题。

2. 资产的分类

资产的分类决定了资产结构的划分依据。

（1）以企业资产流动性划分，资产可以分为流动资产和非流动资产。

①流动资产是指现金以及可以合理地预期将在一年或者超过一年的营业周期内变现、出售或者耗用的资产，主要包括货币资金、短期投资、应收及预付款项、存货、待摊费用等项目，具体为库存现金、银行存款、交易性金融资产、应收及预付款项和存货等。

②非流动资产又称长期资产，是指企业旨在生产经营中长期使用或者为某种目的而长期持有的资产，主要包括长期股权投资、固定资产、无形资产和长期待摊费用等。

（2）以企业资产有无实物形态划分，资产可以分为有形资产和无形资产。

（3）以企业资产是否参加企业的经营活动划分，资产可以分为经营性资产和非经营性资产。

根据企业不同的资产分类方式，资产在生产经营环节功能不同，效用也不同。根据企业的行业产业差异、企业管理者经营管理思维差异，不同企业资产的配置比例结构也不同。而各种资产之间不同的配置比例也对企业的生产经营效率产生直接影响。

3. 资产结构的类型

根据企业的风险承担能力，可将资产结构简要地概括为：保守型资产结构、扩张型资产结构、中庸型资产结构。

（1）保守型资产结构：企业为风险厌恶型。当企业中流动资产占总资产的比重较高或企业的流动资产比率大于固定资产比率时，企业资产结构为保守型。采用此类资产结构的企业偿债能力强，企业经营活动有保障，但因非流动资产占比较小，不利于生产经营的扩大。

（2）扩张型资产结构：企业为风险偏好型。当企业中非流动资产占总资产的比重较高或企业的固定资产比率大于流动资产比率时，企业资产结构为扩张型。采用此类资产结构的企业生产经营易于扩大，但因流动资产占比较小，企业偿债能力弱。

（3）中庸型资产结构：企业为风险中性型。当企业中流动资产与固定资产占总资产的比重相近时，企业资产结构为中庸型。采用此类资产结构的企业在生产经营活动和财务状况中都趋于平衡稳定。

4. 常见的资产结构指标

改善资产结构一般采用比率法，即各类资产占总资产的比率。

（1）流动资产比率=流动资产/总资产×100%

（2）固定资产比率=固定资产/总资产×100%

（3）非流动资产比率=非流动资产/总资产×100%

（4）经营资产占总资产比重=经营资产/总资产×100%

有的企业为了提高偿还债务的能力，优化资产的流动性，则采用如下指标。

（1）流动比率=流动资产/流动负债100%

（2）速动比率=（流动资产-存货-预付费用-待摊费用）/流动负债100%

上市公司为了提高企业的运营能力，采用如下指标来优化资产结构。

（1）存货周转率=存货成本/平均存货余额

（2）流动资产周转率=主营业务收入净额/平均流动资产总额

（3）固定资产周转率=营业收入/平均固定资产净值

三、资产结构思维的价值

（一）理解资产结构的自然差异

企业的行业与类型不同、阶段不同、战略不同、地区不同、经营管理水平不同，资产结构优化指标也不同。

资金密集型企业资产规模一般均比劳动密集型资产规模要大，内部的资产结构自然悬殊；业务扩张阶段的企业，应收账款占流动资产的比例一般比业务成熟型企业要高；流通类企业的资产负债率一般比制造业要大；西部地区在途商品的时间一般比东部地区长，所以商品流转的时间也要长。

（二）提高企业资产使用效率

提高企业资产使用效率主要涉及对周转率的优化，主要包括对流动资产周转率、固定资产周转率、长期投资周转率、应收账款周转率、存货周转率、资产结构指标的优化。

周转率的优化提升可以辅助企业股东判断企业财务安全性及资产的收益能力，以进行相应的投资决策；可以辅助债权人判断其债权的物质保障程度或其安全性，从而进行相应的信用决策；可以辅助管理者发现闲置资产和利用不充分的资产，从而处理闲置资产以节约资金，或提高资产利用效率以改善经营业绩。

（三）优化企业内部资产结构

优化企业资产结构是指通过合理调节企业各项资产所占的资产份额，提升资产质量，最终使企业在生产经营活动中实现经济效益最大化。理解资产结构的优化需要注意以下三点。第一，理解提升资产质量的意义。企业的各项资产在企业的营运过程中理应物尽其用。因此，企业应及时处置低效闲置资产、确保各项资产可高效投入到企业的生产经营活动中，不断提升企业资产质量。第二，理解经济效益优化的意义。优化企业的资产结构最终应服务于企业的经营效益，提高企业收益，降低企业经营风险，从而提高企业的经营效益。第三，理解最终经济效益最大化的意义。企业资产结构的优化是动态过程，要不断适应企业当前阶段的发展需要和实际状况，其最终目标为企业取得经济效益的最大化。因此，不同企业在优化资产结构时的重点不同，不同行业的企业的资产结构优化目标也不同。

四、资产结构思维的应用案例

分析某饭店资产结构

一般而言，企业的资产结构取决于行业，受行业经营特点的限制，因行业生产经营特点而呈现出特定的行业资产结构特征。如生产制造企业，生产用固定资产比例相对高些，非流动资产结构比例就呈现出偏高的特征；而诸如商品流通行业、餐饮行业、非学历教育行业等企业，则流动资产比例一般相对偏高，因为这类企业经营用房屋建筑物多采用租赁方式，故非流动资产比例偏低，流动资产比例相对偏高。下面，以某饭店为例，学习资产结构把控要点。

某饭店主营业务为中式餐饮服务和食品工业，中式餐饮服务主要涵盖四个品牌。在食品工业领域，目前已形成三大产品系列，一是烤鸭类产品、即食休闲类产品和肉食品；二是面食产品；三是酱类等调味品。

表 6.2　某饭店近年来资产结构　　单位：万元

年份	2010 年	2011 年	2012 年	2013 年	2014 年	2015 年	2016 年	2017 年	2018 年	2019 年	2020 年
非流动资产	942.93	925.76	903.16	980.93	925.76	919.75	905.46	855.10	823.32	1094.70	1051.15
流动资产	318.15	346.95	460.49	422.71	798.60	940.45	1075.00	1214.47	1196.89	903.62	691.91
总资产	1261.08	1272.71	1363.65	1403.64	1724.36	1860.21	1980.46	2069.57	2020.21	1998.32	1743.06
流动资产/总资产	25.23%	27.26%	33.77%	30.12%	46.31%	50.56%	54.28%	58.68%	59.25%	45.22%	39.70%
非流动资产/总资产	74.77%	72.74%	66.23%	69.88%	53.69%	49.44%	45.72%	41.32%	40.75%	54.78%	60.30%
流动资产/非流动资产	0.34	0.37	0.51	0.43	0.86	1.02	1.19	1.42	1.45	0.83	0.66

从表 6.2 中某饭店近年来的数据来看，流动资产与非流动资产结构比例前 5 年与后 6 年差异较大，前 5 年流动资产基本保持在非流动资产的 50%以下，2014

年至2018年则快速增长，自2015年以后，流动资产均超过非流动资产，达到2018年年底最高1.45倍，其资产结构中流动资产比例不断上升，而且可以预见，在经营每年相对持平稳定的状态下，累计历年留存收益不断增加，流动资产的比例会持续上升。2019年、2020年流动资产占比有所降低。

五、本节关键知识点

（1）资产是指企业过去的交易或者事项形成的、由企业拥有或者控制的、预期会给企业带来经济利益的资源。

（2）资产的分类标准：以企业资产流动性划分、以企业资产有无实物形态划分、以企业资产是否参加企业的经营活动划分。

（3）资产结构的类型：保守型、扩张型、中庸型。

（4）常见的资产结构指标：各类资产占总资产的比率；优化资产的流动性相关比率；各类周转率。

（5）学习资产结构的价值意义：理解资产结构的自然差异；提高企业资产使用效率；优化企业内部资产结构。

（6）理解资产结构优化的重要性和针对不同企业的具体情况分别制订优化方案。

六、资产结构思维训练习题

（一）单项选择题

1. 长期投资属于企业的（ ）。

A. 固定资产　　B. 流动资产

C. 非流动资产　　D. 无形资产

2. 账户式资产负债表是左右结构，左边对应的是资金的运用情况，是常说的（ ）。

A. 资产结构　　B. 资本结构

C. 资金结构　　D. 负债结构

3. 根据表6.3所示一企业近年财报信息，可判断企业资产结构类型为（　　）。

表6.3　资产结构　　　　单位：亿元

流动资产	非流动资产	总资产
11.37	0.81	12.18

A. 中庸型资产结构　　　　B. 保守型资产结构

C. 扩张型资产结构　　　　D. 无法确定

4. 不属于优化资产结构指标的选项是（　　）。

A. 固定资产比率　　　　B. 资本回报率

C. 流动资产比率　　　　D. 存货周转率

（二）多项选择题

1. 根据资产的定义，以下说法正确的是（　　）。

A. 未来发生的交易或者事项可以构成资产

B. 企业拥有一项资产意味着企业一定享有该项资源的所有权

C. 资产拥有直接或者间接导致现金和现金等价物流入企业的潜力

D. 企业的资产仅包括过去购买、生产、建造行为或其他交易或者事项

2. 下列关于资产分类正确的有（　　）。

A. 资产可以按照企业资产的流动性分类

B. 资产可以按照企业资产有无实物形态分类

C. 资产可以按照企业资产是否参加企业的经营活动分类

D. 资产的分类决定了资产结构的划分依据

（三）判断题

1. ××周转率表明企业的资产使用效率，可以辅助管理者发现闲置资产和利用不充分的资产。（　　）

2. 以企业资产流动性划分，资产可以分为有形资产和无形资产。（　　）

3. 对不同行业的企业而言，资产配置比例结构不同是正常现象。（　　）

4. 企业管理者经营管理思维差异会影响资产配置比例结构。（　　）

5. 当企业中非流动资产占总资产的比重较高或企业的固定资产比率大于流动资产比率时，企业资产结构为保守型资产结构。(　　)

6. 采用中庸型资产结构的企业在生产经营活动和财务状况中都趋于平衡稳定。(　　)

7. 采用扩张型资产结构的企业偿债能力比采用保守型资产结构的企业要弱。(　　)

8. 流动比率是衡量企业短期偿债能力的重要指标。一般情况下，流动比率越高，说明企业资产的流动性越大，短期偿债能力越强，企业的财务风险越小。但一家企业的流动比率过高也可能意味着企业闲置了大量货币资金、有过多应收账款或存货积压过多。(　　)

9. 一企业当前存货周转率为 28.1 次/年，比该行业中位数 5.62 次/年高出过多，则该企业存货周转率应降低。(　　)

10. 企业的资产结构设置应与企业当前的经济状况相符。(　　)

11. 资产结构优化意在合理搭配资产让企业在经营中收益最大，风险最小。(　　)

(四) 案例分析题

2018 年，某公司在上海证券交易所主板正式上市交易。截至 2021 年 9 月 30 日，某公司的财报显示资产数据如下表 6.4 所示。

表 6.4　某公司的财报显示资产数据　　单位：元

科目	金额（元）
流动资产	66.17 亿
长期投资	1.99 亿
固定资产	8.12 亿
无形资产	8613.94 万
其他	4.27 亿
资产合计	81.41 亿

现将某公司 2015 年至 2020 年的部分年度财报数据呈现如表 6.5 所示。

表 6.5　某公司 6 年的财报数据　　单位：元

科目	2020.12.31	2019.12.31	2018.12.31	2017.12.31	2016.12.31	2015.12.31
流动资产						
货币资金	19.65 亿	10.88 亿	11.43 亿	7.21 亿	3.19 亿	2.79 亿
以公允价值计量且其变动计入当期损益的金融资产	6231.37 万	449.99 万	23.08 万	288.27 万	2166.56 万	2168.34 万
应收票据及应收账款	—	—	9.01 亿	—	—	—
应收票据	13.72 万	76.53 万	1874.03 万	5213.88 万	860.43 万	1673.46 万
应收账款	12.88 亿	9.27 亿	8.82 亿	5.67 亿	4.91 亿	3.21 亿
预付账款	9990.61 万	5031.51 万	7358.12 万	4233.75 万	9936.51 万	8600.17 万
其他应收款	5611.78 万	2660.51 万	2344.52 万	2646.06 万	1927.59 万	2874.55 万
存货（净额）	12.85 亿	10.00 亿	11.75 亿	6.32 亿	5.82 亿	4.75 亿
一年内到期的非流动资产	—	—	—	—	—	—
其他流动资产	1.55 亿	4019.26 万	4466.10 万	4177.75 万	3546.38 万	1823.26 万
流动资产合计	49.73 亿	31.66 亿	33.60 亿	20.86 亿	15.76 亿	12.46 亿
非流动资产						
可供出售金融资产	—	—	1262.22 万	988.18 万	500.00 万	—
持有至到期投资	—	—	—	—	—	—
长期股权投资	1.71 亿	1.75 亿	1.36 亿	1.02 亿	2858.12 万	2261.22 万
投资性房地产	29.45 万	30.57 万	25.23 万	26.37 万	27.62 万	19.82 万
固定资产净额	7.62 亿	7.75 亿	4.13 亿	3.66 亿	3.94 亿	3.69 亿
在建工程	637.71 万	522.63 万	1.27 亿	114.11 万	38.22 万	166.21 万
无形资产	8728.42 万	8928.58 万	8779.81 万	8523.68 万	8237.62 万	4565.36 万
商誉	—	—	—	95.44 万	95.44 万	—
长期待摊费用	580.72 万	827.04 万	1038.29 万	1253.24 万	1689.64 万	1478.15 万
递延所得税资产	7534.91 万	6497.29 万	6201.51 万	3734.95 万	3154.94 万	2373.41 万
其他非流动资产	—	—	—	0.00	0.00	0.00
非流动资产合计	11.90 亿	11.66 亿	8.48 亿	6.16 亿	5.60 亿	4.78 亿
资产总计	61.62 亿	43.32 亿	42.08 亿	27.01 亿	21.36 亿	17.23 亿

问题：1. 请填写表 6.6，计算 2015 年至 2020 年的总资产增长率、固定资产增长率、固定资产占总资产比重。基于所填数据，进行初步的资产结构分析。（保留到百分比小数点后两位）

表 6.6　公司资产结构分析 1　　单位：元

科目	2021. 09. 30	2020. 12. 31	2019. 12. 31	2018. 12. 31	2017. 12. 31	2016. 12. 31	2015. 12. 31
总资产	81. 41 亿	61. 62 亿	43. 32 亿	42. 08 亿	27. 01 亿	21. 36 亿	17. 23 亿
总资产增长率							—
固定资产	8. 12 亿	7. 62 亿	7. 75 亿	4. 13 亿	3. 66 亿	3. 94 亿	3. 69 亿
固定资产增长率							—
固定资产占总资产比重							

2. 结合表 6.6 数据和给出的部分财报摘录数据，完成表 6.7 计算，并就此展开资产结构的进一步分析。（为简化计算，本题未将应收票据计算在其中）（保留到百分比小数点后两位）

表 6.7　公司资产结构分析 2　　单位：元

科目	2021. 09. 30	2020. 12. 31	2019. 12. 31	2018. 12. 31	2017. 12. 31	2016. 12. 31	2015. 12. 31
总资产	81. 41 亿	61. 62 亿	43. 32 亿	42. 08 亿	27. 01 亿	21. 36 亿	17. 23 亿
流动资产	66. 17 亿	49. 73 亿	31. 66 亿	33. 60 亿	20. 86 亿	15. 76 亿	12. 46 亿
应收账款	12. 88 亿	12. 88 亿	9. 27 亿	8. 82 亿	5. 67 亿	4. 91 亿	3. 21 亿
应收账款占总资产比重							—
应收账款占流动资产比重							
存货	25. 61 亿	12. 85 亿	10. 00 亿	11. 75 亿	6. 32 亿	5. 82 亿	4. 75 亿
存货占总资产比重							
存货占流动资产比重							

参考答案

（一）单项选择题

1. C　2. A　3. B　4. B

（二）多项选择题

1. CD　2. ABCD

（三）判断题

1. √　2. ×　3. √　4. √　5. ×　6. √　7. √　8. √　9. ×　10. √　11. √

（四）案例分析题

1. 如表6.8所示。

表6.8　计算的公司资产结构分析1　　单位：元

科目	2021. 09. 30	2020. 12. 31	2019. 12. 31	2018. 12. 31	2017. 12. 31	2016. 12. 31	2015. 12. 31
总资产	81. 41亿	61. 62亿	43. 32亿	42. 08亿	27. 01亿	21. 36亿	17. 23亿
总资产增长率	32. 12%	42. 24%	2. 95%	55. 79%	26. 45%	23. 97%	—
固定资产	8. 12亿	7. 62亿	7. 75亿	4. 13亿	3. 66亿	3. 94亿	3. 69亿
固定资产增长率	6. 56%	-1. 68%	87. 65%	12. 84%	-7. 11%	6. 78%	—
固定资产占总资产比重	9. 97%	12. 37%	17. 89%	9. 81%	13. 55%	18. 45%	21. 42%

该企业总资产规模增长快速。2018年该公司在A股挂牌上市，除2019年外，该企业总资产增长速度提升至年化40%。

该企业固定资产占总资产比重较低，属于轻资产模式，为科技类公司常用运营模式，有利于强化效益和灵活性，对抗潜在风险。

2. 如表6.9所示。

表6.9　计算的公司资产结构分析2　　单位：元

科目	2021. 09. 30	2020. 12. 31	2019. 12. 31	2018. 12. 31	2017. 12. 31	2016. 12. 31	2015. 12. 31
总资产	81. 41亿	61. 62亿	43. 32亿	42. 08亿	27. 01亿	21. 36亿	17. 23亿
流动资产	66. 17亿	49. 73亿	31. 66亿	33. 60亿	20. 86亿	15. 76亿	12. 46亿
应收账款	12. 88亿	12. 88亿	9. 27亿	8. 82亿	5. 67亿	4. 91亿	3. 21亿
应收账款占总资产比重	15. 82%	20. 90%	21. 40%	20. 96%	20. 99%	22. 99%	18. 63%

续表

科目	2021. 09. 30	2020. 12. 31	2019. 12. 31	2018. 12. 31	2017. 12. 31	2016. 12. 31	2015. 12. 31
应收账款占流动资产比重	19. 47%	25. 90%	29. 28%	26. 25%	27. 18%	31. 15%	25. 76%
存货	25. 61 亿	12. 85 亿	10. 00 亿	11. 75 亿	6. 32 亿	5. 82 亿	4. 75 亿
存货占总资产比重	31. 46%	20. 85%	23. 08%	27. 92%	23. 40%	27. 25%	27. 57%
存货占流动资产比重	38. 70%	25. 84%	31. 59%	34. 97%	30. 30%	36. 93%	38. 12%

应收账款占总资产比重多年稳定在20%，占流动资产比重多年维持在26%左右，比例较高，存在财务风险。应进一步查看应收账款的账龄，确认风险程度。存货占总资产比重稳定在20%，占流动资产比重达到25%，2021年前三季度存货占总资产比重达到了31. 46%，存货占流动资产比重达到了38. 70%，比例过高，财务数据值得进一步关注。

第三节　资本结构思维

一、资本结构思维的整体框架

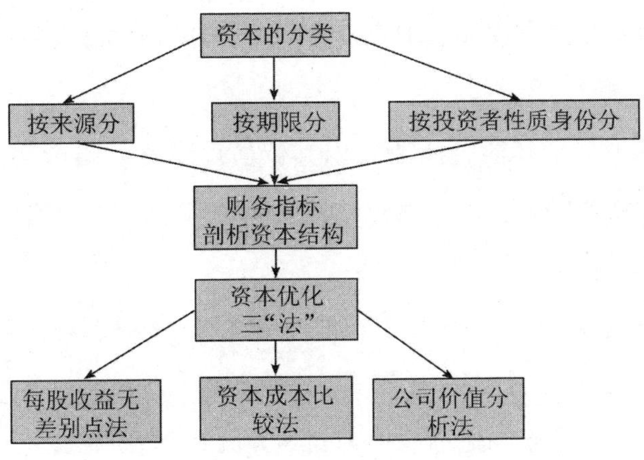

图 6. 3　资本结构思维的整体框架

二、资本结构思维的原理

财务会计领域所定义的资本，就是投资者投入企业的资本金，是企业为购置从事生产经营活动所需资产的资金来源，出现在资产负债表的右侧。公司的资本结构主要是指负债与股东权益的比例，需要考虑企业在各种融资方式间的选择和搭配是否合理与最优。

（一）资本的分类

（1）按照来源可分为债务资本和股权资本

债务资本是指债权人为企业提供的短期和长期贷款，不包括应付账款、应付票据和其他应付款等商业信用负债。

股权资本也叫作自有资金或权益资本，是指企业依法取得并长期拥有，自主调配运用的资本。股权资本的筹集方式主要有股票、吸收直接投资、留存收益和认股权证筹资等。

（2）按照时间期限可分为短期资本和长期资本

一年及一年以内到期的资本为短期资本，一年以上到期的资本为长期资本。例如，短期债务为短期资本。

（3）按照投资者性质和身份不同，一般可分为以下四类

国家投入资本是指有权代表国家投资的政府部门或机构，以国有资产投入的资本。

法人投入资本是指其他企业法人以其依法可支配的财产，投入本企业的资本。事业单位和社会团体，以国家允许其用于生产经营的资产向本企业投入的财产，亦属法人投入资本。

个人投入资本是指社会个人或企业内部职工以个人合法财产投入企业的资本。

外商投入资本是指中国境外的法人和个人以其外币、设备、无形资产或其他资产投入的资本。

（二）资本结构的分析

依照资本的划分依据，资本结构分析按照资本来源、资本期限展开。暂不讨论基于投资者性质和身份的资本结构分析。

1. 基于资本来源的资本结构分析

传统的财务分析指标通常是基于资本来源进行分析，如资产负债率、有息负债率等。

（1）股东权益比率：股东权益比率是股东权益与资产总额的比率

其计算公式为：股东权益比率=股东权益总额/资产总额×100%

该项指标反映所有者投入在企业资产中的比重，可反映企业基本财务结构的稳定性。

（2）资产负债率：资产负债率是负债总额与资产总额的比率。该指标可体现企业利用债权人资金进行经营活动的能力，可揭示企业的负债水平和企业的风险程度以及企业的运作理念。

其计算公式为：资产负债率=负债总额/资产总额×100%

企业资产负债率高，说明企业意在通过举债筹资，促进企业快速发展。但同时，较高的债务也会增加财务风险。

（3）长期负债率：长期负债率是长期负债与资产总额的比率，可反映企业的长期偿债能力。

其计算公式为：长期负债率=长期负债/资产总额×100%

（4）股东权益与固定资产比率

其计算公式为：股东权益与固定资产比率=（股东权益总额/固定资产总额）×100%

股东权益与固定资产比率也是衡量公司财务结构稳定性的一个指标。

（5）有息负债率

有息负债是企业负债中需要支付利息的债务占总负债的比率。该指标越低，说明企业举债成本越低，企业财务压力相对较小。

其计算公式为：有息负债率=带息负债总额/负债总额×100%

2. 基于资本期限的资本结构分析

按照资本到期时间，资本分为短期资本和长期资本。测算企业每年长期资本占有率、短期资本占有率，可掌握静态和动态的资本到期情况。

三、资本结构思维的价值

资本结构思维的价值主要体现在对企业资本结构的优化设计上。为了实现资本结构的优化，通常有以下三种方式可供采用。

（一）每股收益无差别点法

每股收益无差别点是指在发行不同筹资方案筹集到相同资本时，企业每股利润相等的筹资金额点。也可以理解为息税前利润（EBIT）的某一特定取值，在发行股票筹资、负债筹资筹集到相同资本后，不同融资方案下的每股收益（EPS）相等时计算得出。其中，息税前利润是指支付扣除利息和所得税之前的利润。而每股收益是税后利润与股本总数的比率。

本方法的决策原则为：选择筹资成本更低的筹资方案。因此，当预期的息税前利润大于每股收益无差别点时，选择负债筹资方案，可以放大企业财务杠杆的作用，放大收益倍数。而当预期息税前利润小于利润无差别点时，选择股票筹资方案。当预期息税前利润等于利润无差别点时，选择两种筹资方案无差别。

每股收益无差别点法是通过比较不同的备选筹资方案的每股收益无差别点，选择出最佳资金结构融资方案的决策方法。

（二）资本成本比较法

资本成本比较法指企业在筹资决策时，通过计算、比较多种融资方案的加权平均成本，最终选择加权平均资本成本最低的融资方案，确定最佳资本结构的方法。此方法需要提前拟定不同的筹资方案、确定每种筹资方案的资本结构，之后计算并得出结论。

（三）公司价值分析法

公司价值分析法也称为比较公司价值法，通过测算公司在不同资本结构下的公司价值和综合资本成本，优选出公司价值最大、综合资本成本最低的资本结构。其中，公司市场总价值=权益资本的市场价值+债务资本的市场价值。

四、本节关键知识点

（1）资本按照来源可分为债务资本和股权资本；按照时间期限可分为短期资本和长期资本；按照投资者性质和身份不同可分为国家投入资本、法人投入资本、个人投入资本和外商投入资本。

（2）传统的财务分析指标通常是基于资本来源进行分析，包括资产负债率、股东权益与固定资产比率、有息负债率等。

（3）常见的资本优化方法为每股收益无差别点法、资本成本比较法和公司价值分析法。

五、资本结构思维训练习题

（一）单项选择题

1. 企业为购置从事生产经营活动所需的资产的资金来源可以理解为（　　）。

A. 资产　　B. 资本　　C. 资金　　D. 负债

2. 资本按照来源可分为（　　）。债权人为企业提供的短期和长期贷款是（　　）。企业依法取得并长期拥有，自主调配运用的资本是（　　）。

A. 法人投入资本和个人投入资本；个人投入资本；法人投入资本

B. 法人投入资本和个人投入资本；法人投入资本；个人投入资本

C. 债务资本和股权资本；债务资本；股权资本

D. 债务资本和股权资本；股权资本；债务资本

3. 以下指标不是基于资本来源的资本结构分析的是（　　）。

A. 长期资本占有率　　B. 长期负债率

C. 股东权益与固定资产比率　　D. 有息负债率

（二）多项选择题

以下说法正确的有（　　）。

A. 一企业股东权益比率大于90%，表明该企业没有积极地利用财务杠杆效应

B. 一企业股东权益比率小于10%，表明该企业可能面临负债过多的情况，财务结构不稳定

C. 一企业资产负债率大于90%，表明该企业财务风险较大

D. 一企业资产负债率小于10%，表明该企业可能融资能力差

（三）判断题

1. 资本结构是企业一定时期筹资组合的结果。（　　）

2. 最优、合理、均衡的资本结构有利于节约资金成本，提高资金使用率，降低财务风险。（　　）

3. 资本按照来源可分为短期资本和长期资本。（　　）

4. 股权资本的筹集方式主要有股票、吸收直接投资、发行债券和认股权证筹资等。（　　）

5. 一企业以短期负债支付公司长期发展所需的机械设备厂房，兼具安全性与稳健性。（　　）

6. 结合新一期季度财报，一企业资产负债率约为67%，其财务风险一定过高。（　　）

7. 一般情况下，资产有息负债率和资产负债率的数值接近。（　　）

8. 从企业优化现金流的角度考虑，减少有息负债比减少无息负债更重要。（　　）

9. 根据每股收益无差别点法，当预计公司总的息税前利润等于每股收益无差别点的息税前利润时，应选择股票筹资。（　　）

10. 支付100元股息和100元利息需要企业产生的营业利润是相等的。（　　）

（四）案例分析题

案例一：表6.10、表6.11为某电器公司截至2021年9月30日的部分财报数据摘录。

表 6.10　某电器公司部分财报数据 1　　单位：元

科目	金额
流动资产	2123.92 亿
长期投资	76.48 亿
固定资产	186.55 亿
无形资产	68.91 亿
其他	405.00 亿
资产合计	2860.86 亿

表 6.11　某电器公司部分财报数据 2　　单位：元

科目	金额
带息负债	712.23 亿
无息流动负债	1175.49 亿
无息非流动负债	32.88 亿
负债合计	1920.60 亿

问题：1. 请计算某电器公司的资产负债率、股东权益比率，并说明资产负债率、股东权益比率之间的关系。(保留到百分比小数点后两位)

2. 请计算某电器公司的有息负债率。(有息负债率＝有息负债/总资产×100%)(保留到百分比小数点后两位)

3. 通过比较其资产负债率与有息负债率，评估公司的财务风险。思考其背后可能出现的原因。

4. 有息负债和无息负债有什么区别？企业应如何有效降低负债率？

案例二：

表 6.12　某公司部分财报数据　　单位：元

指标	2021.9.30	2020.12.31	2019.12.31	2018.12.31	2017.12.31	2016.12.31	2015.12.31
资产	81.41 亿	61.62 亿	43.32 亿	42.08 亿	27.01 亿	21.36 亿	17.23 亿
负债	39.06 亿	30.49 亿	18.47 亿	17.11 亿	14.37 亿	12.48 亿	11.23 亿

问题：1. 根据表 6.12 计算 2015 年至 2021 年某公司每个报告期的资产负债率（保留到百分比小数点后两位），完成表 6.13，并分析其变化趋势。

表 6.13　某公司资产负债率趋势　　单位：元

指标	2021. 9. 30	2020. 12. 31	2019. 12. 31	2018. 12. 31	2017. 12. 31	2016. 12. 31	2015. 12. 31
资产	81. 41 亿	61. 62 亿	43. 32 亿	42. 08 亿	27. 01 亿	21. 36 亿	17. 23 亿
负债	39. 06 亿	30. 49 亿	18. 47 亿	17. 11 亿	14. 37 亿	12. 48 亿	11. 23 亿
资产负债率							

2. 根据定义，应收账款、应收票据、应付票据、应付账款、预收账款、预付账款属于资产还是负债？请把属于资产和属于负债的科目填到对应的横线上。

资产　　　　负债

__________　　__________

__________　　__________

__________　　__________

3. 根据第二问，计算历年（2015—2020 年）应付预收和应收预付的差额近似值（以亿为单位，保留到小数点后两位），结合数据分析差额，并分析差额和企业行业地位之间的关系。如果差额小于零，说明企业行业地位相对较高还是较低？财报部分数据如表 6. 14 所示。

表 6. 14　财报部分历年数据　　单位：元

指标	2020. 12. 31	2019. 12. 31	2018. 12. 31	2017. 12. 31	2016. 12. 31	2015. 12. 31
应收票据	13. 72 万	76. 53 万	1874. 03 万	5213. 88 万	860. 43 万	1673. 46 万
应收账款	12. 88 亿	9. 27 亿	8. 82 亿	5. 67 亿	4. 91 亿	3. 21 亿
预付账款	9990. 61 万	5031. 51 万	7358. 12 万	4233. 75 万	9936. 51 万	8600. 17 万
应付票据	2. 00 亿	1. 32 亿	1. 36 亿	1. 70 亿	2. 32 亿	1. 83 亿
应付账款	18. 26 亿	10. 69 亿	11. 21 亿	9. 16 亿	7. 92 亿	6. 43 亿
预收账款	—	1. 15 亿	1. 16 亿	1. 03 亿	8991. 66 万	3290. 54 万

案例三：某公司资产重组后，有关资本结构的资料如下。

股东留存利润 100 万元，作为重组后公司的投资，其回报率维持原来的年化 15%；除此以外，原股东再投入 200 万元，约定回报率为 13%。该公司从银行借入长期借款 400 万元，年利率为 6.5%。

该公司的所得税率为 33%。

问题：根据以上资料，计算该公司重组后的加权平均资本成本。

案例四：一企业发行在外的普通股总股数为 3000 万股，其全部债务为 6000 万元（年利息率为 6%）。公司因有一个较好的新投资项目，需要追加筹资 2000 万元，现有两种筹资方案。

甲方案：增发普通股 500 万股，每股发行价 4 元。

乙方案：向银行取得长期借款 2000 万元，票面利率为 8%。

企业采用资本结构优化的每股收益分析法进行方案选择。假设发行股票和发行债券的筹资费忽略不计，经测算，追加筹资后公司销售额可以达到 3000 万元，变动成本率为 50%，固定成本总额为 400 万元，公司适用的企业所得税税率为 25%。

问题：1. 计算两种方案的每股收益无差别点（两种方案的每股收益相等时的息税前利润）。

2. 计算公司追加筹资后的预计息税前利润［预计息税前利润＝销售收入×(1－变动成本率）－固定成本］。

3. 根据前两问的计算结果，判断公司应当选择何种筹资方案，并说明理由。

参考答案

（一）单项选择题

1. B　2. C　3. A

（二）多项选择题

ABCD

（三）判断题

1. √　2. √　3. ×　4. ×　5. ×　6. ×　7. ×　8. ×　9. ×　10. ×

（四）案例分析题

案例一：1. 资产负债率=67.13%

所有者权益=2860.86亿-1920.60亿=940.26亿元

股东权益比率=32.87%

资产负债率与股东权益比率相加为1。

2. 有息负债率=24.90%

3. 某电器公司的资产负债率高，有息负债率低，说明公司无息负债体量大。出现两指标背离的原因可能是企业在产业链地位强势，通过“应付账款”“预收账款”占用产业链上下游资金。

4.（仅供参考）有息负债与无息负债对企业利润的影响有区别。有息负债因要支付财务费用，使利润减少。而无息负债不直接减少利润。因此，企业应通过减少有息负债降低负债率，减少财务费用指出，从而改善利润。

案例二：1. 如表6.15所示。

表6.15 计算的资产负债率历年数据 单位：元

指标	2021.9.30	2020.12.31	2019.12.31	2018.12.31	2017.12.31	2016.12.31	2015.12.31
资产	81.41亿	61.62亿	43.32亿	42.08亿	27.01亿	21.36亿	17.23亿
负债	39.06亿	30.49亿	18.47亿	17.11亿	14.37亿	12.48亿	11.23亿
资产负债率	47.98%	49.48%	42.64%	40.66%	53.20%	58.43%	65.18%

某公司的资产负债率在2018年前逐年降低，2020年小幅增加，总体稳定在40%—60%，说明公司以负债取得的资产稳定，公司的偿债风险较小。

2. 应收账款、应收票据、预付账款属于资产类科目；应付票据、应付账款、预收账款属于负债类科目。

3. 如表6.16所示。

表6.16 计算的历年资产负债表项目数据 单位：元

指标	2020.12.31	2019.12.31	2018.12.31	2017.12.31	2016.12.31	2015.12.31
应收票据	13.72万	76.53万	1874.03万	5213.88万	860.43万	1673.46万
应收账款	12.88亿	9.27亿	8.82亿	5.67亿	4.91亿	3.21亿
预付账款	9990.61万	5031.51万	7358.12万	4233.75万	9936.51万	8600.17万

续表

指标	2020. 12. 31	2019. 12. 31	2018. 12. 31	2017. 12. 31	2016. 12. 31	2015. 12. 31
应付票据	2. 00 亿	1. 32 亿	1. 36 亿	1. 70 亿	2. 32 亿	1. 83 亿
应付账款	18. 26 亿	10. 69 亿	11. 21 亿	9. 16 亿	7. 92 亿	6. 43 亿
预收账款	—	1. 15 亿	1. 16 亿	1. 03 亿	8991. 66 万	3290. 54 万
应付预收和应收预付的差额	6. 38 亿	3. 38 亿	3. 99 亿	5. 28 亿	5. 15 亿	4. 35 亿

该企业应付预收和应收预付的差额均大于零，且数额在 2020 年显著增加。

这说明企业处于卖方市场，具有一定的行业地位，企业产品在市场上有一定程度的竞争力，企业效益相对较好。

如果该差额连续多年小于零，则说明企业的行业地位较低，被其他公司无偿占用资金，公司竞争力相对较弱。

案例三：该公司的资产负债率为 57%，权益资本的综合回报率为 13. 67%，债务资本税后利率为 4. 355%，加权平均资本成本（WACC）= 13. 67%×43%+4. 355%×57% = 8. 36%。

案例四：1. 设息税前利润为 X。

（X−6000×6%）×（1−25%）/（3000+500）=（X−6000×6%−2000×8%）×（1−25%）/（3000）

根据计算，得出 X = 1480（万元）

2. 追加筹资后的预计息税前利润 = 销售收入×（1−变动成本率）−固定成本 = 3000×（1−50%）−400 = 1100（万元）

3. 选择甲方案。因为追加筹资后的预计息税前利润 1100 万元小于每股收益无差别点息税前利润 1480 万元，所以选择股权筹资。

第四节　收入结构思维

一、收入结构思维的整体框架

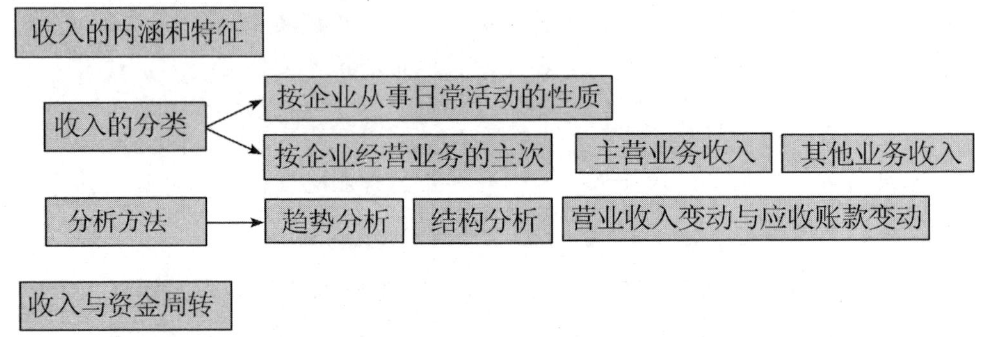

图6.4　收入结构思维的整体框架

二、收入结构思维的原理

利润源于收入，收入减去成本费用就是利润。因此，为了靠近企业经营的核心目的——利润最大化，如何扩大企业收入及确认企业收入是否健康、可持续就成了关键。

（一）收入的内涵

收入是指企业在日常经济活动中形成的、会导致所有者权益增加的、与所有者投入资本无关的经济利益的总流入，包括销售商品收入、劳务收入、让渡资产使用权收入、利息收入、租金收入、股利收入等，但不包括为第三方或客户代收的款项。

（二）收入的特征

1. 收入从企业日常经营活动中产生，而不是从偶发的交易或事项中产生。

2. 收入可能会表现为企业资产的增加，或企业负债的减少，或者二者兼而有之。

3. 收入必然导致企业所有者权益的增加。

4. 收入只包括本企业经济利益的流入，不包括为第三方或客户代收的款项。

（三）收入的分类

1. 收入按企业从事日常活动的性质不同，分为销售商品收入、提供劳务收入和让渡资产使用权收入。

2. 收入按企业经营业务的主次不同，分为主营业务收入和其他业务收入。

主营业务收入是指企业经常性的、主要业务所产生的基本收入，如制造业的销售产品、非成品和提供工业性劳务作业的收入；商品流通企业的销售商品收入；旅游服务业的门票收入、客户收入、餐饮收入等。

其他业务收入是指企业主营业务收入以外的所有通过销售商品、提供劳务收入及让渡资产使用权等日常活动中所形成的经济利益的流入，如材料物资及包装物销售、无形资产使用权实施许可、固定资产出租、包装物出租、运输、废旧物资出售收入等。其他业务收入是企业从事主营业务以外的其他业务活动所取得的收入，具有不经常发生、每笔业务金额一般较小、占收入的比重较低等特点。

三、收入结构思维的价值

（一）收入分析

收入的分析可以分为趋势分析、结构分析、企业营业收入变动与应收账款变动内在联系分析三类。这里简要介绍趋势分析，主要了解结构分析。

1. 趋势分析，即与以前时期（年、季、月）进行同比或环比分析。因为企业的营业收入是利润的来源，收入的增加或减少均对企业的利润产生影响，作为决策者必须知道企业营业收入增加或减少的原因。

2. 结构分析，主要分析主营业务收入占营业收入总额的比重是否发生变化，因为收入结构的变化，会不同程度地影响利润的结构变化。

此外，还会进行以下收入结构分析。

（1）产品收入结构分析：通过查看企业的收入来源，确定企业的主要产品，查看其销售收入占比。通过对产品毛利率与其收入占比进行比较，查看产品有无销售优化空间。

（2）区域收入结构分析：通过查看企业的市场分布及区域特点，确定提高企业收入的区域优化方案。

（3）周期性收入结构分析：部分企业因行业特殊性，企业收入具有鲜明的周期特征。例如，上半年确认的收入多于下半年，第一季度确认的收入比重最大，销售主要集中在上半年。反之亦然。

3. 企业营业收入变动与应收账款变动存在内在联系，营业收入一般都会结合应收账款进行分析。企业的产品或商品销售收入有很大增长，应收账款平均占用有适度增长应是合理的。两者的增长比率具有趋同性。

（二）收入与资金周转

企业的收入与企业的资金周转间存在一定关联。从资金的形态来看，企业的经营活动表现为企业资金的循环与周转。资金每循环一次，就取得一次收入。随着企业持续经营，资金不断循环构成了资金周转。例如，企业一年的收入总额为 2000 万元，按年平均占用的资金总额为 1000 万元，即该企业资金每年周转 2 次，每次资金周转需要 180 天。其计算公式如下。

资金周转率 = 本期主营业务收入/资金平均占用额

企业应提高该指标，提高资金的周转速度，从而提高资金的利用效率。例如，在生产规模和销售收入维持不变的情况下，将资金周转率提高一倍，这样的做法可以节约一半的资金。

在上述例子中，当企业正常经营，年收入总额不变时，如果企业的资金周转率提高一倍，则按年平均占用的资金总额为 500 万元，这提升了企业的资金周转速度，也说明企业的资金利用效果十分优异。

除了上述指标，企业营运资金周转率也可衡量企业资金的周转效率。其计算公式如下。

营运资金周转率 = 本期销售收入净额/平均营运资金额

该指标指的是企业每单位的营运资金所产生的收入多少。此外，流动资金周转率，反映流动资金周转速度，通常有周转次数和每周转一次所需天数两个指标，其计算公式如下。

流动资金周转率（次数）= 销售收入净额/流动资金平均占用额

流动资金平均占用额=（期初数+期末数）/2

流动资金周转率（天数）= 计算期天数/流动资金周转次数

四、收入结构思维的应用案例

计算某企业流动资金周转率

某企业主营业务收入 18000 万元，流动资金年初余额 6000 万元，年末余额 7100 万元，该企业流动资金周转次数和每周转一次所需要的天数：

周转次数 = 18000/［（6000+7100）/2］= 2.74（次）

周转天数 = 360/2.74 = 131（天）

衡量企业流动资金周转率的标准是什么？不存在流动资金周转率的通用标准，但是，商品流通企业流动资金周转率应该也必须高于制造类企业，因此只有将这一指标与企业历史水平，其他企业或同行业平均水平相比才有意义。那么，如何提高企业的流动资金周转率呢？总的来说，是提高企业的综合管理水平。具体说来，一是降低存货的周转天数；二是降低应收账款的周转天数；三是在不影响企业信誉的条件下，延长应付账款的周转天数。

五、本节关键知识点

（1）收入是从企业日常经营活动中产生，而不是从偶发的交易或事项中产生；收入可能会表现为企业资产的增加，或企业负债的减少，或者二者兼而有之；收入必然导致企业所有者权益的增加；收入只包括本企业经济利益的流入，不包括为第三方或客户代收的款项。

（2）收入按企业从事日常活动的性质不同、按企业经营业务的主次不同进行分类。

（3）收入的分析可以分为趋势分析、结构分析、企业营业收入变动与应收账款变动内在联系分析三类。

（4）企业的收入与企业的资金周转之间的关系。

六、收入结构思维训练习题

（一）单项选择题

1. 收入按企业经营业务的主次不同，分为（　　）。

A. 主营业务收入和其他业务收入

B. 销售商品收入、提供劳务收入和让渡资产使用权收入

C. 主营业务收入、其他业务收入和利得

D. 主营业务收入和营业外收入

2. 以下属于区域收入结构分析的选项是（　　）。

A. 一企业某产品营业收入为848.30亿元，同比增加12%；其他系列产品营业收入为99.91亿元，同比增加5%。产品销售毛利率92%，同比增长0.11个百分点

B. 一企业营业收入和营业成本同时增长，但营业收入增长幅度大于营业成本，表明企业经营业务盈利能力提高

C. 一企业经营活动派生的负债资金数额较多，约占流动负债的37%，资金成本相对较低

D. 一企业销售占比前四大的销售区域为华东地区、华中地区、西南地区、华北地区，销售占比分别为32%、27%、18%、15%

3. 在一定的生产规模和销售收入的情况下，把资金周转率提高一倍，就可以节约（　　）的资金。

A. 50%　　B. 100%　　C. 150%　　D. 200%

（二）判断题

1. 收入是导致所有者权益增加的经济利益的总流入。（　　）

2. 收入从企业日常经营活动中产生，而不是从偶发的交易或事项中产生。（　　）

3. 在趋势分析法中，收入的同比分析可以消减季节性因素的影响。（　　）

4. 企业处置交易性金融资产带来的经济利益一定属于收入。（　　）

5. 收入结构的变化，不会影响利润的结构变化。（　　）

6. 一些企业因行业特殊性，企业收入具有鲜明的周期特征。（　　）

7. 加快资金周转，可以节约资金。（　　）

8. 降低存货的周转天数会降低企业的流动资金周转率。(　　)

9. 降低应收账款的周转天数会提高企业的流动资金周转率。(　　)

10. 在不影响企业信誉的条件下，延长应付账款的周转天数对该企业有益。(　　)

(三) 简答题

某企业产品销售收入 20000 万元，流动资金平均余额 7575 万元，计算该企业的流动资金周转次数与周转天数。

(四) 案例分析题

案例一：表 6.17、表 6.18 为某饮品公司 2020 年财报摘录数据、其他重点摘录数据。

表 6.17　某饮品公司 2020 年财报摘录数据 1　　单位：元

项目	主营构成	主营收入（元）	收入比例%	主营成本（元）	成本比例%	营业利润（元）	利润比例%	毛利率%
按行业	饮料行业	44.25 亿	100.00	23.10 亿	100.00	21.15 亿	100.00	47.80
按产品（项目）	核桃乳	43.66 亿	98.67	22.69 亿	98.22	20.97 亿	99.16	48.04
	功能性饮料	5765.63 万	1.30	4033.50 万	1.75	1732.13 万	0.82	30.04
	其他植物饮料	115.51 万	0.03	71.07 万	0.03	44.44 万	0.02	38.47

表 6.18　某饮品公司 2020 年财报摘录数据 2　　单位：元

项目	2020 年	2019 年	2018 年	2017 年
主营业务收入	44.25 亿	74.56 亿	81.42 亿	77.39 亿
核桃乳收入	43.66 亿	73.78 亿	80.21 亿	76.19 亿

问题：1. 结合财报数据，某饮品公司主要经营的产品是什么？

2. 计算 2017 年到 2020 年主营产品对主营业务收入的占比，简要分析其产品线结构和主营业务收入历年变化。(仅保留小数点后两位)

3. 分析可能导致 2020 年收入骤减的原因。

4. 请你结合企业的产品模式，分析企业优化营收结构的策略并分析原因。

案例二：

表 6.19　某公司财报收入数据　　单位：元

项目	2021.09.30	2020.12.31	2019.12.31	2018.12.31	2017.12.31	2016.12.31	2015.12.31
营业收入	82.44亿	72.34亿	53.12亿	56.94亿	45.51亿	32.77亿	26.95亿
营业收入增幅	—						—

问题：1. 根据表6.19，计算历年某公司营业收入的增长率（保留百分比中小数点后两位），描述某公司营业收入的变化情况。

2. 请根据表6.20中某公司2020年12月31日公布的财报数据，结合主营业务收入的分类，进行企业的主营构成分析。

表 6.20　某公司2020年财报主营构成分析

项目	主营构成	主营收入（元）	收入比例（%）	主营成本（元）	成本比例（%）	营业利润（元）	利润比例（%）	毛利率（%）
按行业	家电行业	72.34亿	100.00	41.34亿	100.00	31.00亿	100.00	42.86
按产品（项目）	服务机器人	43.05亿	59.51	22.38亿	54.15	20.67亿	66.66	48.01
	智能生活电器	27.51亿	38.04	17.50亿	42.34	10.01亿	32.30	36.39
	其他产品	1.78亿	2.45	1.45亿	3.52	3217.93万	1.04	18.12
按地区	境内	38.55亿	53.29	21.46亿	51.92	17.09亿	55.13	44.33
	境外	33.79亿	46.71	19.87亿	48.08	13.91亿	44.87	41.17

3. 表6.21给出企业2019年12月31日公布的财报数据，对比两年的主营收入数据，请谈谈对企业产品布局的看法。

表 6.21　某公司2019年财报主营构成分析

项目	主营构成	主营收入（元）	收入比例（%）	主营成本（元）	成本比例（%）	营业利润（元）	利润比例（%）	毛利率（%）
按行业	家电行业	53.12亿	100.00	32.78亿	100.00	20.34亿	100.00	38.29
按产品（项目）	服务机器人	36.55亿	68.80	20.15亿	61.48	16.40亿	80.60	44.86
	小家电	15.39亿	28.97	11.60亿	35.39	3.79亿	18.62	24.61
	其他产品	1.19亿	2.23	1.03亿	3.14	1583.33万	0.78	13.34
按地区	境内	28.09亿	52.87	16.25亿	49.58	11.83亿	58.17	42.13
	境外	25.04亿	47.13	16.53亿	50.42	8.51亿	41.83	33.99

参考答案

（一）单项选择题

1. A　2. D　3. A

（二）判断题

1. ×　2. √　3. √　4. ×　5. ×　6. √　7. √　8. ×　9. √　10. √

（三）简答题

流动资金周转次数=2.64（次）；流动资金周转天数=136.4（天）。

（四）案例分析题

案例一：1. 某饮品公司主要经营的产品是核桃乳。

2. 如表6.22所示核桃乳对主营业务收入的贡献维持在98%，而其他饮品对主营业务收入的贡献仅超过1%，说明公司采取的是单品主推策略，该策略连续多年稳定，为企业带来稳定营收，但产品结构过于单一，对核桃乳单品依赖性强，抗风险能力较弱。主营业务收入2019年同比减少8.43%，2020年同比减少40.65%，营收下降明显。

表6.22　某饮品公司收入构成　　单位：元

项目	2020年	2019年	2018年	2017年
主营业务收入	44.25亿	74.56亿	81.42亿	77.39亿
核桃乳收入	43.66亿	73.78亿	80.21亿	76.19亿
核桃乳收入占比	98.67%	98.95%	98.51%	98.45%

3. 企业主营业务收入在2020年同比减少40.65%，首先，可能是由于在如春节、中秋节等节假日走亲访友和聚餐活动减少，导致在销售旺季，产品需求减少，销售收入下降。其次，企业主推核桃乳，无法满足消费者个性化、多元化的消费需求。此外，企业主推产品销量受节假日影响较大，销量减少可能也和春节日期前置有关。

4. （仅供参考）首先，企业在核桃乳领域市场占有率高，但市场发展空间有限，伴随着竞争者日益增多，行业竞争激烈。其次，企业依靠大单品的策略受外界因素（如节假日调整）影响较大，抗风险性较差。另外，消费者对饮品的个性化需求不断提升，需要企业从供给方作出相应响应和调整。因此，建议企业加大研发投入，研发多条线、多品类产品。

案例二：1. 如表6.23所示。

表6.23 某公司的营业收入增长分析

单位：元

项目	2021.09.30	2020.12.31	2019.12.31	2018.12.31	2017.12.31	2016.12.31	2015.12.31
营业收入	82.44亿	72.34亿	53.12亿	56.94亿	45.51亿	32.77亿	26.95亿
营业收入增幅	—	36.18%	-6.71%	25.12%	38.88%	21.60%	—

从营业收入的增长率来看，某公司的营业收入仅在2019年出现过负增长，其余年份年增长率均保持在20%。2021年前三季度实现82.44亿元营业收入，增长率已接近14%。营业收入连续多年高速增长，说明企业处于快速发展期。

2.（1）按照行业分类：某公司全部主营收入来源于家电产品的经营售卖，综合毛利率高，达到42.86%，说明企业产品附加值高，市场需求旺盛，企业的发展呈现较好的趋势。

（2）按照产品分类：企业59.51%的主营业务收入来源于服务机器人，同时，其毛利率也是最高的，达到48.01%，说明服务机器人的产品竞争力在企业经营产品中最高。企业38.04%的主营业务收入来源于智能生活电器，和服务机器人构成了企业的两大产品板块。

（3）按照地区分类：某公司积极开拓海外市场，境外市场贡献了46.71%的主营业务收入，占比高。

3. 2020年，企业主营业务收入同比增长36.18%，实现历年最大增幅。这主要取决于企业对于产品板块的重新布局。

第一，从主营产品分类来看，企业产品呈多元化、创新化发展。小家电板块升级为智能生活电器板块，产品毛利率从24.61%提高到36.39%，增加了11.78%，在主营业务收入的占比提高了约9%。

第二，三大主营产品毛利率全面提高。服务机器人和其他产品的毛利率分别提高了3.15%和4.78%，说明企业品牌和企业形象稳定、企业行业地位较高。

第七章

企业合规师的财务报表思维

第一节　平衡思维

一、平衡思维的整体框架

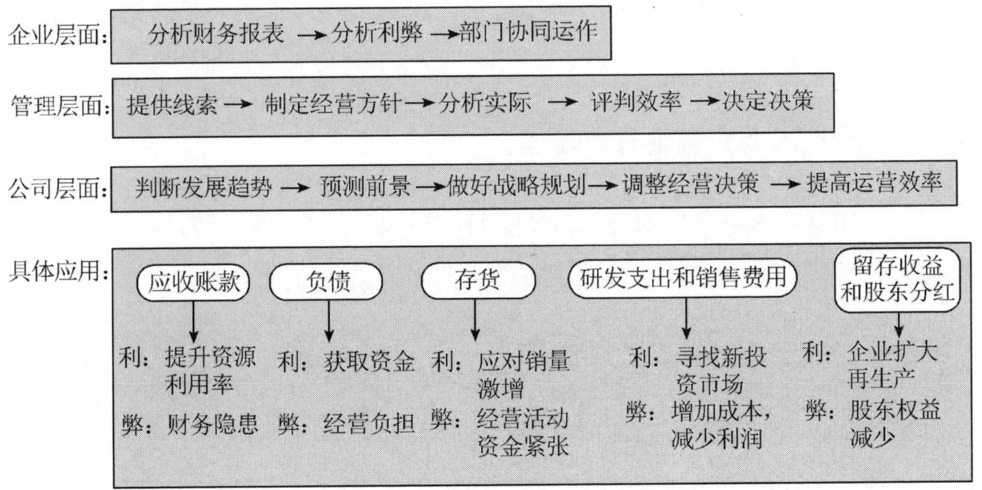

图 7.1　平衡思维的整体框架

二、平衡思维的原理

财务报表是反映企业一定时期内财务状况、经营成果和现金流量情况的会计报表，也是信息使用者获取有效信息的重要构成部分。其内容主要包括资产负债表、所有者权益表、现金流量表和附注。

平衡思维源于人们思维的进化。落后的平衡财务报表思维存在巨大隐患，即财务报表存在不均等、不均衡的问题，导致年度利润结算时无法取得预期内的回报。管理者也不能利用平衡思维统筹兼顾，达到统揽全局的正面效果。

因此创造出平衡思维的理论，以期令绝大多数人都能够认同财务报表平衡体系。财务报表中的平衡思维涉及多方内容，如应收账款占比的平衡，负债占比的平衡，存货占比的平衡，研发支出和销售费用占比的平衡，留存收益和股东分红之间占比的平衡等方面。

若企业能够妥善应用平衡思维，那么便能够完善地进行财务管理，继而提升企业运行的整体效率，以实现利润最大化。

三、平衡思维的价值

财务分析主要是从业务开始着手，以财务管理为基础，从而建立起财务报表分析制度。分析财务报表，要具有平衡思维，提高公司对预防和控制财务风险的意识，完善财务分析制度。

（一）企业层面实现强有力管理

通过平衡思维对财务报表进行分析，首先可以反映企业在经营过程中存在的利弊及企业整体的经营目标，有助于各部门明确方向，协同运作。

（二）管理层面制订有效决策

为管理层提供线索，协助管理层制订经营方针和方向，确保公司长期持续稳定发展，稳固企业在市场中的地位。把平衡思维运用到财务报表中，可以帮助企业管理层分析企业内部的实际状况，评判企业内部经营效率的高低，并决定今后的决策方向。

（三）公司层面实现效益最大化

通过透视会计报表数字背后的业务信息，对企业未来的财务状况、经营成果和发展趋势作出预判，从而对企业今后某个时期内发展的前景作出合理的评估与预测，做好战略规划。有效结合平衡思维分析财务报表能够有效预测潜在市场趋势和行业动向，从而根据外部环境和内部状况不断调整经营决策，提高企业运营效率。

（四）在财务报表中的应用

通过比较分析法、比率分析法、趋势分析法、因素分析法等企业财务报表分析方法，简要分析几种会计要素在财务报表中需要达到的平衡。

应收账款的存在有利有弊，适量的应收账款有利于企业促进产品的销售，减少库存，通过放松信用政策的手段刺激营业收入，有助于提高收入，加快存货周转率，提升资源利用率。而过于宽容的信用条件，也可能带来更多的坏账准备。存在许多坏账，会使企业的资金回笼速度减慢，从而降低公司资金的经营效率，带来重大财务隐患。

负债的存在，说明企业有融资能力。通过发放债券、银行借款等手段吸纳投资，企业可进一步扩大生产，扩大产线，提高研发成本，提高产品质量，逐步增加企业利润，使企业快速获取资金，快速解决企业资金不足的问题，保证企业生产与投资的时效性。负债占比较低，说明企业的财务风险比较低，经营风险可控，企业的成长轨迹较为健康，属于平稳型发展路线。大量的负债会为企业带来巨大的财务风险，使企业的经营背上沉重的负担。

存货占比过低，说明生产的货物能够及时地销售出去，也说明没有大的生产链，没有应对市场销量爆款的潜力，在时机来临时无法及时把握。而存货占据比例增加，说明市场销售情况的变化会对企业资产的质量和价值带来较大影响，间接反映企业资金不合理占用数额较大，企业经营活动资金紧张，资产结构不太合理。

研发支出和销售费用中多余的资金用于寻找新的投资市场，提高企业资金运营效率，如发展企业上下游产业，采用多元化战略，进一步占领市场。但研发支出和销售费用过多会导致企业负担过重，并且研发支出和销售费用不一定会带来预期的经济效益流入。需要费用达到平衡，这样才能使收益最大化。

留存收益多可使企业资金变多，有利于企业扩大再生产，进而增加企业的利润。股东分红使企业资金变少，不利于企业的进一步发展，有可能没有足够的实力应对未知的市场挑战。但股东分红占比增长会增大股东投资的积极性，提高企业的知名度，有利于企业长远发展。

四、平衡思维的应用案例

某公司运用平衡思维分析实际经营情况

某公司是以连锁超市为主的商业上市公司，利用平衡思维从营运能力、偿债能力和盈利能力来分析其财务报表情况，透过报表数据发现企业经营的实际情况。

具体做法：

某公司分析财务报表时，不是简单地看一个财务指标高还是低，而是从动态可量化的角度去考虑最好的平衡指数，从多维度进行分析，力求公司效益达到最大。

务实地利用平衡思维，某公司分析财务报表的具体步骤如下。

（1）从营运能力、偿债能力、盈利能力三大角度分析。

（2）从营运资本角度分析。

（3）从流动比率角度分析。

（4）从资产负债率角度分析。

（5）从主营业务角度分析。

（6）从总资产净利润率角度分析。

（7）从营业收入与净利润角度分析。

（8）从应收账款质量角度分析。

（9）从总资产周转率角度分析。

（10）从存货周转率角度分析。

实施成效：

某公司实现了以批发零售为主，蔬菜、食品、水果、文体用品等为辅的商业版图。主营业务包括日用品、工业品及塑料制品加工，物流配送服务，加工配送服务，电子商务等。集团旗下有很多品牌，不仅有某百货，还有某超市、某仓储等商业品牌，还以其多种多样的商品和品质优良的服务为消费者创造全新的购物体验，日益深入人心、家喻户晓。

五、本节关键知识点

（1）平衡思维能够在上述财务项目中找到规律，令所有的企业业务能够在稳定的状态下发展，取得预期的效果。

（2）通过对财务报表进行分析，有助于各部门明确方向，协同运作，在企业层面实现精细化管理。

（3）财务报表可以帮助企业管理层分析企业内部经营效率和决策方向，在管理层面进行有效政策制订。

（4）有效预测潜在市场趋势和行业动向，提高企业运营效率，以达到公司效益最大化。

（5）知道如何利用平衡思维分析应收账款、负债、存货、研发支出和销售费用、留存收益和股东分红等会计要素。

六、平衡思维训练习题

（一）单项选择题

存货占据比例（　　），说明市场销售情况的变化会对企业资产的质量和价值带来较大影响，间接反映企业资金不合理占用数额较大，企业经营活动资金紧张，资产结构不太合理。

A. 提升　　B. 下降

C. 不变　　D. 无法确定

（二）多项选择题

1. 通过（　　）等企业财务报表分析方法，简要分析几种会计要素在财务报表中需要达到的平衡。

A. 比较分析法　　B. 比率分析法

C. 趋势分析法　　D. 因素分析法

2. 存货占比过低，说明（　　）。

A. 生产的货物能够及时地销售出去

B. 没有大的生产链

C. 没有应对市场销量爆款的潜力

D. 在时机来临时无法及时把握

（三）判断题

1. 落后的平衡财务报表思维存在巨大隐患，即财务报表存在不均等、不均衡的问题，导致年度利润结算时无法取得预期内的回报。（　　）

2. 财务分析主要是从业务开始着手，以财务管理为基础，从而建立起财务报表分析制度。(　　)

3. 通过平衡思维对财务报表进行分析，首先可以反映企业在经营过程中存在的利弊及企业整体的经营目标，有助于各部门明确方向，协同运作。(　　)

4. 把平衡思维运用到财务报表中，可以帮助企业管理层分析企业内部的实际状况，评判企业内部经营效率的高低，并决定今后的决策方向。(　　)

5. 应收账款的存在有利有弊，适量的应收账款有利于企业促进产品的销售，增加库存，通过放松信用政策的手段刺激营业收入，有助于提高收入，加快存货周转率，提升资源利用率。(　　)

6. 严格对坏账风险进行有效控制，充分结合行业自身的发展特征，以及企业产品的具体特性，明确规定产品计提方式和具体原则，进一步简化会计核算工作。(　　)

7. 存在许多坏账，会使企业的资金回笼速度减慢，从而提高公司资金的经营效率，带来重大财务隐患。(　　)

8. 负债的存在，说明企业有融资能力，通过发放债券、银行借款等手段吸纳投资，企业可进一步扩大生产，扩大产线，提高研发成本，提高产品质量，逐步增加企业利润。(　　)

参考答案

（一）单项选择题

A

（二）多项选择题

1. ABCD　2. ABCD

（三）判断题

1. √　2. √　3. √　4. √　5. ×　6. √　7. ×　8. √

第二节　流量思维

一、流量思维的整体框架

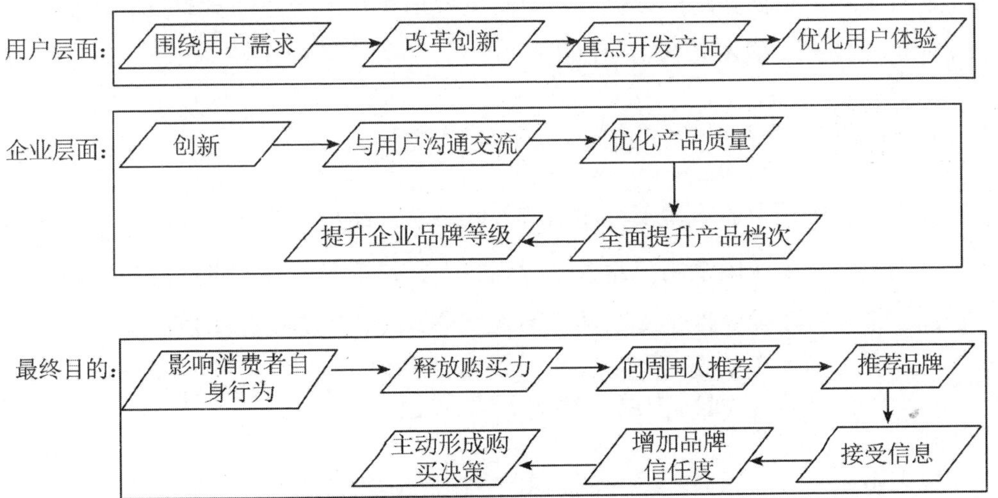

图 7.2　流量思维的整体框架

二、流量思维的原理

"流量"来源于传统实体零售业中"客流"的概念，通俗意义上讲，能够形成人员聚集的场所都可以产生流量。

财务报表中流量思维是指公司通过广泛获取用户的访问与使用，尽可能使流量转化为销量，实现价值转化，使公司获得效益，使公司在年终财务报表上获得优异的成绩，实现吸聚流量和流量变现的一种思考方式。

从这一角度出发，流量实际就是新时代公司的"利润率"，可以说流量思维等同于一种用户思维。这是一种看透本质的思维。公司的管理者想提升销量，就要从流量的层面去思索，能主动地站在用户的角度去思考，真正地想用户之所想，急用户之所急；在平台、内容或产品层面吸引用户，同用户建立广泛的触点；根据不同消费者的个人兴趣爱好、行为习惯、群体价值等因素引导流量。

三、流量思维的价值

将双方置于一个关联更为紧密、能够随时互动的关系场中。在消费端，用户往往趋于优先选择其他用户选择的产品，拥有流量的商品更容易受到青睐。同时，这些由用户个体贡献的数据，形成对内容消费整体偏好的直观反映，从而让企业能更为及时准确地了解用户需求。

（一）不断优化用户体验

在流量时代，企业不得不关注消费者的需求，并为之不断改变。流量时代的到来也倒逼各大企业围绕用户需求进行改革创新，重点开发、生产用户喜闻乐见的产品，通过强化趣味性、交互性、贴近性等方式，不断优化用户体验。

（二）企业加大创新力度，提升产品质量

要求企业一方面因势利导，洞察用户需求，适应传播规律进行创新，以“接地气”的方式与用户沟通交流，以期在消费者中增加产品的传播力度。同时保持定力和洞见，强化深度、优化产品质量，全面提升产品档次，提高企业品牌等级。

（三）沉淀用户，增强用户黏度

企业利用流量，制造产品爆款是手段，沉淀用户是目的，最终是增强用户黏度。如何利用好流量思维，是当下每一个企业管理者都会思考的问题。在新时代互联网大趋势下，在电商迅猛发展中，把握好流量，使消费者感知到有用性并改变其态度，进而影响其自身行为，释放购买力，最好还能让用户记住，还能在下一次购买中选择，更有甚者，还能跟周围人推荐产品、品牌。消费者接收到好友分享的信息，增加了对产品的信任度，并将其内化为态度，主动形成购买决策。拥有流量思维，并利用好、把握好，才是企业的商品在琳琅满目的商品中脱颖而出的制胜法宝。

四、流量思维的应用案例

某公司引入流量思维的实践探索

随着电商行业的迅猛发展，用户流量红利逐渐消失，电商平台发展已进入瓶颈期，各大电商平台难以取得实质性和突破性进展。电商平台之间的流量竞争日益激烈，用户流量成为电商平台生存的关键。在激烈的流量竞争环境中，某公司凭借其独特的社交电商模式，以较低的成本获取了用户流量。某公司采用的流量模式和策略值得借鉴。

具体做法：

为切实解决电商平台面临的“流量困境”，某公司以用户思维为基础，从流量获取、转化和挖掘三个方面构建电商平台流量池。通过电商平台与用户的直接对接，改变以往传统的分配流量模式，实现获取流量碎片化，为电商平台流量池构建提供新的思路。

为扎实利用好流量思维，解决实际问题，某公司的具体步骤如下。

（1）分析用户需求。

（2）广泛获取准确的用户信息。

（3）制订灵活的策略。

（4）构建电商平台流量。

（5）建立促销信息场景。

（6）建立信息信任场景。

实施成效：

经过流量获取、流量转化、流量挖掘三个过程，使消费者关注到电商平台的促销信息后，自发去接触商品，进而有了购买力；消费者之间形成信息共享，接收到好友分享的信息，增加购买的可能性；电商平台根据不同消费者的消费偏好和消费能力形成智能推荐。

五、本节关键知识点

（1）财务报表中流量思维是指公司通过广泛获取用户的访问与使用，尽可能使流量转化为销量，实现价值转化，使公司获得效益的一种思考方式。

（2）公司的管理者想提升销量，就要从流量的层面去思索，能主动地站在用户的角度去思考，真正地想用户之所想，急用户之所急。

（3）由用户个体贡献的数据，形成对内容消费整体偏好的直观反映，从而让企业能更为及时准确地了解用户需求。

（4）企业利用流量，制造产品爆款是手段，沉淀用户是目的，最终是增强用户黏度。

（5）以用户思维为基础，从流量获取、转化和挖掘三个方面构建电商平台流量池。

（6）经过流量获取、流量转化、流量挖掘三个过程，使消费者关注电商平台的促销信息后，自发去接触商品，进而有了购买力。

（7）电商平台根据不同消费者的消费偏好和消费能力形成智能推荐。

六、流量思维训练习题

（一）单项选择题

消费者接收到好友分享的信息，增加了对产品的信任度，并将其内化为态度，主动形成购买决策。拥有（　　），才是企业的商品在琳琅满目的商品中脱颖而出的制胜法宝。

A. 平衡思维　　B. 现金思维

C. 行业识别思维　　D. 流量思维

（二）多项选择题

企业要想构建自己用户流量池，需要做（　　）工作。

A. 分析用户需求　　B. 获取用户信息

C. 制订销售政策　　D. 建立促销信息场景

（三）判断题

1. 流量思维是一种看透本质的思维。公司的管理者想提升销量，就要从流量的层面去思索，能主动地站在用户的角度去思考，真正地想用户之所想，急用户之所急。（　　）

2. 在消费端，用户往往趋于优先选择其他用户选择的产品，拥有流量的商品更容易受到青睐。(　　)

3. 流量时代的到来也倒逼各大企业围绕用户需求进行改革创新，重点开发、生产用户喜闻乐见的产品，通过强化趣味性、交互性、贴近性等方式，不断优化用户体验。(　　)

4. 企业要因势利导，洞察用户需求，适应传播规律进行创新，以“接地气”的方式与用户沟通交流，以期在消费者中增加产品的传播力度。(　　)

5. 通过电商平台与用户的直接对接，改变以往传统的分配流量模式，实现获取流量碎片化，为电商平台流量池构建提供新的思路。(　　)

6. 流量思维可以帮助企业提升产品效能，提高品牌层次。(　　)

7. 要想获得流量，企业应主动研究客户心理，分析其购物行为。(　　)

8. 在平台、内容或产品层面吸引用户，同用户建立广泛的触点。根据不同消费者的个人兴趣爱好、行为习惯、群体价值等因素引导流量。(　　)

9. 将双方置于一个关联更为紧密、能够随时互动的关系场中。在消费端，用户往往趋于优先选择其他用户选择的产品，小众化商品更容易受到青睐。(　　)

参考答案

(一) 单项选择题

D

(二) 多项选择题

ABCD

(三) 判断题

1. √　2. √　3. √　4. √　5. √　6. ×　7. √　8. √　9. ×

第三节　现金为王思维

一、现金为王思维的整体框架

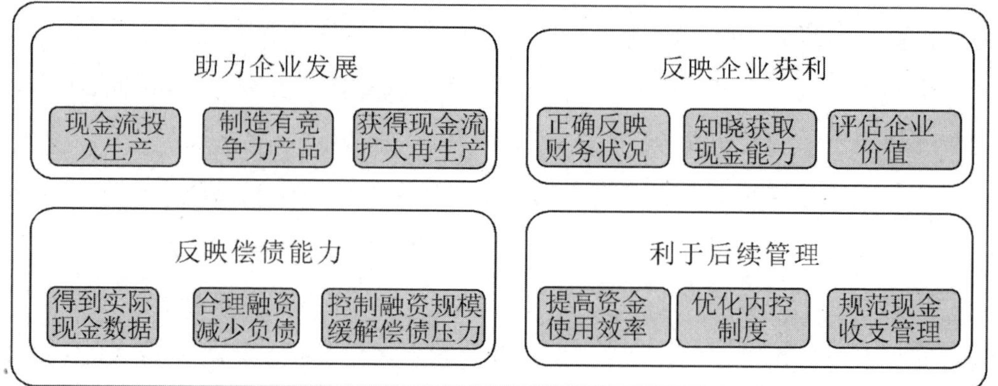

图7.3　现金为王思维的整体框架

二、现金为王思维的原理

现金是指企业手中的现金和银行存款以及其他货币资金。现金具有流动性强、风险相对低的特点。现金是实现收支的工具，可以随时用于支付一些紧急费用。

企业通过对现金相关信息进行采集、整理、存储和利用，实现对现金的控制与管理，为企业价值创造和价值分配等管理活动提供信息依据。通过对现金的多少、获利情况、偿债能力等指标的分析，合理判断企业的可持续发展能力，是现代化企业经营管理的重要凭证依据。

企业开展现金管理的目标，是实现企业价值链各个环节价值增值最大化。具体来说，现金管理的目标可以从以下两个层面阐述：其一，实现现金流循环速率最大化。应收账款、存货等因素会影响企业的现金流量循环周期。通过对现金的事前预算、事中控制、事后评价，理顺现金的运转方向、利用运转规律实现现金周转周期的进一步缩短。其二，促使现金投入使用效益最大化。通过生产销售等方式，延伸现金使用的价值链，促使原始现金实现价值增值，使得企业的资金、资源配置更加合理化，实现企业价值链增值。

三、现金为王思维的价值

（一）企业可以实现更好更快发展

现金是企业流通的血液，企业有足够的现金流通才能大展拳脚，丰富自身的产业链，制造适应社会发展又满足大众需求的产品，进而增强自己的产品和品牌竞争力，在市场竞争中获得收益。这样又会产生新的现金流，新产生的现金流又会投入新的产品生产及制造中。如此，产生正向循环作用，使得企业能够在日新月异的市场竞争中拥有自己的王牌产品，有效提升企业的财务情况和经营情况，促进企业的可持续发展。反之，如果企业没有足够的现金流，就会难以面对未知的经营风险，会有资金链断裂的可能，面临破产危险，出现生存危机。

（二）现金流能够更好地反映企业的获利情况

现金是按照收付实现制计算，降低了财务分析指标被粉饰的可能性，因此分析现金是一项非常好的能反映企业获利情况的方式。从现金流视角出发减少了传统财务指标过度侧重静态分析的问题，动态地反映企业的经营成果，更加真实客观地反映一个企业的财务状况和经营质量。企业的利益相关者，尤其是投资者可以通过对现金流量的分析，知晓企业获取现金的能力，更加准确地评估企业价值，更加真实地认识和掌握企业的价值。

（三）可以更好地反映企业偿债能力

通过现金，债权人可以明确得知企业偿还债务的能力，由于偿还债务和利息都需要现款支付，所以利用现金分析比利用传统财务分析指标更加准确。在得到企业实际现金数据后，企业会根据项目经营的实际需求进行合理融资，以尽量减少企业的负债经营为前提，有效控制融资规模，缓解偿债压力。

（四）利于企业后续管理

通过现金流分析出企业获利情况、偿债能力后，企业规范资金审批，按需配置企业项目资金，盘活资金的流量，充分提高资金的使用效率。根据企业实际情况不断优化企业内部控制管理制度，严格落实执行企业现金流量预算管理制度。全面认识现金在预算制度中的重要性，有效预防企业预算执行中不合理的行为。从战略高度管理企业的现金，把现金纳入财务部门预算管理的范畴。企业进一步优化预算管理体系，规范企业实际经营活动中的现金收支管理。

四、现金为王思维的应用案例

某集团加强现金管理方案

随着经济社会的不断发展，建筑施工行业的市场竞争日趋激烈。由于全球经济下行、政策收紧等多方面原因共同影响，各地建筑施工企业遇到了不同程度的发展乏力和经营困难。

某集团为了使企业重新焕发活力，不落入经营困难的危机，提升企业的资金回收率，在加强现金流管理上下功夫，实现对企业资金系统化管理，促进企业健康运营。

具体做法：

（1）重视资产结构平衡，合理设置短期债务和长期债务，防止因为利息支出过高或债务压力过大等原因造成企业现金紧张的问题。

（2）防止融资的不确定性，防止带来现金风险。在贷款环节中，要求企业全过程参与决策，参与资金预算方案编制，合理判断贷款时间，预测项目投资回收周期，确保融资计划的科学性。

（3）设立财务审计专员，深入业务前端，及时向企业反馈项目施工进度，实现对成本定额支出的全过程监管，保证现金及资金安全。

（4）尽可能地了解宏观政策环境与微观经济环境，确保项目决策符合企业战略规划。

（5）全方位把握现金收支情况，掌握款项到账进度。出现工程实际结算款项与初始合同条款不一致的情况，及时向上级领导上报，避免企业发生经济损失。

（6）合理选择融资方式。某集团不断拓宽融资渠道，在银行贷款方式的基础上，开发资产证券化新型融资方式，用来补充企业的现金。

（7）对于高价值的施工设备，巧妙通过融资租赁的方式节约采购成本，有效降低企业一次性支出的现金流量。

实施成效：

某集团已通过加强应收账款管理工作，减少坏账；通过实时监管，有效防止了因违约造成工程款结算滞后；完善了现金预算统筹制度，提升企业资金预算执行率，维护企业的经济效益，有效防范财务风险。

五、本节关键知识点

（1）通过对现金存量的多少、获利情况、偿债能力等指标的分析，能够合理判断企业的可持续发展能力，是现代化企业经营管理的重要凭证依据。

（2）通过对现金相关信息进行采集、整理、存储和利用，实现对企业现金的控制与管理，为企业价值创造和价值分配等管理活动提供信息依据。

（3）现金是企业流通的血液，企业有足够的现金流通才能大展拳脚，丰富自身的产业链，制造适应社会发展又满足大众需求的产品，进而增强自己的产品和品牌竞争力，在市场竞争中获得收益。

（4）现金是按照收付实现制计算，降低了财务分析指标被粉饰的可能性，因此分析现金是一项非常好的能反映企业获利情况的方式。

（5）全面认识现金流量在预算制度中的重要性，有效预防企业预算执行中不合理的行为。

六、现金为王思维训练习题

（一）单项选择题

1. 根据企业实际情况不断优化企业内部控制管理制度，严格落实执行企业现金流量预算管理制度，利用了（　　）。

A. 平衡思维　　　　B. 现金思维

C. 行业识别思维　　　　　　　　D. 流量思维

2. 在银行贷款方式的基础上，开发（　　）新型融资方式，用来补充企业的现金。

A. 销售产品　　　　　　　　B. 资产证券化

C. 接受所有者投资　　　　　　D. 银行借款

（二）判断题

1. 企业开展现金管理的目标，是实现企业价值链各个环节价值增值最大化。（　　）

2. 现金是企业流通的血液，企业有足够的现金流通才能大展拳脚，丰富自身的产业链，制造适应社会发展又满足大众需求的产品，进而增强自己的产品和品牌竞争力，在市场竞争中获得收益。（　　）

3. 现金是按照收付实现制计算，降低了财务分析指标被粉饰的可能性，因此分析现金是一项非常好的能反映企业获利情况的方式。（　　）

4. 通过现金债权人可以明确得知企业偿还债务的能力，由于偿还债务和利息都需要现款支付，所以利用传统财务分析指标比利用现金分析更加准确。（　　）

5. 从现金流视角出发减少了传统财务指标过度侧重静态分析的问题，动态地反映企业的经营成果，更加真实客观地反映一个企业的财务状况和经营质量。（　　）

6. 设立财务审计专员，深入业务前端，及时向企业反馈项目施工进度，是很有必要的。（　　）

7. 现金比企业利润更加重要，要更加关注企业现金流量的发展。（　　）

8. 出现工程实际结算款项与初始合同条款不一致的情况，可以自己先作出应急处理，再向上级领导上报。（　　）

9. 全方位把握现金收支情况，掌握款项到账进度。出现工程实际结算款项与初始合同条款不一致的情况，及时向上级领导上报，避免企业发生经济损失。（　　）

参考答案

（一）单项选择题

1. B　2. B

（二）判断题

1. √　2. √　3. √　4. ×　5. √　6. √　7. √　8. ×　9. √

第四节　表外资源思维

一、表外资源思维的整体框架

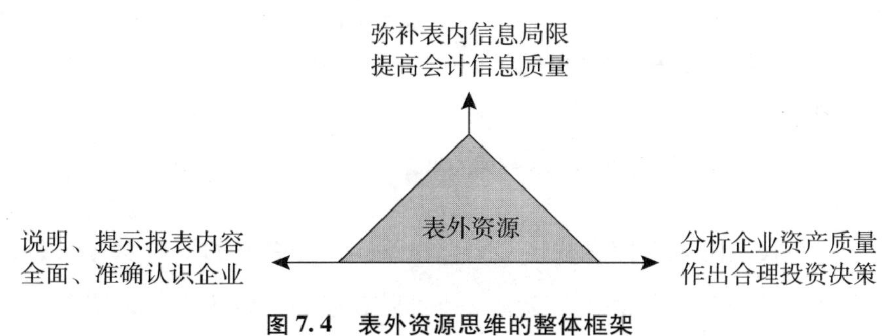

图 7.4　表外资源思维的整体框架

二、表外资源思维的原理

财务报告的使用者在对企业财务状况、经营成果进行分析时，往往注重的是对财务报表本身的数据分析，但是随着经济环境的复杂化，财务报告使用者不仅要重视财务报表的数据分析，还应该对表外信息的提示加以分析和重视。

财务报表表外信息是指不能在财务报表内反映，但能够帮助报表使用者透彻理解财务报表的内容、了解企业的基本情况和经营战略的信息。

表外信息包括财务报表的编制基础；遵循企业会计准则的声明；重要会计政

策的说明；重要会计估计的说明；会计政策和会计估计变更以及差错更正的说明；或有何承诺事项、资产负债表日后非调整事项、关联方关系及其交易等需要说明的事项；在资产负债表日后、财务报表批准报出日前提议或宣布发放的股利总额和每股股利金额等信息。

表外信息具有从属性、解释性、灵活性、内容多样性、广泛性、不确定性等特点。

表外信息的表现形式主要有以下四种：（1）旁注；（2）脚注；（3）附表；（4）其他财务报告。

财务报表和财务报表表外信息有以下区别。

（1）范围不同。表外信息除内部环境信息外还包括与企业财务及经营活动相关的一些外部信息。

（2）作用不同。表外信息的作用在于揭示影响企业财务状况和经营业绩的所有因素。

（3）规范性不同。表外信息一般没有明确的制度规范其范围和内容。

三、表外资源思维的价值

（一）对会计报表进行了补充和说明

由于财务报表的表内信息并不能完整地反映一个企业的所有财务状况，而财务报表表外信息是对财务报表本身无法或难以表述的内容所作的说明与提示，通过财务报表表外信息，报表使用者能够理解会计报表内容，全面准确地认识企业财务状况。

（二）增加会计信息的可理解性

表外信息弥补了表内信息的局限性，使表内信息更容易理解，更加相关。表外信息虽然只起到辅助作用，比起财务报表显得不是很重要，但通过仔细研读表外信息，理解财务报表中描述得不是很详细和难理解的信息，把整个财务报表的信息融会贯通，进而提高财务报告分析总体水平和层次，不仅能够丰富财务信息，而且会更加突出重要财务信息，最终达到提升会计信息质量的目的。

（三）有助于分析企业资产、利润的质量

表外信息有助于分析判断企业未来经营的发展，企业的独立盈利能力。正确地进行财务报表表外信息的分析，对投资者、债权人、管理者和其他利益相关者充分了解财务状况和经营成果具有重要作用。理解和运用好财务报表表外信息，财务报告的使用者才能对企业有全面的认识，从中分析出企业财务现状的成因及其变动趋势。这对于投资者来说尤为重要，因为只有全面地了解企业的各项信息，才能全方位地对企业未来作出判断，作出合理的投资决策。

四、表外资源思维的应用案例

某公司不重视表外信息问题治理

某公司曾经没有很好地对经营活动进行财务管控，没有实现集团整体的战略价值，面对规模大、业务复杂的企业集团财务报表，未能真实、准确、完整、及时地披露信息，未能实现资本市场健康运行，未能服务社会经济发展。原因是受经济利益的驱使，公司财务造假，未能重视表外信息；表外信息披露只重数量，不重质量；表外信息披露缺乏统一规范的形式。

造成以上现象，主要有以下两个方面原因。一方面是审计、评估等机构的责任人员对于表外信息披露工作的能力不足；另一方面是以表外信息为主要内容的信息披露制度的规定不够细化与完善。

为改变公司出现不重视表外信息的现象，某公司从以下两个方面进行改变。

（1）加强表外信息披露的指导

现在表外信息的披露确实存在很多问题，有时并不是信息披露者故意为之，而是由对表外信息掌握得不全面，不知道如何披露表外信息，尚未认识到表外信息披露的重要性等多方面原因共同导致的。某公司加大对表外信息披露工作人员的指导，通过开展表外信息披露讲座、表外信息培训等多种方式使其增加对表外信息的了解，定期给责任人员接受培训和再学习的机会，增强他们的专业能力和职业道德，从而把表外信息工作干好、干实，为诚信社会的建设与发展贡献更大的力量。

（2）完善表外信息披露制度建设

完善的规章制度是各项工作顺利开展的重要保障，要做到有规则可循。某公司重视表外信息披露规章制度的建设，并使之不断完善。完善的规章制度能够让从业人员清楚地认识到自己在企业信息披露中的责任与义务，从而在财务报表、报表附注与表外信息的编制中真实、完整地对财务信息进行呈现。

实施成效：

某公司通过加强表外信息披露的指导，完善表外信息披露制度建设，逐步使表外信息披露工作规范化，从而走向正轨。使得表外信息能和财务报表一起呈现出企业完整的财务情况，准确反映企业的收益。

五、本节关键知识点

（1）随着经济环境的复杂化，财务报告使用者不仅要重视财务报表的数据分析，还应该对表外信息的提示加以分析和重视。

（2）财务报表表外信息是指不能在财务报表内反映，但能够帮助报表使用者透彻理解财务报表的内容、了解企业的基本情况和经营战略的信息。

（3）通过财务报表表外信息，报表使用者能够全面、正确理解会计报表内容及企业财务状况。

（4）理解和运用好财务报表表外信息，财务报告的使用者才能对企业有一个全面的认识，从中分析出企业财务现状的成因及其变动趋势。

（5）完善的规章制度是各项工作顺利开展的重要保障，要做到有规则可循。

（6）通过加强表外信息披露的指导，完善表外信息披露制度建设，逐步使表外信息披露工作规范化，从而走向正轨。

六、表外资源思维训练习题

（一）单项选择题

（　　）是各项工作顺利开展的重要保障，要做到有规则可循。

A. 财务信息　　B. 组织结构

C. 资金支持　　D. 规章制度

（二）多项选择题

正确地进行财务报表表外信息的分析，对于（　　）充分认识财务状况和经营成果具有重要作用。

A. 投资者　　B. 债权人

C. 管理者　　D. 其他利益相关者

（三）判断题

1. 随着经济环境的复杂化，财务报告使用者不仅要重视财务报表的数据分析，还应该对表外信息的提示加以分析和重视。（　　）

2. 财务报表表外信息是指能在财务报表内反映，能够帮助报表使用者透彻理解财务报表的内容，了解企业的基本情况和经营战略的信息。（　　）

3. 仔细研读表外信息、理解财务报表中描述得不是很详细和难理解的信息，把整个财务报表的信息融会贯通。（　　）

4. 财务报表的表内信息能完整地反映一个企业的所有财务状况。（　　）

5. 理解和运用好财务报表和表外信息，财务报告的使用者就能对企业有一个全面的认识，从中分析出企业财务现状的成因及其变动趋势。（　　）

6. 表外信息对财务报表不重要，可有可无。（　　）

7. 表外信息也可帮助报表投资者分析企业资产、利润现状。（　　）

8. 完善的规章制度是各项工作顺利开展的重要保障，要先做到有规则可循。（　　）

9. 通过加强财务报表信息披露的指导，完善表外信息披露制度建设，逐步使表外信息披露工作规范化，从而走向正轨。（　　）

10. 加大对表外信息披露工作人员的指导，增强他们的专业能力和职业道德，把表外信息工作干好、干实，为诚信社会的建设与发展贡献更大的力量。（　　）

（四）简答题

1. 表外信息的内涵是什么？

2. 我国企业在表外信息披露过程中应注意什么问题？

参考答案

（一）单项选择题

D

（二）多项选择题

ABCD

（三）判断题

1. √ 2. × 3. √ 4. × 5. √ 6. × 7. √ 8. √ 9. √ 10. √

（四）简答题

1. 表外信息具体来说包括以下几种。

（1）会计政策信息

会计政策的揭示有助于会计信息使用者了解信息产生的过程。国际会计准则中明确规定，一切重大的会计政策披露是企业财务报告不可缺少的部分，会计政策的不同选择可能导致报表项目金额产生巨大的变化。

（2）财务报表项目的补充说明或解释性信息

对财务报表某些项目的补充说明或解释，是财务报告表外信息的重要内容。它不仅增强了财务报告信息的可理解性，而且提高了财务报告的真实性和可比性，如关联方关系与交易的说明，资产负债表日后事项等。

（3）财务报表难以或无法反映的信息

这部分信息大多属于非财务信息。这些信息影响企业的财务状况和经营业绩，但无法以货币形式定量描述，如企业市场营销能力、信用状况等，它们与企业的生存和发展有着紧密的联系，对它们予以披露是非常有必要的。

2.（1）重视对衍生金融工具的披露

加大金融创新力度，加大对期货、期权之类没有实际交易，仅是未来经济利益的权利或义务的衍生金融工具的风险披露力度。

（2）注重对人力资源信息的披露

人力资源在企业的生存与发展中有着举足轻重的地位，是企业未来发展的坚实后盾。表外信息中应注重对人力资源的披露。

(3) 细化债务重组、借款费用的披露

要把其在表外信息中的披露具体化、明晰化、全面化，重点揭示债务重组的方式，借款费用资本化的具体情况。

(4) 增加全面收益信息的揭示

全面收益真实地反映企业已发生的全部经济交易、事项、情况所带来的权益变动，包括已实现的经营收益，持产利得和能够可靠计量的未实现持产利得，从而使会计信息更真实。

(5) 重视对企业预测信息的披露

应在表外信息中尽可能地披露与企业未来价值有关的相关信息，诸如企业投资、产品市场占有率、材料成本升降、新产品开发等方面的企业内部条件和外部环境的信息。

(6) 加强对社会责任信息的披露

企业应该加强披露社会责任信息，包括：有关企业污染环境的状况和治理污染的措施；企业解决就业、职工教育和劳资关系的信息；企业在公益事业方面所做的努力。

第五节　表间关系思维

一、表间关系思维的整体框架

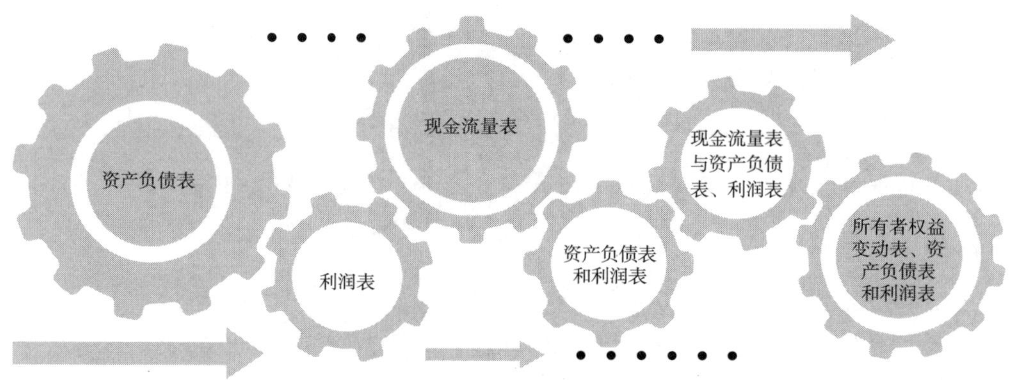

图 7.5　表间关系思维的整体框架

二、表间关系思维的原理

财务报表可以综合体现企业在不同会计期间的资产状况、经营成果及现金流量等情况，反映企业生产经营状况和可持续发展能力。

财务报表分析的作用在于评价过去的经营业绩，衡量现在的财务状况，预测未来的发展趋势，应从表间关系思维展开，提高分析质量，为管理层决策提供有效支撑。

财务报表主要包括资产负债表、利润表、所有者权益变动表、现金流量表和附注。通过分析财务报表的表间关系判断会计报表的编制是否准确。如根据某个会计报表和另一个会计报表之间以及本会计报表项目的内在逻辑对应关系，如果不相等或不对应，则说明会计报表编制得有问题。

三、表间关系思维的价值

（一）资产负债表内各项财务指标的关系

资产负债表反映公司在某一特定日期的财务状况，包括企业资产、负债和所有者权益的规模及其具体构成。

资产等于负债加所有者权益。通过分析资产负债表的表间关系，可以总体了解公司的资产、负债、净资产情况，包括资产分布、负债构成、资本结构等。

（二）利润表内各项财务指标的关系

利润表反映公司在一定会计期间的经营成果，包括收入、成本、利润的金额及具体构成。通过对利润表的各项财务指标分析，包括营业收入、净利润、毛利率、所得税率等，可看到公司收入、成本、净利润等项目的波动情况，分析公司收入增长是否与成本增长、利润增长相匹配。

利润表的营业收入展示出公司的产品畅销程度或服务质量高低。数字越大越好，增长越快越好。

利润表的净利润如显示是正数，数值越大就代表越赚钱；如果净利润是负数，则代表亏钱，负数值越大则亏得越多。

利润表内显示的销售利润比销售收入低。因为企业要生产产品或提供服务，必然会有成本，所以降低销售利润。

（三）现金流量表内各项财务指标的关系

现金流量表反映公司在一定会计期间的现金流量，包括经营活动产生的现金流量净额、投资活动产生的现金流量净额、筹资活动产生的现金流量净额。通过分析三大类现金流量净额可以看出公司资金松紧情况及发展阶段等。通过现金流量净额，可以反映公司当期盈利的质量，即当期实现的净利润中有多少现金作为保障。

（四）资产负债表与利润表的关系

资产负债表“未分配利润”的年末数=资产负债表“未分配利润”的年初数+利润表中的“净利润”累计数。通过检查这个等式，可以判断资产负债表和利润表中关于利润分配的内容有无问题。

（五）现金流量表与资产负债表、利润表的关系

在不考虑应交税费中有关税金变动的情况下，现金流量表中的“销售商品、提供劳务收到现金”≈利润表中的“主营业务收入+其他业务收入”+资产负债表中的“预收账款增加额-应收账款增加额-应收票据增加额”。

现金流量表中的“销售商品、接受劳务支付现金”≈利润表中的“主营业务成本+其他业务成本+存货增加额”+资产负债表中的“预付账款增加额-应付账款增加额-应付票据增加额”。

资产负债表中的交易性金融资产获得的收益反映为利润表中的投资收益；资产负债表中固定资产生产的产品，销售后的收入反映为利润表中的营业收入；资产负债表中采购的原材料反映为利润表中的营业成本；资产负债表中的未分配利润与利润表中的净利润也存在一定关系，未分配利润=期初未分配利润+利润表中累计的净利润-本期分配的利润。

取得借款收到的现金减去偿还债务支付的现金后净流量与长短期借款余额一致；销售商品收到的现金流与营业收入及对应的销项、应收预收的增减一致。

（六）所有者权益变动表、资产负债表和利润表的关系

（1）利润表和资产负债表中，利润表的利润来源于收入、成本、费用等一系列要素，收入减去成本、费用得到利润，成为利润表需要反映的因素。而资产负债表中的资产可以为企业带来收入。企业在使用相关资产过程中，其耗用也会使得资产逐步转化为利润表中的成本、费用。

（2）利润表、现金流量表和资产负债表中，现金流量表是连接资产负债表和利润表的桥梁，起着纽带作用。企业利润表的收入和费用，日常会通过企业的

现金流或其他资金流进行核算和分配。资产负债表中的货币资金可以通过企业现金流量表反映企业现金流的流入和流出明细。

四、表间关系思维的应用案例

某公司财务报表分析

随着 IT 行业上市公司数量的日益增长，行业规模的逐渐壮大，财务报表使用者对于 IT 行业的财报越发关注。这也引发了报表制作者的思考，如何利用财务报表表间思维来对财务报表进行分析从而应对不断变化的财报要求。IT 行业某公司探索出一套分析方法。

具体做法：

（1）以对外披露的中期报告或年度报告为基础，分析财务报表。依当年业绩情况或管理层经营管理需要，确定主要分析的方向。

（2）利用各种等式分析有关联的财务报表。

（3）如等式成立，则说明财务报表验算的财务指标没有问题。

（4）如等式不成立，则说明财务报表验算的财务指标有问题。

（5）发现验算的财务指标有问题后，立即查看财务指标，分析问题出在哪里，并改正错误。

某公司注重财务管理，运用财务报表表间思维，带动公司的发展，不断实现财务的信息化管理，提高公司的财务管理水平。

五、本节关键知识点

（1）财务报表主要包括资产负债表、利润表、所有者权益变动表、现金流量表和附注。

（2）根据某个会计报表和另一个会计报表之间以及本会计报表项目的内在逻辑对应关系，如果不相等或不对应，则说明会计报表编制得有问题。

（3）利润表的净利润如显示是正数，数值越大就代表越赚钱；如果净利润是负数，则代表亏钱，负数值越大则亏得越多。

（4）资产负债表中的未分配利润与利润表的净利润也存在一定关系，未分配利润=期初未分配利润+利润表中累计的净利润-本期分配的利润。

（5）利润表、现金流量表和资产负债表中，现金流量表是连接资产负债表和利润表的桥梁，起着纽带作用。

（6）资产负债表中的货币资金可以通过企业现金流量表反映企业现金流的流入和流出明细。

六、表间关系思维训练习题

（一）判断题

1. 财务报表可以综合体现企业在不同会计期间的资产状况、经营成果及现金流量等情况，反映企业生产经营状况和可持续发展能力。（　　）

2. 财务报表只包括资产负债表、利润表、所有者权益变动表。（　　）

3. 资产负债表反映公司在一段时间内的财务状况，包括企业资产、负债和所有者权益的规模及其具体构成。（　　）

4. 资产等于负债加所有者权益。通过分析资产负债表的表间关系，可以总体了解公司的资产、负债、净资产情况，包括资产分布、负债构成、资本结构等。（　　）

5. 现金流量表反映公司在某一特定日期的现金流量。（　　）

6. 利润表和资产负债表中，利润表的利润来源于收入、成本、费用等一系列要素。（　　）

7. 资产负债表中的未分配利润与利润表的净利润也存在一定关系，未分配利润=期初未分配利润+利润表中累计的净利润-本期分配的利润。（　　）

8. 根据某个会计报表和另一个会计报表之间以及本会计报表项目的内在逻辑对应关系，如果不相等或不对应，则说明会计报表编制得有问题。（　　）

（二）简答题

资产负债表、利润表、现金流量表、所有者权益变动表四种财务报表存在怎样的表间关系？

参考答案

（一）判断题

1. √　2. ×　3. ×　4. √　5. ×　6. √　7. √　8. √

（二）简答题

（1）资产负债表与利润表的关系

资产负债表"未分配利润"的年末数=资产负债表"未分配利润"的年初数+利润表中的"净利润"累计数。通过检查这个等式，可以判断资产负债表和利润表中关于利润分配的内容有无问题。

（2）现金流量表与资产负债表、利润表的关系

在不考虑应交税费中有关税金变动的情况下，现金流量表中的"销售商品、提供劳务收到现金"≈利润表中的"主营业务收入+其他业务收入"+资产负债表中的"预收账款增加额-应收账款增加额-应收票据增加额"。

现金流量表中的"销售商品、接受劳务支付现金"≈利润表中的"主营业务成本+其他业务成本+存货增加额"+资产负债表中的"预付账款增加额-应付账款增加额-应付票据增加额"。

资产负债表中的交易性金融资产获得的收益反映为利润表中的投资收益；资产负债表中固定资产生产的产品，销售后的收入反映为利润表中的营业收入；资产负债表中采购的原材料反映为利润表中的营业成本；资产负债表中的未分配利润与利润表中的净利润也存在一定的关系，未分配利润=期初未分配利润+利润表中累计的净利润-本期分配的利润。

取得借款收到的现金减去偿还债务支付的现金后净流量与长短期借款余额一致；销售商品收到的现金流与营业收入及对应的销项、应收预收的增减一致。

（3）所有者权益变动表、资产负债表和利润表的关系

利润表和资产负债表中，利润表的利润来源于收入、成本、费用等一系列要素，收入减去成本、费用得到利润，成为利润表需要反映的因素。而资产负债表中的资产可以为企业带来收入。企业在使用相关资产过程中，其耗用也会使得资

产逐步转化为利润表中的成本、费用。

利润表、现金流量表和资产负债表中，现金流量表是连接资产负债表和利润表的桥梁，起着纽带作用。企业利润表的收入和费用，日常会通过企业的现金流或其他资金流进行核算和分配。资产负债表中的货币资金可以通过企业现金流量表反映企业现金流的流入和流出明细。

第六节　行业识别思维

一、行业识别思维的整体框架

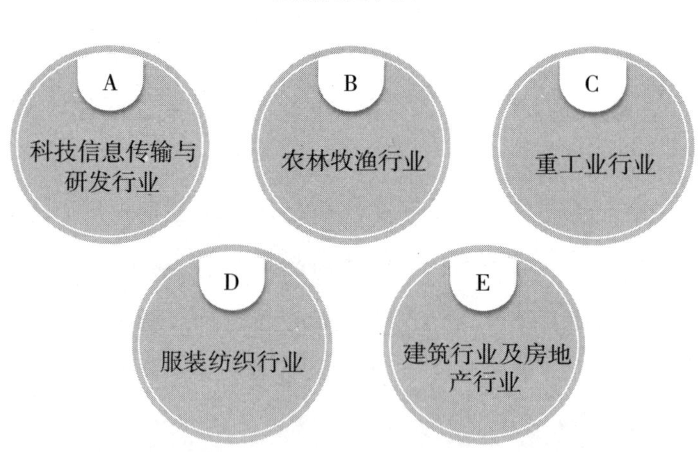

图 7.6　行业识别思维的整体框架

二、行业识别思维的原理

通过查看同一行业的财务报表，可以看出在同一行业内，某些资产占总资产比率具有一些共性。公司所处的行业在很大程度上决定公司财报的结构特征以及盈利水平。财务报表数字特征在很大程度上是由行业所决定的，公司战略首先要解决的就是公司准备进入哪些行业这一方向性问题。每个行业的财务报表数据确定有各自的特点，有的行业财务报表特点很明显。对于不同行业的公司，财报分析的重点往往也存在差异。可以通过不同行业财务报表的特点，判断出公司所处的行业。

三、行业识别思维的价值

通过长时间对不同类型行业的财务报表进行分析，已经发现了一些行业财报特点。例如，银行保险业的行业负债率很高；批发零售行业总资产周转率高；酒饮的毛利率高；80%的资产负债率一般就是银行；一家公司毛利率特别低，大概5%甚至更低，大概率是贸易或者供应链企业；公司的毛利率有较大的波动，一定是强周期行业；零售行业的存货周转率比较高；而毛利率奇高的行业，如 90%左右，一般是制药行业。下面针对一些大型行业来具体进行分析。

（一）科技信息传输与研发行业的行业识别

该行业生产制造电脑与软件、研发通信产品、开发软件、研究科学技术及其他新兴产品。行业的核心价值在于研发人员与创新人员的能力水平以及所使用的无形资产寿命与获利能力。

科技信息传输与研发行业的公司属于“轻资产”公司，在它的资产结构中流动资产占大头，技术型公司一般来说无须非常多的固定资产投资。

有竞争力的技术型公司在提供产品和服务的过程中，往往有较强的定价权，获取现金的能力比较强，销售过程也会有比较多的应收账款，因而财报上应收款项和货币资金等流动资产会比较多。

技术型公司因为直接生产成本低，具有技术溢价能力，毛利率往往比较高，能够给股东带来比较好的回报。

（二）农林牧渔行业的行业识别

由于农林牧渔业的营运能力指标都不高，如资产负债率，行业平均水平为40%，这说明负债及融资来源的重要性。

要重点分析负债和融资的来源，防止农林牧渔类企业入不敷出，资不抵债，陷入经营危机。可关注国家及行业组织的相应减税降费，福利补贴政策，助力企业的发展。

（三）重工业行业的行业识别

重工业企业主要包括钢铁行业及冶金矿产业、机械机电产业等，主营业务为加工钢铁、冶炼有色金属、制造机械及工业制品、机电工具等。

由于该类行业工作量大而多，需要很多专业的固定资产。专业的固定资产往往价值很高，所以重工业行业公司的固定资产占比较高。该行业是充分竞争市场，资金一次性运转较大，企业需要囤积商品应对可能存在的大量采购，所以企业存货较多。由于重工业机器设备金额大，企业没有那么大的经济实力来全额付款购买，因此往往以赊账的方式进行购买，故应付账款的占比较高。

（四）服装纺织行业的行业识别

该类行业主要生产经营服装、帽子、手套和礼服等衣着用品，为从事轻工业类的行业。企业为提高未来销售能力，预测良好的服装潮流市场而生产出大量货物留待出售，因此存货占比很高。存货的周转次数意味着产品更新换代的次数，高的存货周转次数意味着存货价值高，企业发展前景好；相反，低的存货周转次数意味着存货价值低，企业发展前景不容乐观。

因此，对于服装纺织业要重点关注存货占比和存货周转次数。防止企业库存过大，没有足够现金流来应对未知的困难。一旦发现企业存货周转率低，要及时关注市场的变化，紧跟时代潮流，制造出消费者满意的产品。该行业受货币资金的影响比较大，故也应着重关注“流动资产”及“流动负债”。

（五）建筑行业及房地产行业的行业识别

建筑行业及房地产行业资产端主要为存货，因为要不停拿地开发，公司土地储备和未交付商品房都会体现为存货。房子是一种特殊商品，拿到预售许可证就可以销售，这些未来的收入体现在报表上，就成为预收账款挂在账上。建筑行业和房地产行业的负债主要为短期借款、长期借款、应付账款等，负债占比较大。

在对一家公司的财报进行分析时，会更加认识到公司所处的行业对财报数字的影响。因此，对于公司的管理决策者而言，在制订公司现有的竞争策略前要充分了解公司现在所处行业的特征。

四、行业识别思维的应用案例

某公司利用行业识别思维分析长处和短板

近年来，我国社会经济发展迅速，房地产相关行业也取得了可观的成绩，其发展速度非常快。对于资金密集型的房地产行业来说，它在实际运作过程中，使用到的资金数量非常庞大，这在一定程度上增加了房地产行业的风险。某公司通过对行业财务报表分析，降低了房地产行业的经营风险。通过行业识别思维，知道房地产业行业特点为存货多，负债高。

具体做法：

第一，减轻负债压力。可将房地产企业的偿债能力分为短期偿债能力和长期偿债能力，并对其偿债能力进行分析。长期偿债能力指标资产负债率应控制在 60%。

评价企业负债时，常常会将预收账款除去，分析其净负债率。某公司努力将资产负债率降低到 75%，进入安全区域。

第二，防止存货压力过大。提高房地产企业营运能力，提高企业的资产周转率、存货周转率等都会对其营运能力产生影响，帮助企业获得更多的利润。

五、本节关键知识点

（1）公司所处的行业将在很大程度上决定公司财报的结构特征以及盈利水平。

（2）对于不同行业的公司，财报分析的重点往往也存在差异。可以通过不同行业财务报表的特点，判断出公司所处的行业。

（3）技术型公司因为直接生产成本低，具有技术溢价能力，有技术定价权，所以毛利率往往比较高，能够给股东带来比较好的回报。

（4）存货的周转次数意味着产品更新换代的次数，高的存货周转次数意味着存货价值高，企业发展前景好。

（5）由于重工业机器设备金额大，企业没有那么大的经济实力来全额付款购买，因此往往以赊账的方式进行购买，故应付账款的占比较高。

六、行业识别思维训练习题

（一）单项选择题

由于重工业机器设备金额大，企业没有那么大的经济实力来全额付款购买，因此往往以赊账的方式进行购买，故（　　）的占比较高。

A. 应付账款　　B. 预付账款

C. 资产数量　　D. 负债金额

（二）多项选择题

1. 重工业企业主要包括钢铁行业及冶金矿产业、机械机电产业等。主营业务为（　　）。

A. 加工钢铁　　B. 冶炼有色金属

C. 制造机械及工业制品　　D. 机电工具等

2. 科技信息传输与研发产业的行业主要业务是（　　）。

A. 生产制造电脑与软件

B. 研发通信产品

C. 开发软件

D. 研究科学技术及其他新兴产品

（三）判断题

1. 银行资产负债率高。（　　）

2. 贸易或者供应链企业毛利率高。（　　）

3. 制药行业毛利率很高。（　　）

4. 专业的固定资产往往价值很高，所以工业行业公司的固定资产占总资产比率较高。（　　）

5. 存货的周转次数意味着产品更新换代的次数，低的存货周转次数意味着存货价值高，企业发展前景好。（　　）

6. 不同行业财报分析的重点往往存在差异，可以通过不同行业财务报表的

特点，判断出公司所处的行业。(　　)

7. 技术型公司因为直接生产成本低，具有技术溢价能力，有技术定价权，所以毛利率往往比较高，能够给股东带来比较好的回报。(　　)

8. 防止存货压力过大，提高房地产企业营运能力，提高企业的资产周转率、存货周转率等都会对其营运能力产生影响，帮助企业获得更多的利润。(　　)

9. 在对一家公司的财报进行分析时，会更加认识到公司所处行业对财报数字的影响。因此，对于公司的管理决策者而言，在制订公司现有的竞争策略前要充分了解公司现在所处行业的特征。(　　)

10. 服装纺织业要重点关注存货占比和存货周转次数。防止企业库存过大，没有足够现金流来应对未知的困难。(　　)

(四) 简答题

可以在哪些行业利用行业识别思维，分析公司所在行业面临的危机和机遇，助力企业后续的发展?

(五) 案例分析题

运用行业识别思维分析并引导房地产行业的后续发展。近年来，我国社会经济发展迅速，房地产相关行业也取得了可观的成绩，其发展速度非常快。对于资金密集型的房地产行业来说，它在实际运作过程中，使用到的资金数量非常庞大，这在一定程度上增加了房地产行业的风险。某公司通过对行业财务报表分析，降低了房地产行业的经营风险。通过行业识别思维，知道房地产业行业特点为存货多，负债高。

问题：某公司如何利用行业识别思维，进一步明确自身的长处和短板?

参考答案

(一) 单项选择题

A

(二) 多项选择题

1. ABCD　2. ABCD

（三）判断题

1. √　2. ×　3. √　4. √　5. ×　6. √　7. √　8. √　9. √　10. √

（四）简答题

（1）科技信息传输与研发行业的行业识别

该行业生产制造电脑与软件、研发通信产品、开发软件、研究科学技术及其他新兴产品。行业的核心价值在于研发人员与创新人员的能力水平以及所使用的无形资产寿命与获利能力。

科技信息传输与研发行业的公司属于"轻资产"公司，在它的资产结构中流动资产占大头，技术型公司一般来说无须非常多的固定资产投资。

有竞争力的技术型公司在提供产品和服务的过程中，往往有较强的定价权，获取现金的能力比较强，销售过程也会有比较多的应收账款，因而财报上应收款项和货币资金等流动资产会比较多。

技术型公司因为直接生产成本低，具有技术溢价能力，所以毛利率往往比较高，能够给股东带来比较好的回报。

（2）农林牧渔行业的行业识别

由于农林牧渔业的营运能力指标都不高，如资产负债率，行业平均水平为40%，这说明了负债及融资来源的重要性。

要重点分析负债和融资的来源，防止农林牧渔类企业入不敷出，资不抵债，陷入经营危机。可关注国家及行业组织的相应减税降费，福利补贴政策，助力企业的发展。

（3）重工业行业的行业识别

重工业企业主要包括钢铁行业及冶金矿产业、机械机电产业等，主营业务为加工钢铁、冶炼有色金属、制造机械及工业制品、机电工具等。

由于该类行业工作量大而多，需要很多专业的固定资产。专业的固定资产往往价值很高，所以重工业行业公司的固定资产占比较高。该行业是充分竞争市场，资金一次性运转较大，企业需要囤积商品来应对可能存在的大量采购，所以企业存货较多。由于重工业机器设备金额大，企业没有那么大的经济实力来全额付款购买，因此往往以赊账的方式进行购买，故应付账款的占比较高。

（4）服装纺织行业的行业识别

该类行业主要生产经营服装、帽子、手套和礼服等衣着用品，为从事轻工业类的行业。企业为提高未来销售能力，预测良好的服装潮流市场而生产出大量货物留待出售，因此存货占比很高。存货的周转次数意味着产品更新换代的次数，高的存货周转次数意味着存货价值高，企业发展前景好；相反，低的存货周转次数意味着存货价值低，企业发展前景不容乐观。

因此，对于服装纺织业要重点关注存货占比和存货周转次数。防止企业库存过大，没有足够现金流来应对未知的困难。一旦发现企业存货周转率低，要及时关注市场的变化，紧跟时代潮流，制造出消费者满意的产品。该行业受货币资金的影响比较大，故也应着重关注"流动资产"及"流动负债"。

（5）建筑行业及房地产行业的行业识别

建筑行业及房地产行业资产端主要为存货，因为要不停拿地开发，公司土地储备和未交付商品房都会体现为存货。房子是一种特殊商品，拿到预售许可证就可以销售，这些未来的收入，体现在报表上，就成为预收账款挂在账上。建筑行业和房地产行业的负债主要为短期借款、长期借款、应付账款等，负债占比较大。

在对一家公司的财报进行分析时，会更加认识到公司所处的行业对财报数字的影响。因此，对于公司的管理决策者而言，在制订公司现有的竞争策略前要充分了解公司现在所处行业的特征。

（五）案例分析题

第一，减轻负债压力。可将房地产企业的偿债能力分为短期偿债能力和长期偿债能力，并对其偿债能力进行分析。长期偿债指标资产负债率应控制在60%。

评价企业负债时，常常会将预收账款除去，分析其净负债率。努力将资产负债率降低到75%，进入安全区域。

第二，防止存货压力过大。提高房地产企业营运能力，提高企业的资产周转率、存货周转率等都会对其营运能力产生影响，帮助企业获得更多的利润。

第七节　假账甄别思维

一、假账甄别思维的整体框架

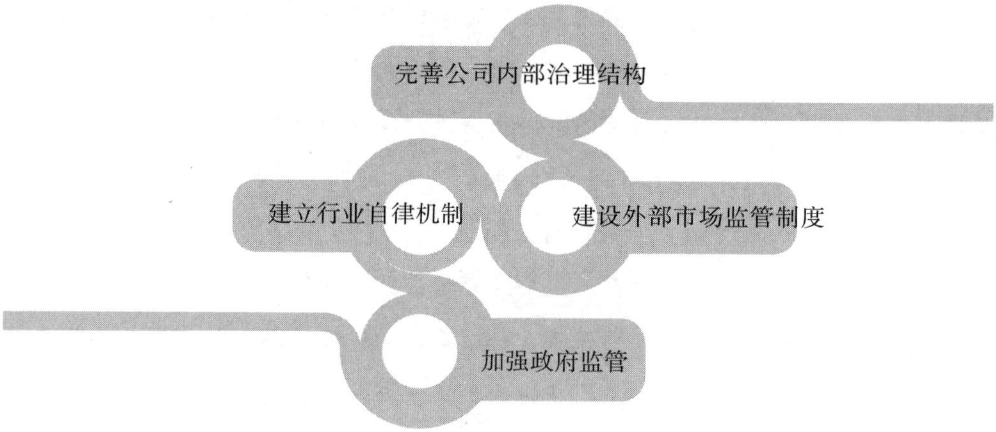

图 7.7　假账甄别思维的整体框架

二、假账甄别思维的原理

由于经营不善，亏损成疾，真实的财务指标难以满足要求，个别上市公司面临着退市和取消融资资格的压力，造假成为公司非法获利的手段。向银行贷款时，极力夸大资产的金额，掩饰不良资产；向税务部门申报纳税时，隐瞒缩小利润额，根据不同对象变换不同的财务报表数据。

假账一般分为四类。第一类是收入假账，通过管理层合谋虚构收入；引入"过桥公司"虚构收入；扩大销售核算范围虚增收入；提前确认收入或记录有问题的收入；利用财务报表合并技术虚增收入；其他虚构收入的方法。第二类是费用假账，通过收益性支出资本化；资产减值准备调节化；费用摊提目标。第三类是利润假账，通过虚构资产泡沫掩盖利润舞弊；虚构现金及现金流掩盖利润舞弊，虚构现金余额，操纵现金流量。第四类是改变会计政策途径，企业通过变更会计政策，对相同的交易或事项所采用的会计政策进行改变。

通过假账甄别，辨认错误的财务报表，建立惩罚机制，使其限期整改，并及时向大众公布，减少错误的财务报表对社会造成的不良影响。

（一）财务假账的危害

图 7.8　财务假账的危害

1. 危害市场经济秩序

企业会计信息失真的行为会掩盖企业真实的经营状况，增加国民经济运行中的不确定性因素，误导广大投资者以及国家对目前经济形势的判断，严重削弱市场经济运转效率，破坏市场经济秩序，并恶化社会风气，从而严重阻碍社会发展。

2. 危害广大投资者

虚假财务报表会使各利益相关者作出错误的经济投资决策，错误的经济投资可能会使投资者的经济利益受损，进而影响广大投资者的资产。

3. 危害企业长期发展

虚假财务报表不能正确反映企业状况，给决策者以错误的导向，致使决策失败，进而导致投资者对企业不信任，企业口碑下滑，给企业造成巨大的损失，不利于企业生存和长远发展。

4. 使证券市场失去应有的功能

上市公司对外公布的财务报表舞弊事件的发生，会严重冲击证券市场，在广大投资者中产生的影响极为恶劣，严重打击投资者的信心，使整个证券市场失去原有经济循环，以及经济促进的功能。

5. 危害会计人员本身

会计人员进行财务舞弊这种行为导致了会计行业空前的信任危机。会计界诚信问题已引起社会各界的普遍关注，这种不信任的态度对会计界的长期健康发展是十分不利的。

三、假账甄别思维的价值

（一）完善公司内部治理结构

改善公司的股权结构。股权结构是公司治理结构的基础，建立合理的股权结构，解决中小股东与控股股东不对称的现状，对大股东的行为进行控制。减持股份，改变“一股独大”的现象，完善公司监事会。

企业应搭建内部控制的框架，完善企业内部经营管理中的各项内部控制制度，约束个人舞弊行为；重塑企业内部控制机制，实现企业内部的全程监督，筑起企业内部财务监管的一道“防火墙”。

（二）建立行业自律机制

成立行业自律监管组织，并吸引更多企业加入。通过行业内部管理，有效地避免财务舞弊行为的发生。设计行业内部管理制度及自律性管理规章，改革各自律组织的组织结构，建立定期检查制度。

（三）建设外部市场监管制度

健全注册会计师审计制度。尝试建立以注册会计师审计为主、政府监督为辅的监督体系。充分发挥社会舆论与媒体的作用。可以利用社会公众和媒体的监督，对中小股东进行事后监督。

（四）加强政府监管

完善各项法律法规建设，保证各单位有法可依；加大监督检查的力度，约束各单位按规则办事，保证规则有效执行，有法必依。

四、假账甄别思维的应用案例

某地区不法企业财务报表作假问题治理

失实的会计报表、虚假的会计信息糊弄了投资者。当投资者不再相信会计报表，不再相信上市公司时，会对企业的后续发展造成不良影响。

某地区多家企业连续爆雷，出现破产清算的情况，使得投资者的利益受损。最终某地区地方形象败坏，投资环境恶化，外来投资者望而却步，某地区经济陷入了困境。

某地区利用假账甄别思维走出了困境。

具体做法：

（1）某地区所有报表使用者密切关注公司的主要生产设备是否存在严重闲置、生产车间是否停产、存货数量是否大量增加等现象。通过检查可疑的账簿记录、记账凭证、发票存根与发运凭证来查明已入账收入是否在同一期间已开具发票并发货。

（2）在分析公司盈利时，要着重分析主营业务占利润的比重，从而判断公司利润的来源是否具有稳定性，是否依靠粉饰其他利润项目来增加业绩。

（3）关注虚拟资产项目。密切关注公司年报中的虚拟资产项目，若虚拟资产与正常资产相比比例较大，或虚拟资产增长速度波动较大，则可以重点关注该公司是否通过虚拟资产虚增利润。

五、本节关键知识点

（1）通过假账甄别，辨认错误的财务报表，建立惩罚机制，使其限期整改，并及时向大众公布，减少错误的财务报表对社会造成的不良影响。

（2）虚假财务报表会使各利益相关者作出错误的经济投资决策，错误的经济投资可能会使投资者的经济利益受损，影响广大投资者的资产。

（3）企业通过变更会计政策，对相同的交易或事项所采用的会计政策进行改变。

（4）对大股东的行为进行控制。减持股份，改变“一股独大”的现象，完善公司监事会。

（5）通过行业内部管理，有效地避免财务舞弊行为的发生。设计行业内部管理制度，自律性管理规章，改革各自律组织的组织结构，建立定期检查制度。

（6）分析公司盈利时，要着重分析主营业务占利润的比重，从而判断公司利润的来源是否具有稳定性，是否依靠粉饰其他利润项目来增加业绩。

六、假账甄别思维训练习题

（一）单项选择题

1. 分析公司盈利时，要着重分析（　　）占利润的比重，从而判断公司利润的来源是否具有稳定性。

A. 主营业务收入　　B. 其他业务收入

C. 收入总额　　D. 其他利得

2. 通过虚构资产泡沫掩盖利润舞弊，虚构现金及现金流掩盖利润舞弊，虚构现金余额，操纵现金流量，是（　　）。

A. 收入假账　　B. 费用假账

C. 利润假账　　D. 改变会计政策

（二）多项选择题

企业会计信息失真的行为会掩盖企业真实的经营状况，增加国民经济运行中的不确定性因素，误导广大投资者以及国家对目前经济形势的判断，进而导致（　　）。

A. 严重削弱市场经济运转效率

B. 破坏市场经济秩序

C. 恶化社会风气

D. 严重阻碍社会的发展

（三）判断题

1. 虚假财务报表会使各利益相关者作出错误的经济投资决策，错误的经济投资可能会使投资者的经济利益受损，影响广大投资者的资产。（　　）

2. 增持股份，造成“一股独大”的现象，可以完善公司内部治理结构。（　　）

3. 公司可以通过收益性支出资本化；资产减值准备调节化；费用摊提目标化等方法造成收入假账。（　　）

4. 会计人员进行财务舞弊这种行为导致了会计行业空前的信任危机，也会危害会计人员本身。（　　）

5. 报表使用者可以通过检查可疑的账簿记录、记账凭证、发票存根与发运凭证来查明已入账收入是否在同一期间已开具发票并发货。监测到公司是否出现主要生产设备严重闲置、生产车间停产、存货数量大量增加等现象。（　　）

6. 对大股东的行为进行控制。减持股份，改变“股股平均”的现象，完善公司监事会。（　　）

7. 密切关注公司年报中的虚拟资产项目，若虚拟资产与正常资产相比比例较大，或虚拟资产增长速度波动较大，则可以重点关注该公司是否通过虚拟资产虚增利润。（　　）

8. 企业应搭建外部控制的框架，完善企业内部经营管理中的各项内部控制制度，约束个人舞弊行为。（　　）

9. 个别上市公司面临着退市和取消融资资格的压力，造假成为公司非法获利的手段。如向银行贷款时和向税务部门申报纳税时提交的是相同的财务报表数据。（　　）

（四）简答题

1. 短期借款的违规操作及查账方法是什么？

2. 应付票据的违规操作及查账方法是什么？

3. 预收账款的违规操作及查账方法是什么？

（五）案例分析题

运用假账甄别思维帮助某地区走出经济困境。失实的会计报表、虚假的会计信息糊弄了投资者。当投资者不再相信会计报表，不再相信上市公司时，会对企业的后续发展造成影响。

某地区不法企业财务报表作假。多家企业连续爆雷，出现破产清算的情况，使得投资者的利益受损。最终某地区地方形象败坏，投资环境恶化，外来投资者望而却步，某地区经济陷入了困境。

问题：某地区如何走出经济困境？

参考答案

（一）单项选择题

1. A　2. C

（二）多项选择题

ABCD

（三）判断题

1. √　2. ×　3. ×　4. √　5. √　6. ×　7. √　8. ×　9. ×

（四）简答题

1. “短期借款”科目核算企业借入期限在一年以下（含一年）的各种借款；企业借入的期限在一年以下的外汇借款也可在“短期借款”科目核算，或增设“短期外汇借款”科目核算。

常见负债核算假账舞弊手段及甄别方法如下。

（1）短期借款利息的错误处理。

短期借款在产生利息的同时，企业为了完成目标利润，未及时将利息计入财务费用，造成利润虚增，从而体现在报表上，对投资人的投资行为产生误导，也会导致企业决策的失误。

查账方法：核对与短期借款有关的明细账户记载的借款金额、还款时间、借款合同等，并查证企业利息的计算、支付方法和账务处理的及时性、准确性。

（2）短期借款未按规定的用途使用。

一些企业将特定用途的短期借款挪作他用（如进行投资、融资或非法生产经营），违反短期借款合同。

查账方法：加强内部监管，根据短期借款有关明细账户的记录对各期相应的会计资料进行追踪、复查，对企业取得的短期借款使用情况进行查证。

2. “应付票据”科目核算企业因购买原材料、商品和接受劳务供应等而开出、承兑的商业汇票，包括银行承兑汇票和商业承兑汇票。

常见应付票据核算假账舞弊手段及甄别方法如下。

（1）应付票据发生和偿还不真实、记录不完整。

查账方法：编制应付票据明细表，如实记录票据发生和偿还情况，并定期进行复核，保证其准确性，同时检查其与应付票据登记簿、报表数、总账数和明细账合计数是否相符。

（2）应付票据期末余额不正确，长期挂账。企业利用“应付票据”账户转移收入。

查账方法：审查人员选择应付票据的重要项目，函证其余额是否正确；检查应付票据备查簿，抽查原始凭证，询问当事人，调查相关情况，确定其准确性。

（3）应付票据金额与发票金额不一致。企业有关人员利用票单差异，从中吸取不正当利益或经营其他非法活动。

查账方法：核对票据金额与发票金额是否一致，若不一致，则应询问、调查有关当事人。

3. “预收账款”科目核算企业与购货单位或个人所签订的合同中明确的预收账款或定金；企业出口商品，预收国外客户的外汇货款或定金，也在“预收账款”科目中核算。

常见预收账款核算假账舞弊手段及甄别方法如下。

（1）尚未结算的预收账款与合同或协议不相符，超出规定的期限仍未交货。

查账方法：核对“预收账款”明细账与相关合同或协议是否相符，有无超出规定时间尚未发货的现象。

（2）利用预收账款截留收入，获取不法利益。

查账方法：在检查“预收账款”减少记录时，应同时检查是否反映收入。如果没有反映收入，应调阅原始凭证，查明账户的对应关系，找出问题所在。

（五）案例分析题

（1）某地区所有报表使用者密切关注公司的主要生产设备是否存在严重闲置、生产车间是否停产、存货数量是否大量增加等现象。通过检查可疑的账簿记录、记账凭证、发票存根与发运凭证来查明已入账收入是否在同一期间已开具发票并发货。

（2）在分析公司盈利时，要着重分析主营业务占利润的比重，从而判断公司利润的来源是否具有稳定性，是否依靠粉饰其他利润项目来增加业绩。

（3）关注虚拟资产项目。密切关注公司年报中的虚拟资产项目，若虚拟资产与正常资产相比比例较大，或虚拟资产增长速度波动较大，则可以重点关注该公司是否通过虚拟资产虚增利润。

第八节　定性定量思维

一、定性定量思维的整体框架

财务报表的定性分析方法

侧面的整体评估	利润表的定性分析	资产负债表的定性分析	现金流量表的定性分析
01	02	03	04

图7.9　定性定量思维的整体框架

二、定性定量思维的原理

定性分析是指用“语言”来描述一件事物的特性的分析方法。通过逻辑推理、历史求证等思维方式，对企业过去的表现状况和未来的发展潜力作出评估，着重从质的方面分析和研究财务报表的属性，对发展变化规律作出判断。简单地说，就是分析两个因素之间的相互影响情况，是同方向增长，还是反方向增长。

定量分析是指用“数字”来描述一件事物的特性的分析方法。通过分析财务报表所包含成分的数量关系，从财务指标特征上进行分析比较，从而考察企业各项指标的大小及各方面能力的强弱，判断企业的发展状态。简单地说，就是分析两个因素之间相互影响的大小，例如，销售量增长百分之一，利润增长百分之几。

进行财务定量分析时可以利用以下五种分析方法。

（1）比率分析法。通过对流动比率、速动比率、产权比率、净资产收益率等指标的计算，用数字指标将企业的财务状况量化。

（2）趋势分析法。对同一单位相关财务指标连续几年的数据作纵向对比，观察其成长性，了解该企业某一财务指标的发展变化趋势。

（3）结构分析法。通过分析企业财务指标中各分项目在总体项目中的所占比重或组成，考量财务指标在总体财务报表中是否占有重要的地位。

（4）相互对比法。通过同行业不同企业之间的横向比较，与标准值进行比较，找出差距后，分析形成差距的原因。

（5）数学模型法。对于不能进行实验验证的财务分析，可以通过数学模型来分析和预测经济决策所可能产生的结果。

三、定性定量思维的价值

如果单纯地运用定量分析方法，有时难以全面地反映出企业真实的经营状况及财务变动的原因，不能作出正确的财务报表分析结论。企业的生产经营活动是复杂的，常常受到多种因素的影响，而这些因素并不是都能用数值直接表现出来的。通过以下四种方式来对企业进行定性分析。

（一）侧面的整体评估

首先通过评价企业的社会信誉度，一方面看企业内部是否做到了管理规范和企业内部进步的根本动力，能否充分调动员工的积极性和主观能动性；另一方面也要关注企业是否能招募到更多高素质的人才，给企业的发展带来成长和稳定，企业是否和谐，是否良性发展。其次通过部门和人员的客观判断，判断管理层是否能作出正确决策，销售统计部门人员变动情况如何，会计人员是否有不良记录，从而判断出财务报表的准确性。最后是对政策和市场及时把握，对企业重大事件重点关注，对消费者反映的问题跟踪调查，进而判断企业的后续发展能力和运营潜力。

（二）利润表的定性分析

通过判断净利润的来去是否清晰，衡量利润表的准确性，进而综合衡量企业盈利能力。一看企业主营业务的利润在总利润中的占比；二看支撑主营利润的项目规模是否在行业中具有竞争力；三看利润的增长是否在合理的范围内。从利润表上，可以反映出以下四个方面的问题。

（1）衡量企业的经营成果。利润包括月度利润和年度利润。看利润的时候还要衡量它的未来发展趋势。如果企业的利润获得方式是长期的，就不能单纯地分析企业的短期利润，还要结合长期利润来进行分析。

（2）可通过企业利润的构成来评估经营风险。企业利润主要来源于营业利润，其中，主营业务利润是一个企业发展的关键。由于投资收益具有不确定性，风险较大，因此如果企业的整体利润主要来自投资收益，则其收益稳定性较差。

（3）利润表可以衡量企业是否依法纳税，企业每年度获得的利润要缴纳国家税费，通过利润表上利润的多少，也可分析得出企业是否依法缴纳税金。

（4）考察企业获利能力的趋势。公司的获利情况与公司所在行业的获利情况密不可分，息息相关。当整个行业的毛利率开始下滑、整个行业的净利润开始往下降的时候，企业要高度注意，及时判断企业获利的能力和未来的趋势，防微杜渐，并做好抵抗社会风险的防范措施。

（三）资产负债表的定性分析

（1）判断是否有企业坏账的存在。有些企业的产品销售出去，但款项收不回来，在资产负债表上，许多陈年老账都放在里面。企业应予以重视，不要高估资产，低估坏账。

（2）分析企业资产负债率和各项流动性比率，了解企业的能力，能够保证债权人的权益。例如，资产负债率，该比率越大，表明债权人的风险越大；流动比率和速动比率，这两个比率越大，短期债权人的利益就越有保障。

（3）对各类资产性项目进行具体分析，借此对企业财务质量作出基本性判断。分析企业各类摊销性资产的摊销情况，对企业损益核算的可靠性作出推断。

（四）现金流量表的定性分析

现金流量表主要反映了企业经营、投资、筹资三个方面的内容，可以全面了解企业现金流的构成，评价企业经营状况、套现能力、筹资能力和资金实力。首先看企业的现金流是否具有稳定性，企业要想具有抗击危机的实力，一定要保持良好的现金流。其次看企业是否存在关联交易，尤其注意是否有利用年中向上市公司借钱，到年底再利用银行借款还钱，从而在年底报表上无法体现大股东借款的做法。最后看现金流量表是否能正常地反映资金的流向，各项现金注入和流出的原因和事项是否正常，是否符合企业合理化流程。

四、定性定量思维的应用案例

某公司财务分析

具体做法：

（1）定性分析

首先对盈利能力进行分析。通过对销售毛利率、销售净利率、总资产净利率和净资产收益率四项指标进行分析，反映企业产品的实力、企业的盈利水平、生存和发展的潜力。其次对流动比率、速动比率和现金比率等指标进行分析，看企业的短期偿债能力。最后通过总资产周转率、存货周转率、流动资产周转率等指标进行分析，衡量企业营运能力。据此，判断企业的资本转换为产品的速度快慢，形成收入和利润的周期长短，经营效率高低，资产总额的周转速度的快慢，企业销售能力的强弱。

（2）定量分析

一方面对企业进行侧面的整体分析。通过全面系统地了解企业情况，评价企业经营状况的好坏和经营成果的高低。另一方面通过利润表、资产负债表、现金流量表的定量分析，掌握企业经营成果、财务状况和现金流量的状况。

实施成效：

某公司把握了财务报表分析的实质，进一步完善了会计报表体系，向投资者提供更全面、有用的信息。寻找到了企业自身发展中暴露的问题，公司决策者做好了风险识别和风险控制，及时调整公司经营战略，应对自身与外部环境的矛盾，保持某公司健康稳定地发展。

五、本节关键知识点

（1）定量分析是指用“数字”来描述一件事物的特性的分析方法。通过分析财务报表所包含成分的数量关系，从财务指标特征上进行分析比较，从而考察企业各项指标的大小及各方面能力的强弱，判断企业的发展状态。

（2）趋势分析法。对同一单位相关财务指标连续几年的数据作纵向对比，观察其成长性，了解该企业某一财务指标的发展变化趋势。

（3）对政策和市场及时把握，对企业重大事件重点关注，对消费者反映的问题跟踪调查，进而判断企业的后续发展能力和运营潜力。

（4）判断是否有企业坏账的存在。有些企业的产品销售出去，但款项收不回来，在资产负债表上，许多陈年老账都放在里面。企业应予以重视，不要高估资产，低估坏账。

（5）分析企业各类摊销性资产的摊销情况，对企业损益核算的可靠性作出推断。

六、定性定量思维训练习题

（一）单项选择题

1. 可以从（　　）方面，来对财务报表进行定性分析。

A. 企业侧面的整体评估　　B. 利润表的定性分析

C. 资产负债表的定性分析　　D. 现金流量表的定性分析

2. 对流动比率、速动比率和现金比率等指标进行分析，反映出企业（　　）。

A. 盈利水平　　B. 短期偿债能力

C. 营运能力　　D. 销售能力的强弱

（二）判断题

1. 评价企业的社会信誉度也要关注企业是否能招募到更多高素质的人才，给企业的发展带来成长和稳定，企业是否和谐，是否良性发展。(　　)

2. 相互对比法是通过同行业不同企业之间的横向比较，与标准值进行比较，找出差距后，分析形成差距的原因。(　　)

3. 可以通过判断净利润的来去是否清晰，衡量利润表准确性，进而综合衡量企业盈利能力。(　　)

4. 如果企业的利润获得方式是长期的，就不能单纯地分析企业的短期利润，还要结合长期利润来进行分析。(　　)

5. 利润表只可以考察企业获利能力的趋势，衡量企业的经营成果，不可以通过企业利润的构成来评估经营风险和是否依法纳税。(　　)

6. 资产负债率，该比率越大，表明债权人的风险越小。(　　)

7. 流动比率和速动比率，这两个比率越小，短期债权人的利益就越有保障。(　　)

8. 可以通过对销售毛利率、销售净利率、总资产净利率和净资产收益率四项指标的分析判断，反映出企业产品的实力、企业的盈利水平、生存和发展的潜力。(　　)

9. 公司在把握了财务报表分析的实质后，可以进一步完善会计报表体系，

向投资者与债投人提供更全面、有用的信息。(　　)

10. 对同一单位相关财务指标连续几年的数据作纵向对比，观察其成长性，了解该企业某一财务指标的发展变化趋势的方法是结构分析法。(　　)

（三）简答题

1. 定性定量对财务进行分析，会在企业经营决策中起到什么帮助作用？

2. 财务定性定量分析在企业经营决策应用中存在问题和解决措施是什么？

参考答案

（一）单项选择题

1. A　2. B

（二）判断题

1. √　2. √　3. √　4. √　5. ×　6. ×　7. ×　8. √　9. √　10. ×

（三）简答题

1. （1）预测风险

财务分析能够帮助企业对自身的经营情况有清晰的了解，当实际经营情况与预期目标存在差异，财务分析能够迅速帮助企业辨别差异产生的原因。例如，通过市场经济增长数据、现金流动比率、盈利能力等相关数据的变化，检查工作流程是否存在问题，并进一步提供科学的决策依据以及科学建议，作出合理的经营决策，推动企业长期稳定地发展。

（2）对投资项目进行可行性分析

财务分析能够帮助企业对预算完成情况进行检查，对管理工作人员的业绩进行考核，决策层能够更加清楚地了解企业的经营情况，对未来发展能力作出准确评估，帮助完善员工的绩效考核系统。特别是如今全世界经济下行，部分投资项目能否按照计划正常进行，在国家政策下能否申请优惠银行贷款利率，都需要财务工作人员进行相应的融资成本、投资收益率等评估，为管理层提供可靠的决策依据。

2. （1）将财务和业务紧密结合

太过关注财务数据本身而不结合实际业务情况，以及企业管理层对于财务工作的不看重，都是导致财务分析最终结果难以为企业经营决策发挥作用的重要原因。财务人员在进行财务分析工作的时候，不仅需要对财务数据进行整理，还需要和业务信息数据相互结合，才能够根据企业实际运营情况作出准确的评估，进而推动企业不断地完善管理决策体系。企业的管理人员需要转换决策和管理思路，重视财务工作，重视财务分析结果，才能够进一步地加强业务与财务之间的结合，构建完善的信息共享平台。财务工作人员需要积极参与企业相应的经营决策会议，加入企业决策的讨论当中。深入各个部门对有关业务进行信息数据的收集，修正以往错误的信息数据，进而提高财务数据的精确度和可信度，使得财务分析的结果更加科学、合理，成为企业进行经营决策的重要依据。

（2）组建专业财务团队

财务分析工作由财务部门负责，现代化的财务分析形式多样，工具复杂，要根据企业的实际情况作出科学精准的财务分析，就需要财务部门的工作人员具有过硬的专业能力和财务信息处理能力。这意味着财务工作人员需要从以会计核算为基础转变为能够对财务数据进行综合使用的人才。首先，企业需要组建具备高超业务能力的财务团队，在录用新人的时候，需要从各个方面考察对方的专业能力，优先选择有丰富经验且好学的人才。其次，企业需要定期对财务人员进行专业培训，对其数据分析能力、企业管理能力、财务数据收集等综合能力进行系统培训；并通过健全企业自身的激励体系，鼓励财务人员与时俱进，考取相应的专业技能证书，不断地提高自身专业素养，将所学知识灵活地运用到日常的企业财务分析工作当中，进而充分发挥财务分析对企业的作用，通过分析结果来发现企业在经营决策中存在的问题，并及时地采取有效措施，进行解决。

（3）适应行业内在经济规律

目前全世界经济低迷，企业面临着前所未有的压力。企业的财务工作人员在完成自身工作的同时，需要具备敏锐的洞察力，及时地了解国家宏观经济环境的变化。特别是涉及行业发展政策的出台，需要及时地对国家政策进行细致分析，研究政策会对企业或行业产生的影响。除此之外，在享受政策支持的时候，需要对行业的未来发展趋势有相应的判断。企业做好足够的准备，才能够应对外在大环境的变化，更好地适应行业的内在经济规律，以此帮助企业的管理阶层更好地进行经营决策。

第八章 企业合规师的财务分析思维

第一节　比率思维

一、比率思维的整体框架

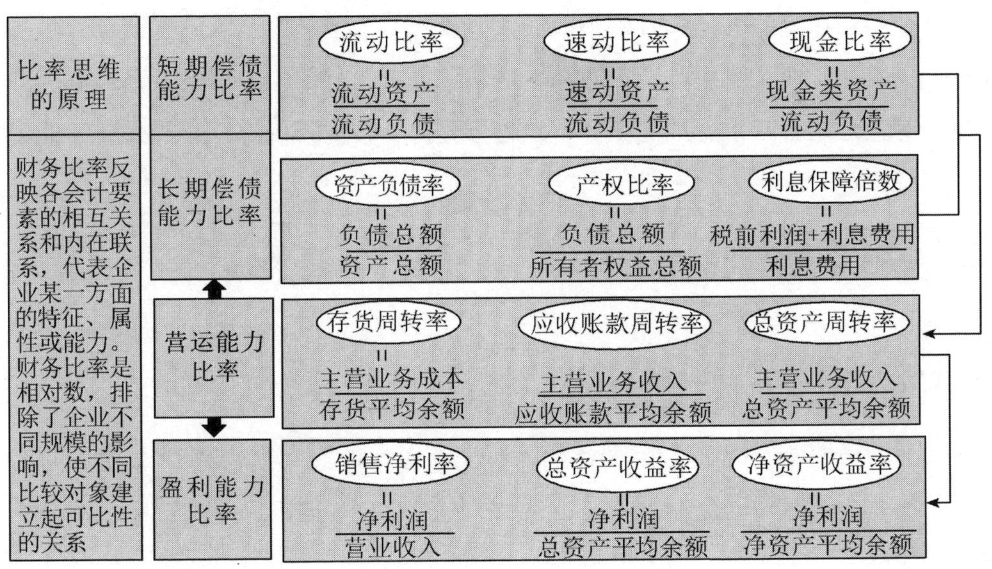

图 8.1　比率思维的整体框架

二、比率思维的原理

比率思维是指通过构建和计算财务比率对企业经营状况进行分析和判断的一种思维模式。财务比率反映各会计要素的相互关系和内在联系，代表了企业某一方面的特征、属性或能力。财务比率是相对数，排除了企业不同规模的影响，使不同比较对象建立起可比性的关系，因此被广泛用于财务分析。

财务比率可以分为以下四类。

第一类，短期偿债能力比率，如流动比率、速动比率、现金比率等。

第二类，长期偿债能力比率，如资产负债率、产权比率、利息保障倍数等。

第三类，营运能力比率，如存货周转率、应收账款周转率、总资产周转率等。

第四类，盈利能力比率，如销售净利率、总资产收益率（ROA）、净资产收益率（ROE）等。

各种不同的比率说明不同的关系，每一类比率从一个特有的维度或视角去审视和分析企业的经营状况。由于报表使用者不同，分析比率的着眼点、用途、目的不同，因而比较的标准也有所不同。由于每一个比率只涉及企业生产经营过程中的一种关系，而企业生产经营活动本是错综复杂的，因此应当把各种比率的分析结论有机地结合起来，把比率分析和趋势分析、结构分析等结合起来，才能得出正确结论。

三、比率思维的价值

（一）分析企业短期偿债能力

企业的短期偿债能力是指企业偿还短期债务，即一年之内到期的债务的能力。反映企业短期偿债能力的财务比率指标主要有流动比率、速动比率、现金比率等。

1. 流动比率

流动比率是指流动资产与流动负债的比例关系。其计算公式为：

$$流动比率=\frac{流动资产}{流动负债}$$

企业的流动资产在清偿完流动负债后还应有一些剩余，以便应对日常生产经营过程中其他方面对资金的需求，保证企业持续经营。流动比率越高，企业偿还短期债务的能力越强，但这并不等于说企业一定有足够的现金用来偿债。流动比率高也可能是存货积压、应收账款增多导致。因此，还需要结合企业现金流情况来分析企业的短期偿债能力。

2. 速动比率

速动比率是指企业速动资产与流动负债的比率。其计算公式为：

$$速动比率=\frac{速动资产}{流动负债}$$

所谓速动资产是指流动资产减去变现能力较弱且不稳定的存货、待摊费用、待处理流动资产损失等后的余额。由于速动资产去除了存货等变现能力较弱且不稳的资产，速动比率比流动比率更能客观、准确、可靠地反映企业的短期偿债能力。尽管如此，并不能认为速动比率较低的企业绝对不能偿还到期的流动负债。实际上，如果企业存货流转顺畅，应收账款回收顺利，企业仍有望偿还到期的债务本息。

3. 现金比率

现金比率是指企业的现金类资产与流动负债的比率。现金类资产包括企业拥有的货币资金和持有的有价证券。现金比率的计算公式为：

$$现金比率=\frac{现金类资产}{流动负债}$$

现金比率反映企业随时支付短期债务的能力，比率越高表明其偿债能力越强，但是比率不能太高，太高则表明企业存在资金闲置的情况。

（二）分析企业长期偿债能力

长期偿债能力是指企业偿还长期（1 年以上）债务的能力，反映企业长期偿债能力的指标主要有资产负债率、产权比率、利息保障倍数等。

1. 资产负债率

资产负债率是指全部负债总额与全部资产总额的比率。其计算公式为：

$$资产负债率=\frac{负债总额}{资产总额}$$

该比率表明企业中由债权人提供的资金来源占资金总来源的比重。这一比重越小，企业资产对债权人权益的保障程度就越高，企业的长期偿债能力也就越强。

对企业所有者来说，此项比率较大意味着利用少量的自有资金投资，可以形成较多的生产经营用资产，不仅扩大了生产经营规模，而且在经营状况良好的情况下，还可以利用财务杠杆作用，得到较多的投资利润。但如果这一比率过大，则表明企业的债务负担过重，会对企业的可持续发展形成障碍。

2. 产权比率

产权比率是指负债总额与所有者权益总额之间的比率。其计算公式为：

$$产权比率=\frac{负债总额}{所有者权益总额}$$

这一比率反映了企业的所有者权益对债权人权益的保障程度。该比率越低，表明企业的长期偿债能力越强，债权人将资金借给企业时承担的风险越小，相反则越大。产权比率只是资产负债率的另一种表示方法，产权比率的分析方法与资产负债率分析类似。

3. 利息保障倍数

利息保障倍数也叫已获利息倍数。其计算公式为：

$$利息保障倍数=\frac{税前利润+利息费用}{利息费用}$$

如果利息保障倍数处在一个比较适当的位置，表明企业不能偿付其债务利息的风险很小，有利于企业用新债还旧债，对于企业以后获得较优的借款条件有着很好的辅助作用。

（三）分析企业营运能力

企业营运能力是指企业在一定的经营期限内，把有限的资金转化为更多营业收入的能力，反映了企业资金利用的效率和效益。营运能力主要通过存货周转率、应收账款周转率、总资产周转率等指标来反映。

1. 存货周转率

存货周转率是衡量企业存货周转速度的指标。其计算公式为：

$$存货周转率=\frac{主营业务成本}{存货平均余额}$$

其中，$存货平均余额=\frac{期初存货余额+期末存货余额}{2}$

存货周转率是衡量和评价企业购入原材料、投入生产、销售收回等各环节管理状况的综合性指标。一般来讲，存货周转速度越快，存货的占用水平越低，流动性越强，存货转换为现金或应收账款的速度也就越快。提高存货周转率可以提高企业的变现能力，而存货周转速度越慢则变现能力越差。如果一个企业的存货周转率过高，也有可能是企业的存货水平太低所致，要防止存货水平太低导致缺货，影响企业的正常生产。

2. 应收账款周转率

应收账款周转率是衡量企业收账速度的指标。其计算公式为：

$$应收账款周转率=\frac{主营业务收入}{应收账款平均余额}$$

$$其中，应收账款平均余额=\frac{期初应收账款余额+期末应收账款余额}{2}$$

应收账款周转率表示企业从取得应收账款的权利到收回款项的速度。

及时收回应收账款，不仅可以增强企业的短期偿债能力，也反映出企业在管理应收账款方面具有较高的效率。一般来说，应收账款周转率越高，平均收账期越短，说明应收账款的收回越快。但如果一个企业的应收账款周转率过高，则可能是由于企业的信用政策过于苛刻所致，这可能会限制企业销售规模的扩大，影响企业长远的盈利能力。

3. 总资产周转率

总资产周转率是衡量资产投资规模与销售水平之间配比情况的指标。其计算公式为：

$$总资产周转率=\frac{主营业务收入}{总资产平均余额}$$

$$其中，总资产平均余额=\frac{期初总资产+期末总资产}{2}$$

总资产周转率反映总资产的周转速度，周转越快，说明销售能力越强。企业可以采用薄利多销的方法，加速资产周转，带来利润绝对额的增加。总资产周转率指标用于衡量企业运用资产赚取利润的能力，经常和其他反映盈利能力的指标一起使用，以全面评价企业的盈利能力。

（四）分析企业盈利能力

盈利能力是指企业获取利润的能力，企业的盈利能力越强，则其给予股东的回报越高，企业价值越大。盈利能力可通过销售净利率、总资产收益率、净资产收益率等财务比率来反映。

1. 销售净利率

销售净利率表示净利润在营业收入中的占比。其计算公式为：

$$销售净利率=\frac{净利润}{营业收入}$$

销售净利率用于衡量每实现一元的收入给企业带来多少净利润。销售净利率低，表明企业经营者未能创造足够多的销售收入或未能控制好成本费用。该指标数值高表明企业的盈利能力强。

2. 总资产收益率

总资产收益率又称资产报酬率，反映企业利用全部经济资源的获利能力。其计算公式为：

$$总资产收益率=\frac{净利润}{总资产平均余额}$$

其中，$总资产平均余额=\frac{期初资产余额+期末资产余额}{2}$

总资产收益率是指每一元资产能够创造的净利润是多少，它是反映企业资产综合利用效果的指标。比率越高证明企业资产利用的效益越好，企业的盈利能力越强，财务管理的水平也就越高。

3. 净资产收益率

净资产收益率又称股东权益收益率，它是净利润与平均股东权益的百分比。其计算公式为：

$$净资产收益率=\frac{净利润}{净资产平均余额}$$

其中，$净资产平均余额=\frac{期初所有者权益余额+期末所有者权益余额}{2}$

净资产收益率反映股东投资的获利能力，该比率越高，说明企业给股东带来的收益越高。净资产收益率是从所有者角度来看企业盈利水平高低的，而总资产收益率则从所有者和债权人两个方面共同考察整个企业的盈利水平。在相同的总资产收益率水平下，如果企业采用不同的资本结构，即不同的负债与所有者权益比例，将会造成不同的净资产收益率。

四、比率思维的应用案例

某精工公司谋求首次公开募股（IPO）上市受阻

某精工公司是一家专业从事创意钟表等计时计量相关的家居电子产品研发、设计、制造与营销的高新技术企业，主要产品涵盖家居时钟、时尚手表、健康家居电子等系列。2011 年年底，某精工公司向深圳中小板提出上市申请。

但发审委在对其财务指标进行审查分析时发现，该公司的一些核心财务比率呈现出不良预期，揭示了企业经营可能存在较大的风险，未来成长性可疑，因此果断叫停某精工公司的上市进程。

具体做法：

（1）对企业的销售毛利率进行分析。通过对近 3 年某精工公司销售毛利率的分析，发现其主营产品的毛利率连年下滑。以此为线索，进一步分析某精工公司的成本利润比可发现，毛利率连年下滑主要源于生产成本的上涨。某精工公司的客户主要为国际大型零售商，但为保持与主要客户的合作关系，发行人在成本持续上涨的情况下，依然在销售过程中对主要客户存在明显的依赖与迁就行为，从而导致毛利率下滑。

（2）对公司的应收账款进行分析。应收账款余额逐年递增，占营业收入的比重也逐年增加，值得警惕的是，公司报告期内的现金流量、营业收入与应收账款的增长趋势并不一致，显示销售状况不稳定，产品销售可能不畅。另外，大客户的应收账款周转率持续处于较低水平，说明某精工公司对大客户放宽信用，更加促进应收账款的增长，给公司带来不小的资金运营压力。

（3）对公司的销售收入与创新相关性进行分析。通过财务比率分析，发现某精工公司报告期内销售收入虽然呈现增长趋势，但并不是因为盈利能力提高，而在很大程度上是因为原材料波动和生产成本增加，导致产品价格上涨而推动的。虽然公司属高新技术企业，但 137 项专利技术中发明专利仅 1 项，其余皆为技术含量较低的实用新型与外观设计专利。因此，结合销售收入与创新投入的相关性分析，发审委认定公司在创新与成长性方面并无太大优势，后续成长性可疑。

实施成效：

通过对某精工公司关键财务比率的分析，深圳中小板发审委于 2012 年向某精工公司出具中止上市审查通知书，及时化解了不合格企业的上市风险，对上市公司的质量进行了有效控制。

五、本节关键知识点

（1）比率思维是指通过构建和计算财务比率对企业经营状况进行分析和判断的一种思维模式。财务比率反映各会计要素的相互关系和内在联系，代表了企业某一方面的特征、属性或能力。

（2）财务比率可以分为以下四类：短期偿债能力比率、长期偿债能力比率、营运能力比率、盈利能力比率。每一类比率从一个特有的维度或视角去审视和分析企业的经营状况。

（3）由于每一个比率只涉及企业生产经营过程中的一种关系，而企业生产经营活动本是错综复杂的，因此应当把各种比率的分析结论有机地结合起来，把比率分析和趋势分析、结构分析等结合起来，这样才能得出正确结论。

（4）通过流动比率、速动比率、现金比率等财务比率可分析企业的短期偿债能力。

（5）通过资产负债率、产权比率、利息保障倍数等财务比率可分析企业的长期偿债能力。

（6）通过存货周转率、应收账款周转率、总资产周转率等财务比率可分析企业的资产营运能力。

（7）通过销售净利率、总资产收益率、净资产收益率等财务比率可分析企业的盈利能力。

六、比率思维训练习题

(一) 单项选择题

1. 财务比率反映各会计要素的相互（　　）和内在联系。

A. 作用　　B. 结构

C. 关系　　D. 层次

2. 以下不属于长期偿债能力比率的是（　　）。

A. 资产负债率　　B. 产权比率

C. 总资产周转率　　D. 利息保障倍数

3. 流动比率越高，企业偿还短期债务的能力越（　　）。

A. 强　　B. 弱

C. 不变　　D. 无法确定

(二) 多项选择题

1. 以下属于财务比率的有（　　）。

A. 短期偿债能力比率　　B. 长期偿债能力比率

C. 营运能力比率　　D. 盈利能力比率

2. 速动资产是指流动资产减去变现能力较弱且不稳定的（　　）等后的余额。

A. 存货　　B. 待摊费用

C. 待处理流动资产损失　　D. 应收账款余额

(三) 判断题

1. 企业的流动比率越高越好。(　　)

2. 净资产收益率越高，说明股东回报越高，企业的净资产收益率越高越好。(　　)

3. 财务比率是相对数，排除了企业不同规模的影响，使不同比较对象难以建立起可比性的关系。(　　)

4. 财务比率反映了企业某一方面的特征、属性或能力。(　　)

5. 每一类比率从一个特有的维度或视角去审视和分析企业的经营状况。(　　)

6. 在财务分析中，应当把比率分析和趋势分析、结构分析等结合起来，这样才能得出正确结论。（ ）

7. 流动比率越高，企业偿还短期债务的能力越强，也就是说企业一定有足够的现金用来偿债。（ ）

8. 资产负债率越大，企业资产对债权人权益的保障程度就越高，企业的长期偿债能力也就越强。（ ）

9. 利息保障倍数越低，表明企业的长期偿债能力越强，债权人将资金借给企业时承担的风险越小。（ ）

10. 企业营运能力指企业在一定的经营期限内，把有限的资金转化为更多营业收入的能力，反映了企业资金利用的效率和效益。（ ）

（四）简答题

衡量企业盈利能力的指标有哪些？这些指标的计算公式是什么，有什么含义？

（五）案例分析题

某商业企业2020年赊销收入净额为4000万元，销售成本为3200万元；年初、年末应收账款余额分别为400万元和800万元；年初、年末存货余额分别为400万元和1200万元；年末速动比率为1.2，年末现金比率为0.7。假定该企业流动资产由速动资产和存货组成，速动资产由应收账款和现金资产组成，一年按360天计算。

问题：1. 计算2020年应收账款周转天数。

2. 计算2020年存货周转天数。

3. 计算2020年年末流动负债余额和速动资产余额。

4. 计算2020年年末流动比率。

5. 分析如何提升该企业的营运能力？

参考答案

（一）单项选择题

1. C 2. C 3. A

（二）多项选择题

1. ABCD　2. ABC

（三）判断题

1. ×　2. √　3. ×　4. √　5. √　6. √　7. ×　8. ×　9. ×　10. √

（四）简答题

企业盈利能力可通过销售净利率、总资产收益率、净资产收益率等财务比率来反映。

1. 销售净利率

销售净利率表示净利润在营业收入中的占比。其计算公式为：

$$销售净利率=\frac{净利润}{营业收入}$$

销售净利率用于衡量每实现一元的收入给企业带来多少净利润。销售净利率低，表明企业经营者未能创造足够多的销售收入或未能控制好成本费用。该指标数值高表明企业的盈利能力强。

2. 总资产收益率

总资产收益率又称资产报酬率，反映企业利用全部经济资源的获利能力。其计算公式为：

$$总资产收益率=\frac{净利润}{总资产平均余额}$$

其中，$总资产平均余额=\frac{期初资产余额+期末资产余额}{2}$

总资产收益率是指每一元资产能够创造的净利润数量，它是反映企业资产综合利用效果的指标。比率越高证明企业资产利用的效益越好，企业的盈利能力越强，财务管理的水平也就越高。

3. 净资产收益率

净资产收益率又称股东权益收益率，它是净利润与平均股东权益的百分比。其计算公式为：

$$净资产收益率=\frac{净利润}{净资产平均余额}$$

其中，净资产平均余额 $=\frac{\text{期初所有者权益余额}+\text{期末所有者权益余额}}{2}$

净资产收益率反映股东投资的获利能力，该比率越高，说明企业给股东带来的收益越高。

（五）案例分析题

1. 计算2020年应收账款周转天数。

应收账款周转天数 =｛360×［（400+800）/2］｝/4000 = 54（天）

2. 计算2020年存货周转天数。

存货周转天数 =｛360×［（400+1200）/2］｝/3200 = 90（天）

3. 计算2020年年末流动负债余额和速动资产余额。

年末速动资产/年末流动负债 = 1.2

年末现金资产/年末流动负债 = 0.7

速动资产 = 应收账款+现金资产　年末应收账款 = 800万元

解之得：年末流动负债 = 1600（万元）

年末现金 = 1120（万元）

年末速动资产 = 800+1120 = 1920（万元）

4. 计算2020年年末流动比率。

流动比率 =（1920+1200）/1600 = 1.95

5. 分析如何提升该企业的营运能力？

通过前面的计算，可以发现该企业的存货周转天数和应收账款的周转天数都有压缩的空间。减少存货和应收账款的周转天数可提高存货和应收账款的周转速度，加大资金回收力度，减少资金占用时间，从而有效提升企业的营运能力。具体而言，要提升存货周转速度，需要在企业购入原材料、投入生产、销售收回等各环节加强管理，一方面改进工艺，缩短存货的制造周期；另一方面要加强市场营销，通过有效的促销手段加速存货的销售速度。要提升应收账款周转速度，则一方面要加强应收账款的催收力度，提升回款速度；另一方面可以改进收款流程和赊销政策，促进货款的及时回收。

第二节　趋势思维

一、趋势思维的整体框架

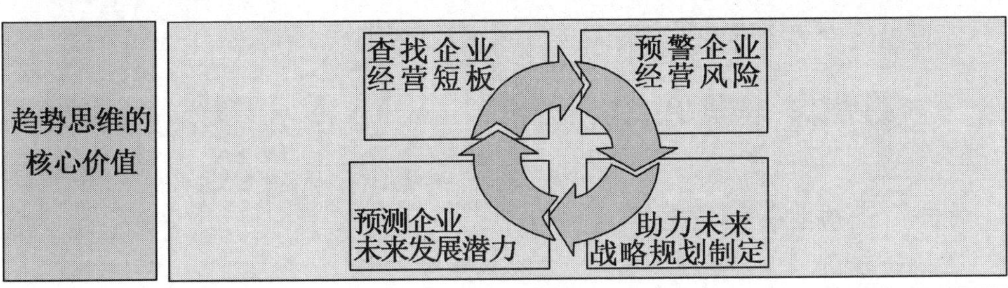

图 8.2　趋势思维的整体框架

二、趋势思维的原理

企业的经营活动都是在一定的客观经济条件下进行的，都要受到客观条件的制约，并受客观经济规律的支配。在规划未来经济活动时，必须善于从客观经济条件出发，按照客观经济规律办事，预测企业未来的发展趋势，并据此作出正确的决策。

趋势分析基于两个前提：第一，历史会重复出现；第二，由历史的表现可以推测未来。企业的各类财务信息，揭示了企业过往的财务状况、经营业绩，通过对过去若干期财务信息的跟踪分析，可从企业经济活动的各类复杂现象中，把那些最基本的、最核心的要素提炼出来，然后针对目前的情况，权衡未来发展的可能趋势，并作出相应的决策。

根据财务报表列报准则的规定，企业需要提供比较资产负债表，以便报表使用者通过比较不同时点资产负债表的数据，掌握企业财务状况的变动情况及发展趋势。因此，资产负债表的各项目都分为"年初余额"和"期末余额"两栏分别填列。同样，根据财务报表列报准则的规定，企业需要提供比较利润表，以使报表使用者通过比较不同期间利润的实现情况，判断企业经营成果的未来发展趋势。因此，利润表的各个项目也是分为"本期金额"和"上期金额"两栏分别填列。

当然，趋势分析不仅限于比较"本期"和"当期"，而且可以比较"多期"，对财务分析而言，通常要比较至少3年的财务信息，分析连续数期项目金额的对比。这种对财务信息纵向比较分析的方法，是一种动态的分析方法。通过分析本期与前期（上月、上季、上年同期）财务信息的对比，可以从差异中及时发现问题，查找原因，改进工作。

三、趋势思维的价值

（一）查找企业经营短板

通过对某几项关键财务指标的趋势分析，有助于查找企业的经营短板。例如，通过对企业近3年的主营业务成本进行趋势分析，发现企业的主营业务成本连年上升，且上升幅度较大，则经营层就要反省企业在购货渠道方面是否存在问题，是否过于依赖原材料供货商，导致缺乏议价权，成本受到牵制。如果情况属实，经营层就要想方设法拓展更优惠、更多样化的购货渠道，以减少对供货商的依赖，提升原材料议价权。如果难以拓展更优惠的原材料供货渠道，企业就有必要通过改进生产工艺来降低产成品对原材料的消耗，从而实现对主营业务成本的控制。

（二）预警企业经营风险

通过对连续几期财务指标的追踪分析，可以及时筛选并呈现出不利趋势的指标，对经营风险予以预警，提醒管理层进一步查找原因，改进经营管理方法，及时化解风险。例如，一个企业的净资产收益率连年下滑，这意味着股东回报逐年降低，是十分重要的预警信号。此时，经营层就应该从多方面查找原因：第一，检查销售利润率是否逐年下降；第二，检查资产周转率是否逐年下降；第三，检查企业资本结构是否合理，是否适当发挥了财务杠杆的作用，通过负债经营提升股东回报。通过这三个方面的全面核查，企业可以根据检查情况，确定相关举措，推出提升净资产收益率的组合拳，如加强成本管理，提升销售利润率；通过促销手段加大存货周转率；加大应收账款回收力度；适当举债，增大财务杠杆。

（三）预测企业未来发展潜力

对企业经营情况过去若干年的连续追踪，有利于对其未来发展进行预测。通常，数据覆盖的时间维度越长，数据越具有代表性，则预测的结果越准确。对于投资人而言，投资一个企业，看中的不是过去的辉煌，而是未来的发展潜力，因企业价值是其未来若干年现金流量的折现值。

通过对企业若干期经营情况的比较，能够清晰地呈现出其企业经营情况的发展和变化，这些历史变化趋势将给投资者以相应的印象，从而对其未来发展趋势加以判断。例如，一个企业的市场占有率逐年上升，则意味着企业正处于成长期，具有较强的未来潜力和投资价值；一个企业的主营业务利润率逐年下滑，则意味着企业处于衰退期，市场需求已饱和，投资者再进入该市场已无机会。

（四）助力未来战略规划制订

企业高管层在制订未来战略规划时，必须以数据说话，以事实为依据。因此，企业高管应对企业过去若干期的经营状况予以分析，确定各关键指标的发展趋势，对于呈不利发展趋势的指标，应采取相应措施改进；对于呈有利发展趋势的指标，应采取措施保持并发扬光大。如果在趋势分析中，发现某类产品已经不再赚钱，则需要迅速进行战略调整，大刀阔斧地砍掉不赚钱的部门或生产线，转而加大发展潜力大的产品生产。

因此，趋势分析有助于企业充分吸取既往的经验教训，科学合理地制订战略规划，继往开来，为企业的未来发展构造更美好的蓝图。

四、趋势思维的应用案例

存货成本趋势指数分析

具体做法：

当需要比较3年以上的财务报表时，直接采用比较分析法，不仅计算起来比较麻烦，而且计算结果不直接，没法直接显明数据变化趋势。于是，指数趋势解析法应运而生。指数趋势解析的具体方式是：在解析连续几年的财务报表时，以其中一年的数据为基期数据（通常是以最早的年份为基期），将基期的数据值定为100，其他各年的数据转换为基期数据的百分数，然后比较解析相对数的大小，得出有关项目的趋势。

以分析企业存货成本趋势为例：假设2016年12月31日存货为130万元，2017年12月31日存货为150万元，2018年12月31日存货为190万元，2019年12月31日存货为240万元，2020年12月31日存货为300万元。设2016年为基期，基期指数为100，则2017~2020年的存货成本指数分别为：

2017年的存货成本指数=150/130×100=115

2018年的存货成本指数=190/130×100=146

2019年的存货成本指数=240/130×100=185

2020年的存货成本指数=300/130×100=231

2016~2020年的存货成本趋势如图8.3所示。

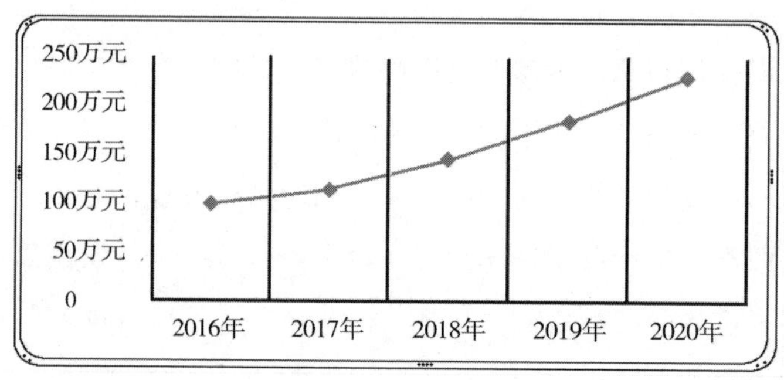

图8.3　存货成本指数

实施成效：

转化为指数后，近5年存货成本的发展趋势以及上升幅度可谓一目了然，清晰明了。

使用指数时要注意：由指数得到的百分比的变化趋势都以基期为参考，是相对数的比较，好处是可以观察多个期间数值的变化，得出一段时间内数值变化的趋势。如果将通货膨胀的因素考虑在内，用指数除以通货膨胀率，就能得到去除通货膨胀因素后的金额实际变化，更能说明问题。

另外，也可以观察数值变化的幅度，找出重要的变化，为下一步的分析指明方向。

对该企业而言，存货成本逐年上升，且上升幅度不断增加，这种情况下，在排除通货膨胀率后，企业必须认真检查自身的生产工艺以及原材料采购渠道。通过改进生产工艺降低材料消耗量，通过优化采购渠道降低单位存货成本，从单价和数量两个方面来降低存货成本。

五、本节关键知识点

（1）趋势思维是指通过对过去若干期财务信息的跟踪分析，从企业经济活动的各类复杂现象中，把那些最基本的、最核心的要素提炼出来，然后针对目前的情况，权衡未来发展的可能趋势，并作出相应的决策的一种思考方法。

（2）趋势思维的价值：通过连续数期的财务信息的比较，能够反映出企业的发展动态，揭示出财务状况和经营业绩的变化，判断引起变动的主要原因是什么，这种变化的性质是有利的还是不利的，及时发现问题并评价企业财务管理水平，同时也有助于预测企业未来的发展趋势。

（3）通过对某几项关键财务指标的趋势分析，有助于查找企业的经营短板。

（4）通过对连续几期财务指标的追踪分析，可以及时筛选并呈现出不利趋势的指标，对经营风险予以预警，提醒管理层进一步查找原因，改进经营管理方法，及时化解风险。

（5）对企业经营情况过去若干年的连续追踪，有利于对其未来发展进行预测。通常，数据覆盖的时间维度越长，数据越具有代表性，则预测的结果越准确。

（6）趋势分析有助于企业充分吸取既往的经验教训，科学合理地制订战略规划，继往开来，为企业的未来发展构造更美的蓝图。

六、趋势思维训练习题

（一）单项选择题

1. 资产负债表的各项目都分为“期初余额”和（　　）两栏分别填列。

A. 期末余额　　B. 期间余额

C. 期中余额　　D. 平均余额

2. 一个企业的市场占有率逐年上升，则意味着企业正处于（　　）。

A. 衰退期　　B. 竞争期

C. 成熟期　　D. 成长期

（二）多项选择题

1. 以下属于趋势思维价值的有（　　）。

A. 查找企业经营短板　　B. 助力未来战略规划制订

C. 预警企业经营风险　　D. 预测企业未来发展潜力

2. 发现企业的主营业务成本连年上升，且上升幅度较大，则经营层就要反省企业在（　　）方面是否存在问题。

A. 生产工艺　　B. 企业文化

C. 原材料采购渠道　　D. 法律法规

3. 对于投资人而言，投资一个企业，看中的是企业（　　）。

A. 过去的业绩　　B. 未来的发展潜力

C. 历史盈利能力　　D. 未来现金流前景

4. 趋势分析有助于企业（　　）。

A. 吸取既往的经验教训

B. 科学合理地制订战略规划

C. 为企业的未来发展构造更美好的蓝图

D. 迅速赚取高额利润

（三）判断题

1. 趋势分析不仅限于比较“本期”和“当期”，而且可以比较“多期”。（　　）

2. 对企业经营情况过去若干年的连续追踪，有利于对其未来发展进行预测。（　　）

3. 在规划未来经济活动时，必须善于从客观经济条件出发，按照客观经济规律办事，预测企业未来的发展趋势，并据此作出正确的决策。（　　）

4. 趋势分析基于两个前提：第一，历史不会重复出现；第二，由历史的表现可以推测未来。（　　）

5. 对财务分析而言，通常要比较至少5年的财务信息。（　　）

6. 通过对连续几期财务指标的追踪分析，可以及时筛选并呈现出不利趋势的指标，对经营风险予以预警。（　　）

7. 通过促销手段提高存货周转率，对提升企业净资产收益率没有帮助。（　　）

8. 通常数据覆盖的时间维度越长，数据越具有代表性，则预测的结果越准确。（　　）

9. 企业高管层在制订未来战略规划时，必须以数据说话，以事实为依据。（　　）

10. 一个企业的市场占有率逐年上升，则意味着企业正处于成长期，具有较强的未来潜力和投资价值。（　　）

（四）简答题

趋势思维在企业管理中有何应用价值？在应用趋势思维时应注意哪几个前提？

参考答案

（一）单项选择题

1. A　2. D

（二）多项选择题

1. ABCD　2. AC　3. BD　4. ABC

（三）判断题

1. √ 2. √ 3. √ 4. × 5. × 6. √ 7. × 8. √ 9. √ 10. √

（四）简答题

趋势思维的价值体现在以下方面。

第一，通过趋势分析查找企业经营短板。通过对某几项关键财务指标的趋势分析，有助于查找企业的经营短板。例如，通过对企业近3年的主营业务成本进行趋势分析，发现企业的主营业务成本连年上升，且上升幅度较大，则经营层就要反省企业在购货渠道方面是否存在问题，是否过于依赖原材料供货商，导致缺乏议价权，成本受到牵制。

第二，通过趋势分析预警企业经营风险。通过对连续几期财务指标的追踪分析，可以及时筛选并呈现出不利趋势的指标，对经营风险予以预警，提醒管理层进一步查找原因，改进经营管理方法，及时化解风险。

第三，通过趋势分析预测企业未来发展潜力。对企业经营情况过去若干年的连续追踪，有利于对其未来发展进行预测。通常，数据覆盖的时间维度越长，数据越具有代表性，则预测的结果越准确。对于投资人而言，投资一个企业，看中的不是过去的辉煌，而是未来的发展潜力，因企业价值是其未来若干年现金流量的折现值。

第四，通过趋势分析助力未来战略规划制订。企业高管层在制订未来战略规划时，必须以数据说话，以事实为依据。因此，企业高管应对企业过去若干期的经营状况予以分析，确定各关键指标的发展趋势，对于呈不利发展趋势的指标，应采取相应措施改进；对于呈有利发展趋势的指标，应采取措施保持并发扬光大。如果在趋势分析中，发现某类产品已经不再赚钱，则需要迅速进行战略调整，大刀阔斧地砍掉不赚钱的部门或生产线，转而加大发展潜力大的产品生产。

在应用趋势思维时应注意，趋势思维建立在以下两大前提之上。

第一，历史会重复出现；第二，由历史的表现可以推测未来。企业的各类财务信息，揭示了企业过往的财务状况、经营业绩，通过对过去若干期财务信息的跟踪分析，可从企业经济活动的各类复杂现象中，把那些最基本的、最核心的要素提炼出来，然后针对目前的情况，权衡未来发展的可能趋势，并作出相应的决策。

第三节　归因思维

一、归因思维的整体框架

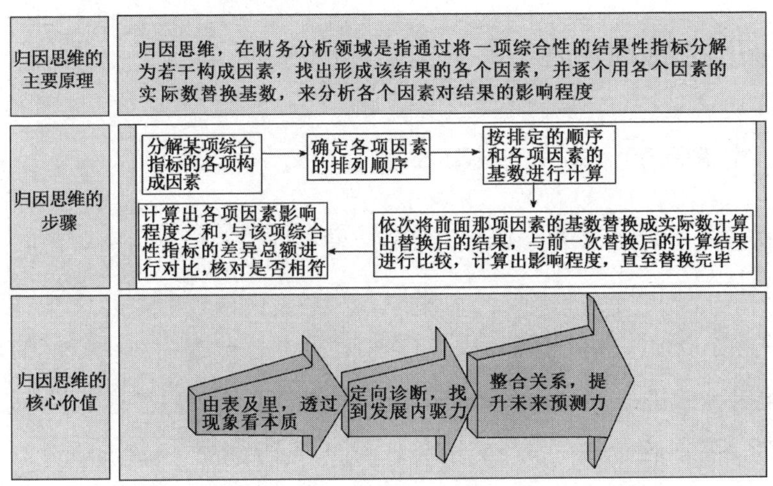

图 8.4　归因思维的整体框架

二、归因思维的原理

归因思维，在财务分析领域是指通过将一项综合性的结果性指标分解为若干构成因素，找出形成该结果的各个因素，并逐个用各个因素的实际数替换基数，来分析各个因素对结果的影响程度的一种思维模式。这种思维又叫作因素分析法。其具体实施程序如下。

第一，通过理论分析和测算，分解某项综合指标的各项构成因素。

第二，确定各项因素的排列顺序。

第三，按排定的顺序和各项因素的基数进行计算。

第四，挨次将前面那项因素的基数替换成实际数，计算出替换后的结果，与前一次替换后的计算结果进行比较，计算出影响程度，直至替换完毕。

第五，计算出各项因素影响程度之和，与该项综合性指标的差异总额进行对比，核对是否相符。

归因思维是一种由表及里的定性分析方法，这种分析方法通过数学方法，对客观事物外部特征与联系进行由表及里且去伪存真的处理，从而概括出客观事物的本质特点，找到造成目前结果的各个原因。归因思维的使用非常广泛，在商业领域的使用尤为普遍。

三、归因思维的价值

（一）由表及里，透过现象看本质

在做财务分析时，通常会关注到某个结果，例如，企业的净资产收益率今年下降了，并且下降的幅度还比较大。这时，经营管理层就要问：净资产收益率是为何下降的呢？通过应用归因思维，将净资产收益率分解为三个指标的乘积，即净资产收益率=销售净利率×总资产周转率×权益乘数，通过这一分解，可以得知，企业的净资产收益率与企业的销售盈利能力、总资产的营运能力以及资本结构相关。但企业本年度净资产收益率的下降到底与哪个因素更相关呢？或者说，到底哪一个因素的影响最大呢？接下来，通过三个因素的分别替换，计算单因素的影响程度，即可找到影响程度最大的那个因素，并可对三个因素的不同影响程度进行排序，从而找到影响企业净资产收益率的根本原因，并有针对性地采取措施。

（二）定向诊断，找到发展内驱力

影响企业发展的因素有很多，即使通过财务指标分析，也会有一大堆财务指标呈现在经营管理层面前。在一大堆财务指标面前，如何定向诊断，找到企业发展的内驱力呢？通过应用归因思维，将经营管理层的关键绩效指标分解成若干因素，通过对各个因素的挨次替换演算，则可对各因素对关键绩效的影响予以排序，从而找到问题所在。通过定向问题诊断，即可找到企业发展内驱力，精准发力，牵住企业发展的“牛鼻子”，实现企业关键绩效指标的改进。

（三）整合关系，提升未来预测力

企业的经营管理千头万绪，涉及客户、供应商、内部流程、员工素养、新产品研发、市场营销、成本管理、绩效管理等方方面面。归因思维能够帮助经营管理层拨开迷雾，从某一结果出发，通过层层分解，将抽象的结果分解成一个个具体的因素，并能够通过计算，确定各个因素的影响程度并进行重要性排序，从而有助于经营管理层对不同层面的关系予以整合，通过对目前经营结果的归因，找到关键影响因素，分析彼此之间的关系并予以整合，从而减少未来不确定性因素对企业经营的干扰，提升经营管理层对未来的预测力。

四、归因思维的应用案例

解开原材料成本上升之谜

具体做法：甲产品原材料成本资料如表 8. 1 所示。

表 8. 1　甲产品原材料成本相关数据

项目	产品产量（件）	单位产品材料消耗量（千克）	材料单价（元）	材料费用总额（元）
定额成本	1500	32	18	864000
实际成本	1600	30	21	1008000
差异	100	−2	3	144000

已知原材料成本的计算公式为：

原材料成本 = 产品产量×单位产品材料消耗量×材料单价

第一步：将定额成本与实际成本进行对比分析

原材料定额成本 = 1500×32×18 = 864000（元）

原材料实际成本 = 1600×30×21 = 1008000（元）

该材料实际成本比定额成本超支 144000 元。

第二步：测定各因素对总差异的影响程度

定额成本 = 1500×32×18 = 864000（元）　　①

替换产量因素＝1600×32×18＝921600（元）　　②

产量变化对材料成本的影响＝②－①＝921600－864000＝57600（元）

替换单耗因素＝1600×30×18＝864000（元）　　③

单耗变化对材料成本的影响＝③－②＝864000－921600＝－57600（元）

替换单价因素＝1600×30×21＝1008000（元）　　④

单价变化对材料成本的影响＝④－③＝1008000－864000＝144000（元）

差异合计＝57600－57600＋144000＝144000（元）

第三步：经分析可知，材料成本超支的主要原因是单价提高。企业应根据此线索进一步对材料采购成本进行分析。

实施成效：通过对原材料成本的归因分析，从影响原材料成本的众多因素中找到了最重要的影响因素——价格上涨，企业经营管理层得以聚焦于价格上涨这一因素，对原材料的采购渠道进行核查和检讨，如果确系采购渠道不当导致的原材料成本上涨，则需要重新寻求更便宜的采购渠道并追究采购部门的责任；如果价格上涨系市场普遍情况，与采购渠道的选择无关，则企业需要考虑改进生产工艺，从技术上减少对原材料的消耗，从而控制住原材料成本。

五、本节关键知识点

（1）归因思维，在财务分析领域是指通过将一项综合性的结果性指标分解为若干构成因素，找出形成该结果的各个因素，并逐个用各个因素的实际数替换基数，分析各个因素对结果的影响程度的一种思维模式。

（2）归因思维的具体实施程序可分为五个步骤：第一，通过理论分析和测算，分解某项综合指标的各项构成因素；第二，确定各项因素的排列顺序；第三，按排定的顺序和各项因素的基数进行计算；第四，挨次将前面那项因素的基数替换成实际数，计算出替换后的结果，与前一次替换后的计算结果进行比较，计算出影响程度，直至替换完毕；第五，计算出各项因素影响程度之和，与该项综合性指标的差异总额进行对比，核对是否相符。

（3）归因思维是一种由表及里的定性分析方法，这种分析方法通过数学方法，对客观事物外部特征与联系进行由表及里且去伪存真的处理，从而概括出客观事物的本质特点，找到造成目前结果的各个原因。

（4）归因思维有助于企业经营管理层由表及里，透过现象看本质，找到关键问题所在。

（5）归因思维通过定向问题诊断，有可能找到企业发展内驱力，精准发力，牵住企业发展的“牛鼻子”，实现企业关键绩效指标的改进。

（6）归因思维通过对目前经营结果的归因，找到关键影响因素，分析彼此之间的关系并予以整合，从而减少未来不确定性因素对企业经营的干扰，提升经营管理层对未来的预测力。

六、归因思维训练习题

（一）单项选择题

1. 归因思维通过将一项综合性的结果性指标分解为若干构成（　　），找出形成该结果的各个因素。

A. 结果　　　　B. 因素

C. 结构　　　　D. 指标

2. 归因思维通过数学方法，对客观事物外部特征与联系进行（　　）且去伪存真的处理。

A. 由里及表　　　　B. 由客观到主观

C. 由表及里　　　　D. 由主观到客观

3. 通过定向问题诊断，可找到企业发展内驱力，精准发力，牵住企业发展的“牛鼻子”，实现企业（　　）的改进。

A. 关键绩效指标　　　　B. 企业文化

C. 组织结构　　　　D. 治理架构

（二）多项选择题

1. 以下属于归因思维应用步骤的有（　　）。

A. 通过理论分析和测算，分解某项综合指标的各项构成因素

B. 确定各项因素的排列顺序，按排定的顺序和各项因素的基数进行计算

C. 依次将前面那项因素的基数替换成实际数，计算出替换后的结果，与前

一次替换后的计算结果进行比较，计算出影响程度，直至替换完毕

D. 计算出各项因素影响程度之和，与该项综合性指标的差异总额进行对比，核对是否相符

2. 企业的净资产收益率与企业的（　　）相关。

A. 销售盈利能力　　B. 总资产的营运能力

C. 资本结构　　D. 企业文化

（三）判断题

1. 归因思维是一种由里及表的定性分析方法。（　　）

2. 归因思维通过将一项综合性的结果性指标分解为若干构成因素，找出形成该结果的各个因素，并逐个用各个因素的实际数替换基数，分析各个因素对结果的影响程度。（　　）

3. 净资产收益率=销售净利率×总资产周转率×权益乘数。（　　）

4. 通过定向问题诊断，可找到企业发展内驱力，精准发力，牵住企业发展的“牛鼻子”，实现企业关键绩效指标的改进。（　　）

5. 归因思维能够帮助管理层从某一结果出发，将抽象的结果分解成一个个具体的因素，但这种思维无法确定各个因素的影响程度。（　　）

6. 企业的净资产收益率与企业的销售盈利能力、总资产的营运能力以及资本结构相关。（　　）

7. 归因思维在财务分析领域的应用即为因素分析法。（　　）

8. 归因思维在商业领域的运用并不广泛。（　　）

9. 归因思维需要挨次将前面那项因素的基数替换成实际数，计算出替换后的结果，与前一次替换后的计算结果进行比较，计算出影响程度，直至替换完毕。（　　）

10. 归因思维仅关注找到原因，并不关心这些原因的重要程度。（　　）

（四）简答题

1. 归因思维的具体实施程序有哪些步骤？

2. 某企业的净资产收益率今年下降了，并且下降的幅度还比较大。请应用归因思维来分析净资产收益率下降的原因。

参考答案

（一）单项选择题

1. B　2. C　3. A

（二）多项选择题

1. ABCD　2. ABC

（三）判断题

1. ×　2. √　3. √　4. √　5. ×　6. √　7. √　8. ×　9. √　10. ×

（四）简答题

1. 归因思维的具体实施程序可分为五个步骤：第一，通过理论分析和测算，分解某项综合指标的各项构成因素；第二，确定各项因素的排列顺序；第三，按排定的顺序和各项因素的基数进行计算；第四，挨次将前面那项因素的基数替换成实际数，计算出替换后的结果，与前一次替换后的计算结果进行比较，计算出影响程度，直至替换完毕；第五，计算出各项因素影响程度之和，与该项综合性指标的差异总额进行对比，核对是否相符。

2. 通过应用归因思维，将净资产收益率分解为三个指标的乘积，即净资产收益率=销售净利率×总资产周转率×权益乘数，通过这一分解，可以得知，企业的净资产收益率与企业的销售盈利能力、总资产的营运能力以及资本结构相关。接下来，通过三个因素的分别替换，计算单因素的影响程度，即可找到影响程度最大的那个因素，并可对三个因素的不同影响程度进行排序，从而找到影响企业净资产收益率的根本原因，并有针对性地采取措施。

第四节　预算思维

一、预算思维的整体框架

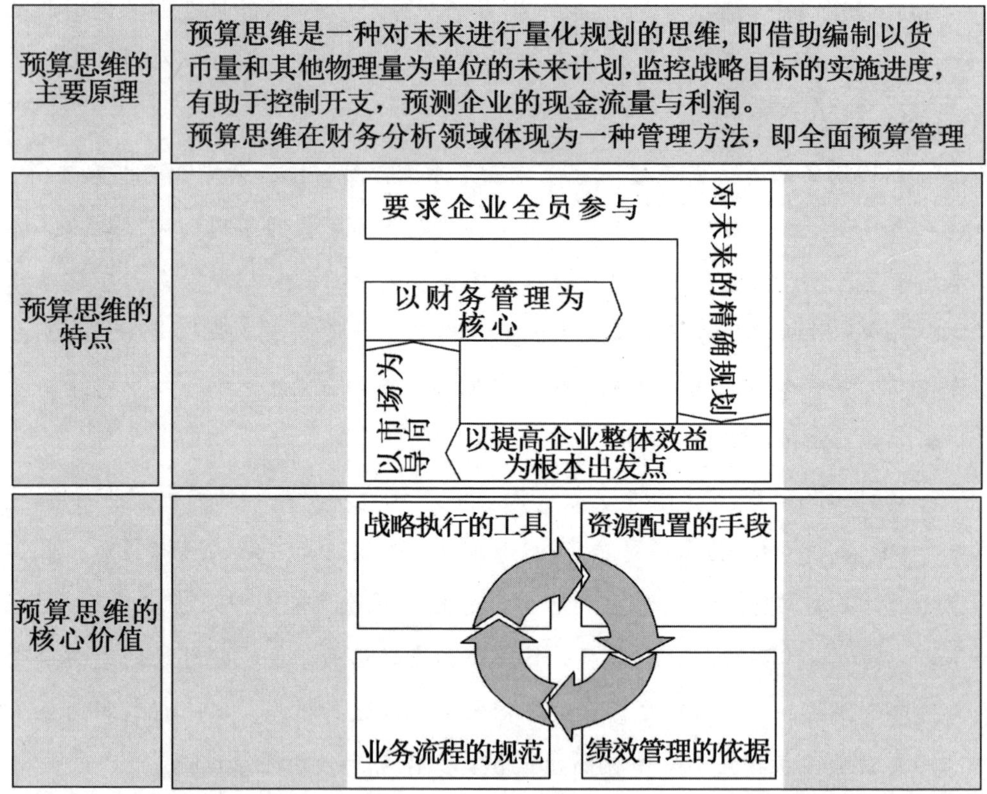

图8.5　预算思维的整体框架

二、预算思维的原理

预算思维是一种对未来进行量化规划的思维，即借助编制以货币量和其他物理量为单位的未来计划，监控战略目标的实施进度，有助于控制开支，预测企业的现金流量与利润。

预算思维在财务分析领域体现为一种管理方法，即全面预算管理。全面预算管理包括企业的经营预算、财务预算和资本预算。全面预算管理具有以下特点。

（1）要求企业全员参与。只有企业全体人员积极参与预算编制工作，企业制订的预算才能够入脑入心，被员工接受。

（2）是对未来的精确规划。它是以货币量为单位，以创造价值为主的定量描述。

（3）以提高企业整体效益为根本出发点。预算管理将企业管理的各项职能整合为联合管理、联合行动的有机整体，从而大大提高了管理效率，增进了企业效益。

（4）以市场为导向。在企业预算的编制、监督、控制与考核中，必须始终以市场为导向，把握市场的特点和变化，适应市场规律。

（5）以财务管理为核心。预算的编制、执行、控制和考评等一系列环节都离不开财务管理工作，财务管理部门是预算管理的中坚力量，具有不可替代的重要作用。

全面预算的编制程序如下。

（1）根据企业的中长期发展规划，利用本、量、利分析等财务管理工具，提供企业一定时期需要实现的经营目标，并据此下达指标。

（2）基层成本控制人员自行草编预算，使预算可靠、符合实际。

（3）各部门汇总部门预算，并初步协调本部门预算，编制出销售、生产、财务等部门预算。

（4）预算委员会审查、平衡各部门预算，汇总出公司的总预算。

（5）经过总经理批准、审议机构通过，如需修改，则驳回修改预算。

（6）主要预算指标报告给董事会或上级主管单位讨论通过，如需修改，则驳回修改预算。

（7）批准后的预算下达到各部门执行。

三、预算思维的价值

（一）战略执行的工具

企业根据 SWOT 分析确定战略后，如何把战略蓝图转化为各部门的具体行动？预算管理是战略执行的有力工具。通过预算管理，企业一方面对其占有的资源和面临的环境进行评估，另一方面制订预算，并将预算分解至各相关部门，形成各部门的关键绩效指标。通过预算管理，将战略目标细化为各部门的关键绩效指标，从而推动战略的落地执行，实现从战略到行动的转变。如图 8. 6 所示。

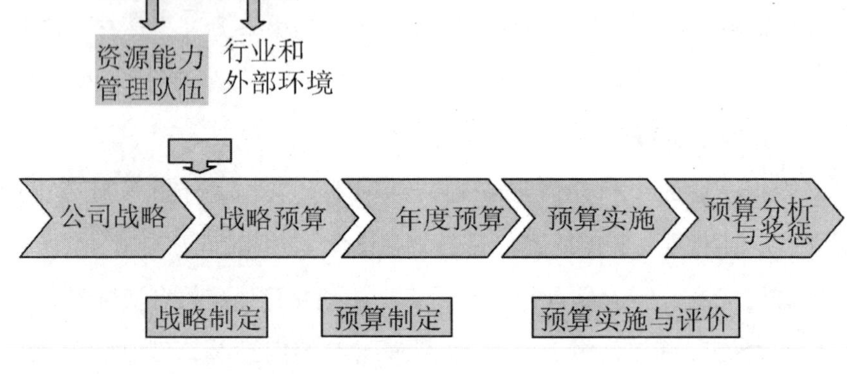

图 8. 6　预算是战略执行的工具

（二）资源配置的手段

企业的资源是有限的，必须将有限的资源配置到投入产出比最高、具有战略重要性的部门之中。为了有效配置资源，必须借助预算管理。企业根据战略规划，确定其战略目标；根据战略目标，制订具体的行动计划；根据行动计划，确定每个部门需要的资源支持，折算成相应的预算指标；再根据预算指标，逐一将资源分配至各相关部门。这样，企业在实施预算管理的过程中，就完成了企业资源的合理配置。如图 8. 7 所示。

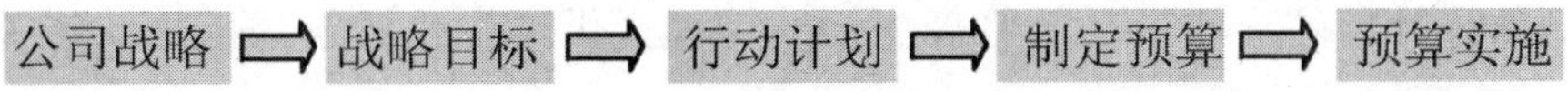

公司战略 → 战略目标 → 行动计划 → 制定预算 → 预算实施

图 8.7 预算是资源配置的手段

（三）业务流程的规范

预算管理是在公司治理结构下委托—代理双方之间的“游戏规则”之一。通过预算明确双方各自的责任和义务，规范各自的权益与行为：企业董事会负责编制预算，股东大会负责审议批准预算，经营管理层（CEO）负责组织实施预算。如图 8.8 所示。

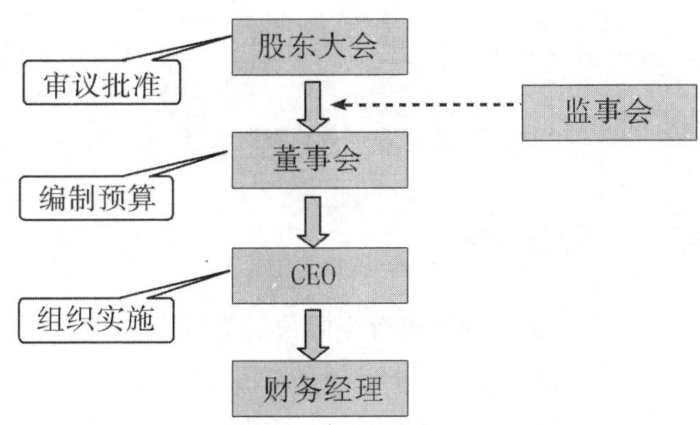

图 8.8 法人治理结构中的权力分层与预算管理

预算管理的有效执行，必须依托适当的治理结构以及业务流程。治理结构决定预算上传下达的路径，业务流程则决定预算执行的效率。在预算管理不断优化的过程中，企业的业务流程也随之改进和规范，最终要达到兼顾效率和安全的企业管理目标。

（四）绩效管理的依据

企业的愿景指明企业的前进方向；战略则解决如何才能到达理想远方的问题；关键成功因素则回答“需要在哪些方面取得成功”这一问题，将战略具体化为绩效管理措施；绩效管理则转化为寻找关键成功驱动力，建立关键绩效指标体系的过程，将战略的执行具体化为各个关键绩效指标的完成。这些关键绩效指标正是预算管理的核心。预算管理为绩效管理提供了量化考核的依据，将关键绩效指标定量化，并分解至各个部门去执行，通过预算与执行的差异分析，可以对各部门的绩效进行量化考核，提升管理的精准性和科学性。如图 8.9 所示。

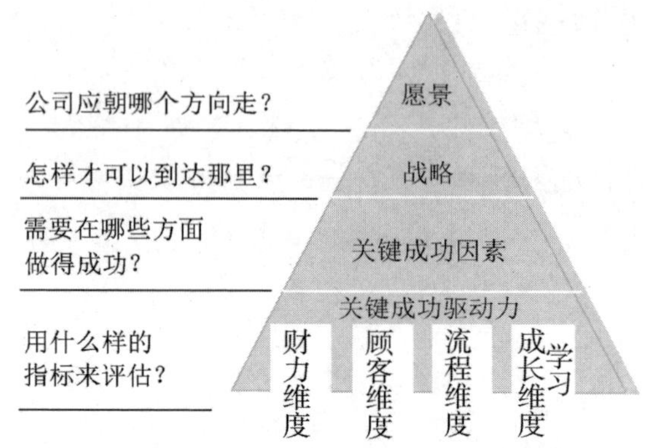

图 8.9　预算是绩效管理的依据

四、预算思维的应用案例

某市地铁推行全面预算管理

在深化改革的大背景下，为进一步理顺和完善地铁管理体制，某市市委、市政府对地铁体制进行了重大调整，在地铁集团的基础上，组建了三家国有独资公司，从而形成了某市城市轨道交通投融资、建设、运营三分离模式。某市地铁在财务管理方面采用全面预算管理，有效提升了经营的效率和效果。

具体做法：

1. 基本原则

在保证安全与服务的前提下，增加各下级单位的企业经营意识，落实和贯彻“自主经营、自负盈亏、自我发展、自我约束”的“四自”方针，促进各下级单位主动和自主地借助预算管理平台推动精细化管理。

2. 业务板块划分

根据某市地铁的业务特点，将地铁运营业务定位为核心主业，将与地铁运营紧密联系的业务定位为附于主业的业务。

3. 责任中心定位

为调动分公司自主经营的积极性，将从事主业的七家分公司的预算管理定位调整为模拟利润中心，并由此下放部分管理权限，促进各分公司自主经营和发展。

4. 预算目标体系

从公司的战略定位、股东对公司的要求出发，预算目标会有不同的选择。将这些不同的目标汇集在一起，再根据全面预算管理的要求和某市地铁的行业特征，进行一定的筛选，最后得到了不同层次的指标体系。

在核心主业板块上，（1）运营公司层面。综合财务指标：ROE；基本财务指标：主营业务收入、净利润；专项指标：客运量、票款收入。（2）七家分公司层面。基本财务指标：模拟净利润、模拟收入；其他目标：根据各家分公司所在行业的特征确定。

在依附主业板块上，综合财务指标：ROE；基本财务指标：主营业务收入、净利润；其他目标：根据责任单位所在行业的特征确定。

实施成效：

通过推行预算管理，某市地铁采用了较为细致的预算管理和成本控制方式，较好地实现了“安全、服务、效益”的目标，主要解决了以下问题。

1. 组织机构关系得到了厘清

由于地铁运营公司改制时间较短，企业的组织机构、管理模式一直在进行调整、整合，这导致运营公司下属各单位的财务与管理口径不一致。通过推行全面预算管理，组织机构关系得到了厘清。

2. 解决了电力成本责任归属不清的问题

以前，人工成本和营运费用、修理费基本可控，管控也比较细致。但电力费方面，由于计量和管理职能上的不足，没有区分各站实际用电数，电费没有归属到各使用单位，这部分成本占成本总额的 18%，通过推行全面预算管理，公司将电力成本落实到责任单位。

3. 解决了预算编制以及目标的分解缺乏引导性的问题

过去，地铁公司预算的形成过程基本上是一个汇总和审批的过程，企业的战略和定位未能通过预算体系传达到各个下级责任中心，各单位目标与公司目标无法衔接。推行全面预算管理，使企业发展战略在各年度经营目标中得到了逐步落实。

五、本节关键知识点

（1）预算思维是一种对未来进行量化规划的思维，即借助编制以货币量和其他物理量为单位的未来计划，监控战略目标的实施进度，有助于控制开支，预测企业的现金流量与利润。

（2）预算思维在财务分析领域体现为一种管理方法，即全面预算管理。全面预算管理包括企业的经营预算、财务预算和资本预算。

（3）预算思维具有五大特点：一是要求企业全员参与；二是对未来的精确规划；三是以提高企业整体效益为根本出发点；四是以市场为导向；五是以财务管理为核心。

（4）预算管理是战略执行的有力工具。通过预算管理，将战略目标细化为各部门的关键绩效指标，从而推动战略的落地执行，实现了从战略到行动的转变。

（5）预算管理是资源配置的手段，借助预算指标的下发，逐一将资源分配至各相关部门。这样，企业在实施预算管理的过程中，就完成了企业资源的合理配置。

（6）预算管理的有效执行，必须依托适当的治理结构以及业务流程。治理结构决定预算上传下达的路径，业务流程则决定预算执行的效率。在预算管理的不断优化过程中，企业的业务流程也随之改进和规范，最终达到兼顾效率和安全的企业管理目标。

（7）预算管理为绩效管理提供了量化考核的依据，将关键绩效指标定量化，并分解至各个部门去执行，通过预算与执行的差异分析，可以对各部门的绩效进行量化考核，提升管理的精准性和科学性。

六、预算思维训练习题

（一）单项选择题

1. 在企业预算的编制、监督、控制与考核中，必须始终以（　　）为导向。

A. 员工　　　　B. 利润

C. 市场　　D. 成本

2. 企业的资源是有限的，必须将有限的资源配置到（　　）、具有战略重要性的部门之中。

A. 成本最低　　B. 人员最多

C. 投入产出比最高　　D. 投入最多

3. 预算管理的有效执行，必须依托适当的治理结构以及（　　）。

A. 业务流程　　B. 组织架构

C. 人员安排　　D. 预算计划

（二）多项选择题

1. 以下属于全面预算管理特点的有（　　）。

A. 对未来的精确规划

B. 以提高企业整体效益为根本出发点

C. 以市场为导向

D. 以财务管理为核心

2. 全面预算管理包括企业的以下预算（　　）。

A. 经营预算　　B. 财务预算

C. 人员预算　　D. 资本预算

（三）判断题

1. 预算思维是一种对未来进行量化规划的思维，即借助编制以货币量和其他物理量为单位的未来计划，监控战略目标的实施进度，以控制开支，预测企业的现金流量与利润。（　　）

2. 预算管理的有效执行，与企业的治理结构以及业务流程无关。（　　）

3. 预算思维在财务分析领域体现为一种管理方法，即全面预算管理。（　　）

4. 全面预算管理包括企业的经营预算、财务预算和资本预算。（　　）

5. 全面预算管理无须企业全员参与，只需要关键员工参与。（　　）

6. 全面预算管理是对未来的非精确规划。（　　）

7. 预算管理将企业管理的各项职能整合为联合管理、联合行动的有机整体，从而大大提高了管理效率，增加了企业效益。（　　）

8. 在企业预算的编制、监督、控制与考核中，必须始终以市场为导向，把握市场的特点和变化，适应市场规律。（　　）

9. 后勤管理部门是预算管理的中坚力量，具有不可替代的重要作用。（　　）

10. 通过预算管理，将战略目标细化为各部门的关键绩效指标，从而推动战略的落地执行，实现了从战略到行动的转变。（　　）

（四）简答题

1. 企业确定战略后，如何把战略蓝图转化为各部门的具体行动？

2. 企业如何将预算思维应用于绩效管理？

（五）案例分析题

SD 信息技术公司成立于 2001 年，注册资本为 6000 万元，现有职员工 300 余人，属于中小型高新技术企业。主营业务为信息安全，处于国内领先水平，资质齐全，产品规范。产品遍布 20 多个省、自治区、直辖市，涵盖多个行业。2015 年成功在全国中小企业股份转让系统挂牌，迈开了进入资本市场的第一步，经营管理更加规范，品牌形象逐步提升，迎来了全新的发展机遇。

公司采用事业部制企业组织模式，下设 A、B、C、D 四个事业部，各事业部有独立的经营范围。但长期以来，公司对各事业部只注重对其收入的考核，对成本费用没有制订一套科学合理的高效管理考核体系，没有一套完整的奖惩机制，造成公司总体成本费用居高不下，公司整体效益不高。

为改进上述问题，公司成立预算委员会和预算管理工作小组，开启了全面预算管理工作。由总经理、副总经理、财务总监担任预算委员会成员，预算管理工作小组则由各部门负责人和财务人员组成。预算委员会定期组织召开预算会议，组织预算相关负责人制订各部门的初步预算目标，经过多次自下而上、自上而下的反复沟通、修改，最终协商一致确定公司的预算方案，并经公司股东大会审议通过。同时，将预算编制及执行内容形成相关的预算管理制度，通过制度培训等方式提高员工对预算管理的认识，为预算执行做好铺垫。

在预算编制环节：收集相关数据、对公司现有业务流程进行梳理、整合，结合目前市场和企业内部实际，从公司经营目标出发，采用自上而下、自下而上、上下结合、分级编制、逐级汇总的混合式方法进行编制，经过反复沟通，做到充分的分析和预测。最后形成公司业务预算、成本费用预算、财务预算，把预算目标分解到各事业部。

在预算执行环节：把全面预算的管理理念融入业务流程的每个环节，预算执行涉及企业每一业务单元，做到人人头上有指标，同时做到预算动态监控并及时反馈。规范执行的顺序和标准，并根据实际情况来调整预期流程图，确保其能够满足企业全面预算管理执行的相关要求。通过全面预算管理机制改造现有的老套业务流程，优化资源配置，提高公司核心竞争力。

在预算分析和调整环节：在实施预算时，及时地调整和修正预算实施情况，确保预算实施得更加合理和科学，定期总结分析预算执行的结果，切实提高预算编制的质量。另外，公司还规定时刻关注运营效率，注重收入、成本、毛利及费用的数据变化，及时调整，实现经营目标。

在预算考核环节：一方面，公司做好全面预算管理监督，不断地细化预算管理，将其落实到每个人身上，真正地做到责任到人，定期反馈检查全面预算管理的整个过程；另一方面，考核指标体系的确定，包含财务指标和非财务指标，定量指标以及定性指标。将各事业部各部门各岗位的薪酬与关键业绩指标挂钩，以最大限度地调动员工的积极性和创造性。同时实行预算考评激励和约束措施并重，使预算管理工作能更为健康有序地开展。

问题：1. 因全面预算管理彻底改变以往多年的管理制度、绩效考核模式，阻力较大，尤其是老员工观念陈旧、动员难度较大，有抵触情绪。应如何解决这个问题?

2. 第一次探索公司的全面预算管理模式，预算管理人员的技术水平有限，预算指标的制订有待完善。对上述问题有何解决方案?

3. 实施过程中普遍存在重编制、轻执行的现象，在工作开展时，存在乱用资金的情况，随意地进行资金的调动，导致预算指标和执行情况存在的偏差比较大，预算监管不够到位。针对上述问题提出解决方案。

参考答案

（一）单项选择题

1. C　2. C　3. A

（二）多项选择题

1. ABCD 2. ABD

（三）判断题

1. √ 2. × 3. √ 4. √ 5. × 6. × 7. √ 8. √ 9. × 10. √

（四）简答题

1. 预算管理是战略执行的有力工具。通过预算管理，企业一方面对其占有的资源和面临的环境进行评估；另一方面制订预算，并将预算分解至各相关部门，形成各部门的关键绩效指标。通过预算管理，将战略目标细化为各部门的关键绩效指标，从而推动战略的落地执行，实现从战略到行动的转变。

2. 企业的愿景指明企业的前进方向；战略则解决如何才能到达理想远方的问题；关键成功因素则回答“需要在哪些方面取得成功”这一问题，将战略具体化为绩效管理措施；绩效管理则转化为寻找关键成功驱动力，建立关键绩效指标体系的过程，将战略的执行具体化为各个关键绩效指标的完成。这些关键绩效指标正是预算管理的核心。预算管理为绩效管理提供了量化考核的依据，将关键绩效指标定量化，并分解至各个部门去执行，通过预算与执行的差异分析，可以对各部门的绩效进行量化考核，提升管理的精准性和科学性。

（五）案例分析题

1. 加强沟通、积极动员，鼓励人人参与预算管理、从以前陈旧的管理方式中走出来，慢慢消化与接受。同时，将预算的执行效果作为人员绩效管理的一项指标，与员工的奖金和升职挂钩，提升员工参与的积极性。

2. 加强对预算管理人员的培训，提高业务管理水平、在预算指标设置上不断探索考究，制订出科学合理的考核指标，并及时跟进、改进不适宜指标。必要时，可引进专业咨询机构，对公司的预算管理指标进行评估和完善。

3. 第一，在事前，注重预算目标的分解执行，加强预算执行的监管力度，严格控制资金使用流程，不得轻易改变用途，保证预算指标的贯彻执行；第二，在事中，加强预算执行过程的指导，设立专门的咨询小组，及时解答预算执行中的问题，并加强对预算执行的过程监控；第三，在事后，可以通过预算实施效果审计，加强事后监督，提升预算执行的严肃性和严谨性。

第五节　系统思维

一、系统思维的整体框架

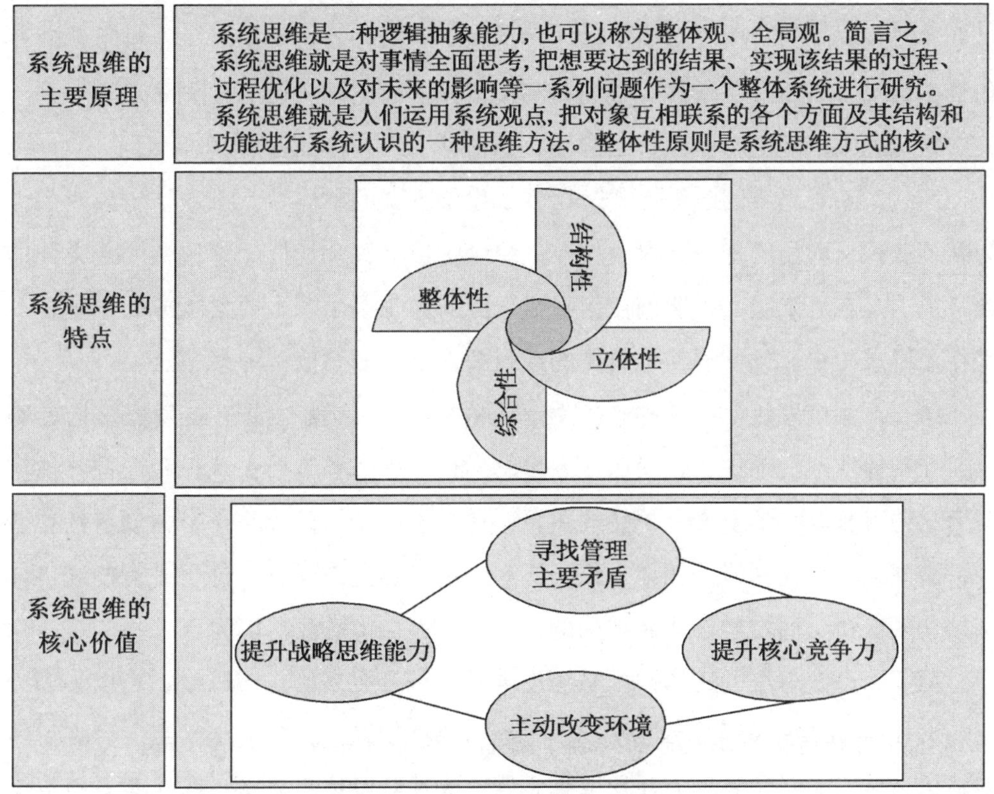

图 8.10　系统思维的整体框架

二、系统思维的原理

系统是由两个或两个以上的元素相结合的有机整体，系统的整体不等于其局部的简单相加。系统思维是指以系统论为思维基本模式的思维形态，它不同于创造思维或形象思维等本能思维形态。系统思维是一种逻辑抽象能力，也可以称为整体观、全局观。简言之，系统思维就是对事情全面思考，把想要达到的结果、实现该结果的过程、过程优化以及对未来的影响等一系列问题作为一个整体系统进行研究。

客观事物是多方面相互联系、发展变化的有机整体。系统思维就是人们运用系统观点，把对象互相联系的各个方面及其结构和功能进行系统认识的一种思维方法。整体性原则是系统思维方式的核心。这一原则要求人们无论做什么事都要立足整体，从整体与部分、整体与环境的相互作用过程认识和把握整体。领导者思考和处理问题的时候，必须从整体出发，把着眼点放在全局上，注重整体效益和整体结果。只要合乎整体、全局的利益，就可以利用灵活的方法来处置。

系统思维呈现出整体性、结构性、立体性、综合性的特点。

第一，系统思维的整体性。坚持系统思维方式的整体性，必须把研究对象作为系统认识，即始终把研究对象放在系统中加以考察和把握。这包括两个方面的含义：一是在思维中必须明确任何一个研究对象都是由若干要素构成的系统；二是在思维过程中必须把每一个具体的系统放在更大的系统中考察。

第二，系统思维的结构性。系统思维的结构性，就是要树立系统结构的观点，在具体实践活动中，紧紧抓住系统结构这一中间环节，去认识和把握具体实践活动中各种系统的要素和功能的关系，在要素不变的情况下，努力创造优化结构，实现系统最佳功能。例如，经济体制改革，就是在现有条件下进行的经济体制结构的改革，通过经济体制结构的优化来提高整体的经济能力。

第三，系统思维的立体性。系统思维是一种开放型的立体思维。它以纵横交错的现代科学知识为思维参照系，使思维对象处于纵横交错的交叉点上。在思维的具体过程中，系统思维方式把思维客体作为系统整体来思考，既注意进行纵向比较，又注意进行横向比较；既注意了解思维对象与其他客体的横向联系，又能认识思维对象的纵向发展，从而全面准确地把握思维对象的规定性。

第四，系统思维的综合性。系统思维的综合性，是比“机械的综合”“线性的综合”更为高级的综合。它有两个方面的含义：一是任何系统整体都是这些或那些要素为特定目的而构成的综合体；二是任何系统整体的研究，都必须对它的成分、层次、结构、功能、内外联系方式的立体网络作全面的综合的考察，才能从多侧面、多因果、多功能、多效益上把握系统整体。

三、系统思维的价值

（一）帮助寻找管理中的主要矛盾

在快速变化、资讯爆炸的当今时代，企业管理者面临的环境、待处理问题的复杂程度都是空前的。管理者如何把有限的精力用于处理这些复杂的资讯，做最重要的工作，需要勇气和智慧。

系统思维可以帮助企业管理者跳出问题本身，站在企业整体利益的高度重新审视问题，确定问题的利害所在，抓住“牵一发而动全身”的“牛鼻子”问题，去除企业日常运营摩擦的琐碎问题，有所为，有所不为，筛除冗余信息，放弃不必要的工作，透过复杂现象抓主要矛盾，将有限的资源用于刀刃上，提升工作成效。

（二）有利于提升企业核心竞争力

核心竞争力是企业一种独特的、潜在的、不易模仿的可以帮助企业建立竞争优势的能力。系统思维注重从多侧面、多因果、多功能、多效益上把握企业整体，非常有利于整合各种资源，这种资源整合能力本身就是一种隐性的能力，并且可以成为别人难以模仿的核心能力。资源整合能力的提高，不仅不会消耗额外不必要的资源，而且有利于集约使用资源，提高资源的使用效率，对建立企业的独特竞争优势大有裨益。

（三）有助于提升战略思维能力，把握未来机遇

企业经营管理层在今天的企业经营管理中，经常会遇到诸如眼前利益和长远利益、经济效益和社会效益、经营者利益和所有者利益、研发投入和生产投入等之间的矛盾和冲突，正确处理这些冲突，可以使企业冲破一个又一个发展瓶颈，成为具有战略眼光和战略思维，能够赢得长远未来的优秀企业家。系统思维是一种整体性思维，它能帮助企业从战略的高度全面衡量企业发展中的矛盾和冲突，从长远和大局的角度做正确的取舍，帮助企业经营管理层做正确的事，从而有利

于把握机遇，创造未来。

（四）帮助经营者从单纯适应环境提升到主动改变环境

系统思维不仅把企业内外部环境看成一个系统，而且并不只是把企业看成环境的单纯适应者，它有可能影响环境，甚至是改变环境。以某公司为例，通过把技术层面上的性价比提升为一个关键性的战略手段，通过打造性价比最佳的微波炉，某公司的行为在很大程度上影响甚至改变了环境，使自己很快确立了在微波炉行业内的领导地位。

四、系统思维的应用案例

利用杜邦分析法探寻某电器公司更名起因

具体做法：

对企业的财务分析，可以从偿债能力、盈利能力和营运能力等几个方面来评估，但如何将这些不同方面的财务分析结果纳入一个有机的分析系统之中，更全面、更系统地对企业的财务状况和经营成果进行分析以抓住主要矛盾呢？杜邦分析法即一种利用系统思维，将不同侧面的财务分析纳入一个系统框架之中的财务综合分析方法。杜邦分析法利用几种主要财务比率之间的关系综合地分析企业财务状况，其基本原理是将企业净资产收益率逐级分解为多项财务比率乘积，净资产收益率=销售净利率×资产周转率×权益乘数，这三个比率分别代表公司的销售盈利能力、营运能力、偿债能力，还可以根据其驱动因素进一步细分，这样有助于深入分析比较影响企业经营业绩的各种因素及其关系。

某电器公司最初是一家连锁电器销售卖场，随着互联网的兴起，电子商务逐渐蚕食实体商场，某电器公司面临着巨大的转型压力。某电器公司的转型自救从其更名可见一斑：2013 年，某电器公司更名为某云商公司。下面，利用杜邦分析法来探寻某电器公司的更名起因。

表 8.2　某电器公司主要财务数据摘要　　单位：亿元

项目	净利润	销售收入	资产总额	负债总额	股东权益
2011 年	48.86	938.9	597.9	367.6	230.3
2012 年	25.05	983.6	768.5	477.3	291.2
2013 年	1.043	1053	830.4	543.6	286.8

表 8.3　某电器公司主要财务比率

项目	净资产收益率	权益乘数	资产负债率	资产净利率	销售净利率	总资产周转率
2011 年	23.68%	2.60	61.48%	9.42%	5.2%	1.81 次
2012 年	10.61%	2.62	61.78%	3.69%	2.55%	1.45 次
2013 年	1.31%	2.87	65.10%	0.13%	0.10%	1.33 次

从某电器公司 2011—2013 年 3 年的杜邦分析中可绘出核心财务指标的发展趋势如下图 8.11 所示。

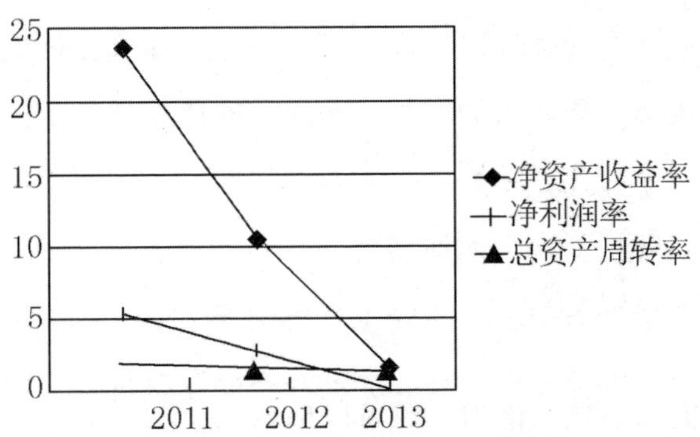

图 8.11　某电器公司 2011—2013 年核心财务指标发展趋势

从表 8.2 和表 8.3 及图 8.11 的核心财务指标趋势图中可看出：某电器公司 2011—2013 年的财务状况并不理想，净资产收益率下降迅速。净资产收益率下降，主要源于净利润率的下降，也就是盈利能力的下降。通过杜邦分析法追根溯源，可以看到，盈利能力的下降，主要系成本和费用上升导致。连锁电器门店在电子商务的冲击下，其成本大、费用高的劣势一览无余，因此某电器公司的转型迫在眉睫，其实际控制人于 2013 年果断压缩实体门店，减少实体门店数量及营业面积，将某电器公司变更为某云商公司，开始向电子商务领域进军。

实施成效：

杜邦分析，是对企业财务状况的综合分析，是系统思维在财务分析领域的典型应用。从杜邦分析系统可以了解到下面的财务信息。

第一，净资产收益率取决于总资产净利率和权益乘数。总资产净利率主要反映企业运用资产进行生产经营活动的效率，而权益乘数则主要反映企业的筹资情况，即企业资金来源的结构。

第二，总资产净利率是反映企业获利能力的一个重要财务比率，它揭示了企业生产经营活动的效率，综合性也极强。企业的销售收入、成本费用、资产结构、资产周转速度以及资金占用量等各种因素，都直接影响资产报酬率的高低。总资产净利率是销售净利率与总资产周转率的乘积。

第三，从企业的销售方面看，销售净利率反映了企业净利润与销售收入之间的关系。一般来说，销售收入增加，企业的净利润也会随之增加，但是要想提高销售净利率，必须一方面提高销售收入，另一方面降低各种成本费用，这样才能使净利润的增长高于销售收入的增长，从而使销售净利率得到提高。提高销售净利率必须在以下两个方面下功夫：一方面开拓市场，增加销售收入；另一方面加强成本费用控制，降低耗费，增加利润。

第四，在企业资产方向上，主要应分析以下两个方面：一方面是分析企业的资产结构是否合理，即流动资产与非流动资产的比率是否合理。资产结构不仅关系到企业的偿债能力，也会影响企业的获利能力。另一方面是结合销售收入，分析企业的资产周转情况。资产周转速度直接影响企业的获利能力，如果企业资产周转较慢，就会占用大量资金，增加资金成本，减少企业利润。

总之，从杜邦分析系统可以看出，企业的获利能力涉及生产经营活动的方方面面。净资产收益率与企业的筹资结构、销售规模、成本水平、资产管理等因素密切相关，这些因素构成一个完整的系统，系统内部各因素之间相互作用。只有协调好系统内部各个因素之间的关系，才能使净资产收益率得到提高，从而实现股东财富最大化的理财目标。

五、本节关键知识点

（1）系统思维是一种逻辑抽象能力，也可以称为整体观、全局观。简言之，系统思维就是对事情全面思考，把想要达到的结果、实现该结果的过程、过程优化以及对未来的影响等一系列问题作为一个整体系统进行研究。

（2）系统思维就是人们运用系统观点，把对象的互相联系的各个方面及其结构和功能进行系统认识的一种思维方法。整体性原则是系统思维方式的核心。

（3）系统思维呈现出整体性、结构性、立体性、动态性、综合性的特点。

（4）系统思维可以帮助企业管理者跳出问题本身，站在企业整体利益的高度重新审视问题，确定问题的利害所在，抓住“牵一发而动全身”的“牛鼻子”问题。

（5）系统思维注重从多侧面、多因果、多功能、多效益上把握企业整体，非常有利于整合各种资源，这种资源整合的能力本身就是一种隐性的能力，并且这种能力可以成为别人难以模仿的核心能力。

（6）系统思维能帮助企业从战略的高度全面衡量企业发展中的矛盾和冲突，从长远和大局的角度做正确的取舍，帮助企业经营管理层做正确的事，从而有利于把握机遇，创造未来。

（7）系统思维不仅把企业内外部环境看成一个系统，而且并不只是把企业看成环境的单纯适应者，它有可能影响环境，甚至是改变环境。

六、系统思维训练习题

（一）单项选择题

1.（　　）原则是系统思维方式的核心。

A. 整体性　　　　B. 局部性

C. 细节性　　　　D. 分散性

2. 系统思维是一种整体性思维，它能帮助企业从（　　）的高度全面衡量企业发展中的矛盾和冲突。

A. 战术　　　　B. 战略

C. 思想　　　　D. 变革

（二）多项选择题

1. 系统思维呈现出（　　）特点。

A. 整体性　　　　B. 结构性

C. 立体性　　　　D. 综合性

2. 任何系统整体的研究，都必须对它的（　　）等的立体网络作全面的综合的考察。

A. 成分　　　　B. 层次

C. 结构　　　　D. 功能

3. 企业经营管理层在今天的企业经营管理中，经常会遇到诸如（　　）之间的矛盾和冲突。

A. 眼前利益和长远利益　　　　B. 经济效益和社会效益

C. 经营者利益和所有者利益　　　　D. 研发投入和生产投入

（三）判断题

1. 系统思维就是对事情全面思考，把想要达到的结果、实现该结果的过程、过程优化以及对未来的影响等一系列问题作为一个整体系统进行研究。（　　）

2. 系统思维把企业内外部环境看成一个系统，而且只是把企业看成环境的单纯适应者，它无法改变环境。（　　）

3. 系统是由两个或两个以上的元素相结合的有机整体，系统的整体不等于其局部的简单相加。（　　）

4. 系统思维是一种逻辑抽象能力，也可以称为整体观、全局观。（　　）

5. 领导者思考和处理问题的时候，必须从局部出发，把着眼点放在细节上，兼顾整体效益和整体结果。（　　）

6. 坚持系统思维方式的整体性，必须把研究对象作为系统来认识，即始终把研究对象放在系统中加以考察和把握。（　　）

7. 系统思维是一种开放型的立体思维。它以纵横交错的现代科学知识为思维参照系，使思维对象处于纵横交错的交叉点上。（　　）

8. 系统思维方式的综合性，等同于“机械的综合”“线性的综合”。（　　）

9. 系统思维可以帮助企业管理者跳出问题本身，站在企业整体利益的高度重新审视问题，确定问题的利害所在。(　　)

10. 系统思维注重从多侧面、多因果、多功能、多效益上把握企业整体，但不利于整合各种资源。(　　)

(四) 简答题

1. 系统思维有哪些特点?

2. 为何说系统思维有助于提升战略思维能力，把握未来机遇?

参考答案

(一) 单项选择题

1. A　2. B

(二) 多项选择题

1. ABCD　2. ABCD　3. ABCD

(三) 判断题

1. √　2. ×　3. √　4. √　5. ×　6. √　7. √　8. ×　9. √　10. ×

(四) 简答题

1. 系统思维呈现出整体性、结构性、立体性、综合性的特点。

第一，系统思维的整体性。坚持系统思维方式的整体性，必须把研究对象作为系统认识，即始终把研究对象放在系统中加以考察和把握。这包括两个方面的含义：一是在思维中必须明确任何一个研究对象都是由若干要素构成的系统；二是在思维过程中必须把每一个具体的系统放在更大的系统中考察。

第二，系统思维的结构性。系统思维的结构性，就是要树立系统结构的观点，在具体实践活动中，紧紧抓住系统结构这一中间环节，去认识和把握具体实践活动中各种系统的要素和功能的关系，在要素不变的情况下，努力创造优化结构，实现系统最佳功能。

第三，系统思维的立体性。系统思维是一种开放型的立体思维。它以纵横交错的现代科学知识为思维参照系，使思维对象处于纵横交错的交叉点上。

第四，系统思维的综合性。系统思维方式的综合性，有两个方面的含义：一是任何系统整体都是这些或那些要素为特定目的而构成的综合体；二是任何系统整体的研究，都必须对它的成分、层次、结构、功能、内外联系方式的立体网络作全面的综合的考察。

2. 企业经营管理层在今天的企业经营管理中，经常会遇到诸如眼前利益和长远利益、经济效益和社会效益、经营者利益和所有者利益、研发投入和生产投入等之间的矛盾和冲突，正确处理这些冲突，可以使企业冲破一个又一个发展瓶颈，成为具有战略眼光和战略思维，能够赢得长远未来的优秀企业家。系统思维是一种整体性思维，它能帮助企业从战略的高度全面衡量企业发展中的矛盾和冲突，从长远和大局的角度做正确的取舍，帮助企业经营管理层做正确的事，从而有利于把握机遇，创造未来。

图书在版编目（CIP）数据

企业合规与财务思维：通用／中国企业评价协会企业合规专业委员会组编．—北京：中国法制出版社，2022.10

2023年企业合规师考试教材

ISBN 978-7-5216-2927-9

Ⅰ.①企…　Ⅱ.①中…　Ⅲ.①企业法-中国-资格考试-自学参考资料②企业管理-财务管理-资格考试-自学参考资料　Ⅳ.①D922.291.914②F275

中国版本图书馆CIP数据核字（2022）第178823号

策划编辑/责任编辑：黄会丽　　封面设计：杨泽江

企业合规与财务思维：通用

QIYE HEGUI YU CAIWU SIWEI：TONGYONG

组编/中国企业评价协会企业合规专业委员会

经销/新华书店

印刷/保定市中画美凯印刷有限公司

开本/730毫米×1030毫米　16开　　印张/23.25　字数/235千

版次/2022年10月第1版　　2022年10月第1次印刷

中国法制出版社出版

书号ISBN 978-7-5216-2927-9　　定价：88.00元

北京市西城区西便门西里甲16号西便门办公区

邮政编码：100053　　传真：010-63141600

网址：http：//www.zgfzs.com　　编辑部电话：010-63141802

市场营销部电话：010-63141612　　印务部电话：010-63141606

如有印装质量问题，请与本社印务部联系。

前勒口二维码内容由中国企业评价协会企业合规专业委员会提供，为本书读者提供考试相关服务，有效期截至2023年12月31日。